Michael Seemann

Das Neue Spiel
Strategien für die Welt nach dem digitalen Kontrollverlust

orange●press

MICHAEL SEEMANN

DAS NEUE SPIEL

STRATEGIEN FÜR DIE WELT
NACH DEM DIGITALEN
KONTROLLVERLUST

orange ● press

Michael Seemann: Das Neue Spiel – Strategien für die Welt
nach dem digitalen Kontrollverlust

Freiburg: orange-press 2014

Deutsche Erstausgabe

© Copyright für die deutsche Druckausgabe 2014 bei orange ● press
Alle Rechte vorbehalten.

Cover: Katharina Gabelmeier
Korrektorat: Christoph Trunk, Hans Jürgen Kugler
Satz: Miriam Rech, Maria Hartl
Gesamtherstellung: Pozkal

Die im Text angegebenen URLs verweisen auf Websites im Internet.
Der Verlag ist nicht verantwortlich für die dort verfügbaren Inhalte,
auch nicht für die Richtigkeit, Vollständigkeit oder Aktualität der Informationen.

ISBN: 978-3-936086-79-9 | www.orange-press.com

Vorwort	7
Zur Entstehung des Buchs	11

Teil I: Der Kontrollverlust

Kapitel 1 | Die drei Treiber des Kontrollverlusts	15
Kapitel 2 | Das Ende der Ordnung	39
Kapitel 3 | Die Krise der Institutionen	71
Kapitel 4 | Aufstieg der Plattformen	99
Kapitel 5 | Infrastruktur und Kontrolle	127
Kapitel 6 | Plattform vs. Staat	139

Teil II: 10 Regeln für das Neue Spiel

Das Neue Spiel hat begonnen	153
0 – Es gilt das Neue	157
1 – Du kannst das Spiel nicht gegen den Kontrollverlust spielen	162
2 – Die Überwachung ist Teil des Spiels	167
3 – Wissen ist, die richtige Frage zu stellen	179
4 – Organisation und Streit für alle!	187
5 – Du bist die Freiheit des Anderen	198
6 – Macht hat, wer die Plattform kontrolliert	204
7 – Staaten sind Teil des Problems, nicht der Lösung	213
8 – Datenkontrolle schafft Herrschaft	221
9 – Der Endgegner sind wir selbst	231

Literaturverzeichnis	241
Stichwortregister	247
Dank	253

Vorwort

Im Jahr 2008 war ich seit drei Jahren aktiver Blogger, aber noch recht frisch bei dem Kurznachrichtendienst Twitter. Neue, netzspezifische Formen sozialer Kommunikation entwickelten sich damals erst; noch sehr wenige Menschen gaben bewusst in größerem Ausmaß persönliche Dinge von sich im Netz preis und tauschten sich darüber aus. Die Möglichkeiten begeisterten mich – und machten mir gleichzeitig ein wenig Angst. Datenschutz war wichtig, das wusste ich, und ich machte mir ernsthaft Sorgen um die Privatsphäre im Netz. Dass ich so empfindlich reagierte, hatte einen Grund: Ich verdiente zu der Zeit mein Geld mit Webprogrammierung. Dabei hatte ich täglich mit Datenbanken und -modellen zu tun und bekam eine Ahnung davon, was sie möglich machten. Ich schrieb einen Artikel über die Gefahren von Twitter.[1] Es gab dafür zwei Anlässe: Der Nutzer Matthias Bauer (@moeffju) twitterte regelmäßig, wenn er Feierabend machte »so. #Feierabend.« »Feierabend« war als Hashtag markiert, also zur leichteren Auffindbarkeit auf Twitter verschlagwortet. Die Suche danach spuckte einem alle Tweets mit diesem Hashtags aus – das waren vor allem Moeffjus. Ich malte mir aus, was solche Verhaltensweisen bedeuten können: Mithilfe einer entsprechend mächtigen Datenauswertung ließe sich leicht ein Arbeitszeitprofil von Moeffju erstellen. Zukünftige Auftrag- oder Arbeitgeber könnten sehen, wie lange er arbeitet und davon auf seine Arbeitsmotivation und seinen Fleiß schließen. Der andere Anlass war ein Artikel, in dem der Nutzer Markus Angermeier (@kosmar) erzählte, wie er Menschen auf Twitter zum Geburtstag gratuliert: Er nutzt dazu das Hashtag #hpybdy und erstellt so nebenbei einen Geburtstagskalender. Dieses Geburtstagsritual liefert die Geburtsdaten aktiver Twitternutzer allen anderen frei Haus, obwohl sie das Datum vielleicht niemals öffentlich gemacht haben. Das Geburtsdatum ist aber ein wichtiger Datenpunkt, um Menschen zu identifizieren. Kosmars Geburtstagskalender stellt somit eine Gefahr dar für alle, die im Netz anonym unterwegs sein wollen. Ganz alltägliche soziale Verhaltensweisen, die auf den ersten Blick harmlos scheinen, können dadurch, dass sie auffindbar und verknüpfbar sind, ungeahnte Konsequenzen haben. »Ich weiß selber noch nicht, was das alles für mich und meine Twitterei bedeutet«, schrieb ich. Heute weiß ich, dass es der Startpunkt einer umfassenden Reflexion war, die über einige Umwege zu diesem Buch geführt hat.

Zunächst verfolgte ich die Gedanken über den Kontrollverlust nur beiläufig. Als Frank Schirrmacher mich jedoch Anfang 2010 fragte, ob ich nicht ein Blog für die *Frankfurter Allgemeine Zeitung* schreiben wollte, wusste ich, dass das mein Thema sein würde. *CTRL-Verlust* war der Name des Blogs. Die Zusammenarbeit mit der *FAZ* endete leider ein halbes Jahr später nach einem Streit mit der Redaktion; aber ich führte das Blog unter *ctrl-verlust.net* weiter.[2]

In den letzten vier Jahren kam mir immer wieder in den Sinn, aus meinen immer umfangreicher werdenden Überlegungen zum Kontrollverlust ein Buch zu machen. Allein: Es fehlte der letzte Anstoß.

Der kam schließlich 2013, als Edward Snowden uns in Kenntnis setzte über die Überwachung der ganzen Welt durch die Geheimdienste. Die Monstrosität dieses gigantischen Projekts führte mir vor Augen, wie klein ich bisher gedacht hatte. Bislang hatte ich den Kontrollverlust als seltenes Alltagsphänomen erachtet, das die eine oder den anderen treffen kann. Ich hatte auch schon davor gewarnt, dass Institutionen wie der Datenschutz bereits brüchig seien und der Kontrollverlust uns früher oder später alle ereilen würde. Dass er aber längst die totalitäre Realität aller mit dem Internet verbundenen Menschen war, überraschte auch mich.

Ich bin sicher nicht der erste, der in dieser Konstellation einen *Game Changer* sieht, also einen Umstand, der das Koordinatensystem der Welt nachhaltig verschiebt und die Regeln des Spiels radikal verändert. Aber vielleicht bin ich der erste, der versucht, diese neuen Regeln zu formalisieren.

Wir sind in ein Neues Spiel geworfen worden, das viele Gewissheiten auf den Kopf stellt, an die wir uns gewöhnt haben. Die Mechanik der Welt hat sich verschoben und ein System geschaffen, in dem unsere Strategien versagen. Es wird Zeit, den Zustand der Ratlosigkeit zu verlassen und sich mit den Regeln des Neuen Spiels zu befassen.

Das Buch ist in zwei Teile gegliedert. In Teil I formuliere ich eine allgemeine Theorie des Kontrollverlusts. Dabei geht es um seine tieferen Ursachen, vor allem aber um die Frage, wie er die gesellschaftlichen Strukturen verändert.

Im ersten Kapitel betrachten und analysieren wir ihn anhand seiner Phänomene und identifizieren dabei drei »Treiber«, die als ausschlaggebende Kräfte hinter den außer Kontrolle geratenen Daten stecken. Im zweiten Kapitel befassen wir uns mit den medientechnischen Grundlagen dieser drei Treiber sowie mit Medien- und Informationstheorie; wir besprechen grundlegende Konzepte der Informatik und benennen die Gesetze, die zum Kontrollverlust führen. Damit sind wir gerüstet, um im dritten Kapitel nachzuvollziehen, wie er die Gesellschaft bereits jetzt umgestaltet. Im Mittelpunkt dieser Betrachtungen stehen die klassischen Institutionen und ihre Konfrontation mit dem Kontrollverlust. In Kapitel vier schließlich widmen wir uns den Plattformen, die wir als neues Organisationsparadigma der Zukunft erkennen – und klären, wieso sie heute immer stärker die Welt dominieren. In Kapitel fünf befassen wir uns mit den Dynamiken und Spannungsverhältnissen, die durch die Kontrollversuche von und durch Plattformen entstehen. In Kapitel sechs arbeiten wir den Konflikt heraus, in den Plattformen dadurch zunehmend mit dem Konzept Staat geraten.

Dieses Setting beschreibt den Schauplatz des Neuen Spiels, für das wir im zweiten Teil des Buches zehn Regeln und – vielleicht noch viel wichtiger – Strategien ableiten.

Der Kontrollverlust zeichnet sich dadurch aus, dass erprobte Herangehensweisen an Probleme nicht mehr die gewünschten Ergebnisse zeitigen. Sei es, dass es ungewohnte Seiteneffekte gibt, sei es, dass auf einmal das Gegenteil dessen eintritt, was wir erwarten. Wir arbeiten diese Unterschiede zwischen dem alten und dem Neuen Spiel heraus und schlagen neue Strategien vor. Und wenn wir hier von Strategien sprechen, meinen wir keine militärischen Strategien, keine Business-Strategien und keine Strategien für Politiker und Staaten. Wir erarbeiten alles aus der Perspektive einer emanzipatorisch orientierten Zivilgesellschaft.

Es gibt fast keine Lebensbereiche mehr, die nicht von der Digitalisierung betroffen sind. Der Kontrollverlust wird sie alle betreffen, aber wir können uns nicht allen im Detail widmen. Die weiter zunehmende Automatisierung wird sich in den nächsten Jahren in ungekanntem Ausmaß auf den Arbeitsmarkt auswirken, und die sozialen Folgen daraus werden alle von uns angesprochenen Themen berühren. Um diese Umbrüche angemessen zu beschreiben, wäre mindestens ein eigenständiges Buch vonnöten. Um unserem Thema wirklich gerecht zu werden, konzentrieren wir uns hier auf den Bereich, der klassischerweise als Netzpolitik bezeichnet wird. Er wird für die allgemeine Gesellschaftspolitik der kommenden Jahre von entscheidender Bedeutung sein.

---

1 Michael Seemann: »Profiling mit Twitter, oder was ist ein Captcha?«, *http://mspr0.de/?p=568*
2 Michael Seemann: *ctrl-verlust, www.ctrl-verlust.net*

Die Kampagne

Ein Buch über den Kontrollverlust zu schreiben, ist eine Sache. Eine andere ist, es so zu schreiben, dass das Konzept zum Inhalt passt. Wenn ich davon ausgehe, dass sich Daten nicht kontrollieren lassen, kann ich nicht einfach zu irgendeinem Verlag gehen und unter den Bedingungen des normalen Urheberrechts ein Buch darüber veröffentlichen.

Darum konzipierte ich Ende 2013 eine Crowdfunding-Kampagne, mit der ich vor der Veröffentlichung das Geld sammeln wollte, das es mir ermöglichen sollte, das Buch ohne Vorschuss eines Verlages zu schreiben.[1] Die Kampagne kostete Zeit und Aufwand, aber das alles hat sich gelohnt. Statt der angepeilten 8.000 Euro kamen mehr als 20.000 Euro zusammen und machten *Das Neue Spiel* zum zu dem Zeitpunkt dritterfolgreichsten per Crowdfunding finanzierten Buchprojekt in deutscher Sprache. Am Ende brachte mir die Aktion so viel Aufmerksamkeit ein, dass ich einen Verlag fand, der sich auf das Experiment des Kontrollverlustes eingelassen hat und das Buch trotz meiner sehr freien Lizenz veröffentlicht.[2] Das Vertrauen, das mir aus der Community zuteil wurde, hat mich sehr motiviert und auch ein wenig eingeschüchtert. Am Ende war es mitentscheidend dafür, dass ich mich jeden Tag an den Schreibtisch setzte und das Buch in der angekündigten Zeit schrieb.

Die Lizenz

Noch als Teil der Kampagne habe ich zusammen mit iRights[3] eine Lizenz für das Buch ersonnen. Es ist die WTFPDL[4], eine Ableitung von der WTFPL – der *Do What The Fuck You Want Public License*.[5] Meine Erweiterung besteht im Grunde darin, ein D für »Digital« dazwischen zu schieben. Während die Originallizenz alles – aber auch alles – mit dem Werk erlaubt, räumt die von mir erweiterte Version diese Freiheit nur im digitalen Bereich ein. Im physischen – zum Beispiel beim gedruckten Buch – gilt die Lizenz nicht, sondern es greift das normale Urheberrecht.

Damit markiert die WTFPDL die Bruchlinie zwischen dem alten und dem Neuen Spiel. Im alten Spiel – das der Wände, Entfernungen,

Massen und Körper – gelten auch die Regeln des alten Spiels: unter anderem das Urheberrecht. Im Neuen Spiel – in der Welt der kostenlosen Kopierbarkeit und der freien Rekombinierbarkeit von Daten – gilt der uneingeschränkte Kontrollverlust.

Das Buch, die Crowdfunding-Kampage und die Lizenz bilden zusammen ein Gesamtwerk. Alle drei Elemente antworten auf ihre je eigene Weise auf die Herausforderungen des Kontrollverlusts, wollen Wegweiser und Beispiel sein, wie eine Zukunft im Neuen Spiel aussehen kann.

Geschlechtergerechte Sprache

Wir haben das Buch in geschlechtergerechter Sprache geschrieben. Wir verwenden das generische Femininum und das generische Maskulinum abwechselnd. Sollte jemand beim Lesen darüber stolpern: Das ist so gewollt.

---

1 Startnext, Michael Seemann: *Buch: Das Neue Spiel – Nach dem Kontrollverlust, www.startnext.de/ctrlverlust*

2 orange-press, *www.orange-press.com*

3 iRights, *http://irights.info*

4 WTFPDL, *http://wtfpdl.net*

5 WTFPL, *www.wtfpl.net*

Teil I
Der Kontrollverlust

Kapitel 1 | Die drei Treiber des Kontrollverlusts

Ein Videobild, schwarz-weiß. Wir befinden uns in einem Hubschrauber und fliegen über eine Landschaft mit niedrigen Häusern. Sie wirkt hell, der Kontrast ist hart. In der Mitte des Bildes sehen wir ein Zielkreuz. Funksprüche durchbrechen das Hintergrundgeräusch von Rotoren. Eine Gruppe von Menschen läuft auf der Straße. Einer der Männer trägt einen Gegenstand über die Schulter gehängt. Die Soldaten identifizieren den Gegenstand als Waffe. »Free to engage«, ertönt es per Funk. Als das Schussfeld frei ist, feuert der Apache-Kampfhubschrauber mit seiner 30-Millimeter-Bordkanone in die Menge. Die Zeit zwischen dem Rucken des Maschinengewehrs und dem Einschlag der Kugeln beträgt ungefähr eine Sekunde. Die Menschen fallen oder werfen sich hin. Staub wirbelt auf. Die Apache-Besatzung schießt so lange, bis nur noch ein Verletzter zu sehen ist, der mühsam über den Bürgersteig kriecht. Ein Kleinbus hält an, Menschen versuchen, den Verletzten zu helfen. Wieder fragen die Soldaten die Erlaubnis zum Eingreifen an, wieder wird sie erteilt. Der Kleinbus wird zusammengeschossen.

An diesem Tag, dem 12. Juli 2007, sterben zwei Mitarbeiter der Nachrichtenagentur Reuters, Saeed Chmagh und Namir Noor-Eldeen. Was die Besatzung des Helikopters als Waffe interpretiert hatte, war Kamera-Equipment. Die irakische Familie, die ihnen zu Hilfe kam, starb ebenfalls; nur die Kinder überlebten das Massaker. Ein ganz normaler Tag in einem ganz normalen Krieg. Weil diesmal jedoch Journalisten betroffen waren, bestand Reuters auf einer Untersuchung. Die Redaktion fragte beim Militär das Videomaterial an, aber es wurde nie freigegeben, der Fall wurde nicht öffentlich aufgerollt. Bis zum 3. April 2010. »Collateral Murder«[1] – unter diesem Titel wurde das Video schließlich veröffentlicht – war der Durchbruch für Wikileaks, jene Whistleblowing-Plattform, die die Welt im Jahr 2010 in Atem halten sollte. Collateral Murder war ein Schock für die amerikanische Bevölkerung und ein PR-Gau für das amerikanische Militär.

Die Kamera des Apache-Helikopters ist ein Kontrollinstrument: Die Befehlsketten beim Militär sind lang; bis eine Entscheidung getroffen ist, kann viel Zeit vergehen, oft zu viel Zeit. Mithilfe der neuesten Technik fliegt das Oberkommando in jedem Hubschrauber mit. Es sieht, was die Soldatinnen sehen, es hört, was die Soldaten reden. Und wenn sie nicht gehorchen, liegt gleich Beweismaterial fürs Militärgericht vor. Im Fall »Collateral Murder« handelten die Soldatinnen den Befehlen nicht zuwider. Dennoch wurde das Kontrollinstrument zum Zeugen der Anklage – vor dem Gericht der Weltöffentlichkeit. Die Medienanordnung wendet sich gegen ihre Kontrolleure.

Durch Wikileaks erlebten wir 2010, dass ein einzelner Whistleblower einer Supermacht wie der USA vor aller Welt die Hosen ausziehen kann. 2013 bestätigte Edward Snowden nicht nur, dass das möglich ist – wir erfuhren, dass auch wir selbst schon lange ohne Hosen dastehen. Die weltweiten Möglichkeiten zur Datensammlung, -verbreitung und -auswertung haben Dimensionen angenommen, mit denen wir nicht gerechnet haben. Wir haben die Kontrolle verloren. Egal, ob Regierung, Unternehmen, Institution oder Privatperson – alle sind betroffen. Überall leakt es, sickert es durch, wird kopiert und mitgeschnitten. Es: das Werk, der Brief, das Verhalten, die Dokumente, das Leben. Die Welt verwandelt sich in einen wachsenden Datenstrom, und der gerät außer Rand und Band.

Seit einigen Jahren stehen bei den Debatten um die digitale Revolution immer dieselben Themen im Mittelpunkt: das Urheberrecht, der Datenschutz, die Kommunikations- und Deutungshoheit von Journalistinnen, Unternehmen und Regierungen; seit 2010 vermehrt die Sicherheit von Staatsgeheimnissen. Und nun stellt sich heraus, dass wir alle von Geheimdiensten auf der ganzen Welt gescannt, dokumentiert und ausgewertet werden. Wir wissen das, weil ein einzelner Mensch unbemerkt so viele Dokumente aus den Informationsspeichern des US-amerikanischen Geheimdienstes NSA tragen konnte, wie es noch vor wenigen Jahren gar nicht möglich gewesen wäre – er hätte dafür mehrere Lastwagen gebraucht. Ratlos stehen wir vor den Snowden-Enthüllungen und diskutieren über unzureichende technische, politische oder soziale Lösungen.

In der Verunsicherung darüber, was mit unseren persönlichen Daten passiert, befinden wir uns in einem ähnlichen Stadium wie die Musikindustrie vor etwa 15 Jahren. Damals glaubten manche, mit technischen Kopierschutz-Systemen und Verschärfungen der Urheberrechtsgesetze dem ungehemmten Teilen und Tauschen von Daten Einhalt gebieten zu können. Kopierschutz sorgte dafür, dass Menschen ihre Musiksammlung vielleicht zu Hause, aber nicht im Auto oder beim Joggen hören konnten. Allerdings fanden findige Hacker auch immer wieder einen Weg, ihn zu knacken. Die Verschärfung des Urheberrechts ermöglichte horrende Massenabmahnungen, an denen Rechtsanwältinnen gut verdienten und die so manche Familie an den Rand des Ruins drängten. Filesharing stoppen konnte sie nicht.

Für das Phänomen des Kontrollverlusts durch neue Medien lassen sich aber noch deutlich ältere Beispiele finden. Die Einführung des Buchdrucks – zunächst begrüßt, um das Wort Gottes in die Welt zu tragen – veränderte die Stellung der Kirche radikal. Während sie bis dahin die Datenflüsse regulierte, erfuhr sie durch die neue Technik einen enormen Kontrollverlust. Sie hatte nicht mehr die Autorität der reinen Lehre, alternative Glaubensmodelle konnten sich Bahn brechen. Schon damals war kein Kraut (oder Gebet) gegen die neue, unvorhersehbare Ausbreitung von Daten gewachsen, die nur noch selten im Sinne der Kirche war.

Der Kontrollverlust ist also keine Spezialität des Digitalen. Stattdessen liegt sein Kern in der spezifischen Struktur von Information selbst. Genauer: in der Irreversibilität der Mitteilung, die übertragen wird. Wir haben weder in der Kohlenstoff- noch in der digitalen Welt die Möglichkeit, Informationen wieder zurückzuholen. Oder mit Niklas Luhmann: »Wer schweigt, kann immer noch reden. Wer dagegen geredet hat, kann darüber nicht mehr schweigen.«[2] Einmal in der Welt, sind Informationen nicht so einfach wieder herauszukriegen. Die meisten kennen wohl das peinliche Gefühl, nach einer durchfeierten Nacht etwas lieber wieder ungesagt machen zu wollen.

Doch nur, weil die Zahnpasta nicht zurück in die Tube geht, ist nicht jede ausgedrückte Tube ein Kontrollverlust. Kontrollverlust empfinden wir, wenn eine Erwartungshaltung enttäuscht wird: wenn die Annahme, wir seien im Besitz der Kontrolle, sich als Trugschluss herausstellt. Vielleicht war die Erwartung von Anfang an unrealistisch, vielleicht ist die Situation eskaliert. Der Grund ist erstmal nebensächlich. Entscheidend ist, dass die Erwartung enttäuscht wurde. Hier wirkt sich nun das Spezifische der Digitalisierung aus und verstärkt den Effekt. Sie verändert den Aggregatzustand von Information, macht sie allgegenwärtig, handhabbar und auswertbar. Die Zahnpasta spritzt immer schneller aus der Tube. Wir geraten in eine Situation, für die uns die Strategien fehlen.

Information und Kontrolle
Wir verwenden die Begriffe Daten, Informationen und Wissen im Kontext von Informationsökonomie und -gesellschaft in diesem Buch wie folgt.
Information ist der wesentlichste Begriff in dieser Gruppe. Der Philosoph Gregory Bateson definiert sie genial einfach: »Information ist ein Unterschied, der einen Unterschied macht.«[3] Das klingt erst einmal kryptisch, ist aber sehr schlüssig, gerade wenn die Definition mit den Begriffen »Daten« und »Wissen« verbunden wird.
Daten begreifen wir als den ersten Unterschied in dieser Definition. Daten sind Unterschiede. Sie sind alles, was sich mittels der Unterscheidung zwischen Null und Eins ausdrücken lässt. Das bedeutet, Informationen bestehen aus Daten, und wir können festhalten: Informationen sind Daten, die einen Unterschied machen. Doch wie und wo machen diese Daten einen Unterschied, wo finden wir Unterschied Nummer zwei? Systemtheoretiker sagen an dieser Stelle: im System – im psychischen oder sozialen System. Wir wollen den Systembegriff aber lieber ausklammern und sagen gleich »im Wissen«. Wissen ist für uns ein Netz aus Informationen. Wissen besteht aus Informationen, die mit anderen Informationen verknüpft sind. Mein Büro ist am Weichselplatz, der Weichselplatz ist in Neukölln und hat eine Wiese, auf einer Wiese wächst Gras, und so weiter.
Daten sind also Information, wenn sie im Wissen einen Unterschied machen. Und das sieht so aus: Eine Information knüpft sich an das Wissen an, sie wird Teil des Netzwerkes. Sie kann jedoch nur anknüpfen, wenn sie anschlussfähig ist. Wenn ich höre, dass Robin Williams gestorben ist, ihn aber nicht kenne, dann ist das zwar ein Datum

(Singular von Daten), aber keine Information. Erst wenn ich weiß, dass Robin Williams ein berühmter Schauspieler war und ich vielleicht schon Filme mit ihm gesehen habe, dann wird das Datum seines Todes überhaupt zur Information.

Eine Information ist also immer nur eine Information im Zusammenhang mit einem bestimmten Wissen. Das Wissen von Menschen ist unterschiedlich. Was für den einen eine Information ist, ist für den anderen bloßes Datum. Daneben gibt es noch das gesammelte Weltwissen, das Wissen der Medizin, das Wissen der Rechtswissenschaft oder das Wissen der Wunderheilung. Wir verwenden den Begriff Wissen nicht im aufklärerischen Sinn – als gerechtfertigte, wahre Meinung –, sondern bezogen auf ein konkretes Netz aus Informationen – egal, ob diese der Wahrheit entsprechen. Wir implizieren, wenn wir von Informationen sprechen, dass es ein Wissen gibt, an das diese Information anschlussfähig ist, und zwar auch dann, wenn wir dieses Wissen nicht konkret benennen. Die Trias Daten, Information und Wissen lässt sich so zusammenfassen: Informationen sind Daten, die an ein Wissen anschlussfähig sind.

Betrachten wir auch den Begriff genauer, um den sich in diesem Buch alles dreht. Das Wort »Kontrolle« kommt vom französischen *contrôle*, das sich zusammensetzt aus *contre,* »gegen«, und *rôle,* »Rolle« oder »Register«. Ursprünglich bezeichnete es ein »Gegenregister zur Nachprüfung von Angaben eines Originalregisters«. Das heißt, bei jeder Kontrolle gibt es einen Ist- und einen Soll-Zustand. Kontrolle ist der stetige Versuch, beides anzugleichen.

Kontrolle ist der Eingriff in ein System mittels Erwartungswert und informationellem Feedback. Der digitale Kontrollverlust bezeichnet einen eigentümlich selbstreferenziellen Zustand. Er bedeutet nicht nur, dass die Ereignisse nicht mit dem Erwartungswert zusammentreffen, sondern dass die Erwartungswerte mithilfe von falschen Annahmen über die Welt gebildet wurden. Unsere Formeln für den Soll-Zustand sind hinfällig. Kontrollverlust bedeutet also nichts weniger, als dass wir nicht mehr wissen können, welche Erwartungen wir an die Zukunft haben können.

Die Folgen sind entsprechend dramatisch. Weil unsere Erwartungswerte nicht mehr stimmen, sind auch unsere Strategien für die Zukunft wertlos. Aktionen, die in der alten Welt funktioniert haben, verpuffen wirkungslos oder verschlimmern die Lage zusätzlich. Wir können zum Beispiel versuchen, eine missliebige Information aus dem Internet zu löschen. Doch wie wir sehen werden, geht es uns in diesem Fall wie dem mythischen Helden Herakles, wenn er versucht, einen Kopf der Hydra abzuschlagen und ihr sogleich zwei neue wachsen. Vor dem Kontrollverlust wird uns niemand retten; kein Meister kommt wie bei Goethes Zauberlehrling und schickt die Besen in die Ecke. Die Geister, die wir riefen, sind gekommen, um zu bleiben. Kurz: Wir sollten mit dem Kontrollverlust rechnen, ihn in unser Denken und Handeln – ja, in unsere Gesellschaft – integrieren. Vor allem müssen wir unsere Strategien an ihn anpassen. Wenn alle Dämme brechen, hilft nur noch schwimmen lernen.

Zukunftsforscherinnen bezeichnen die dominierenden Kräfte, die die gegenwärtigen Entwicklungen in der Welt bestimmen, als »Treiber«. Beim Kontrollverlust im Digitalen lassen sich drei solche Treiber identifizieren. Von Wikileaks über Napster bis zu den Snowden-Enthüllungen: Immer wieder sind dieselben Prinzipien zu erkennen, die die Phänomene des Digitalen kennzeichnen.

1. Die immer engere Verknüpfung der digitalen und analogen Welt, ermöglicht durch immer mehr und immer intelligentere Sensorik.
2. Die immer billigere Speicherung und schnellere Kopierbarkeit von Daten, die durch beständig wachsende Kapazitäten von Leitungen und Datenträgern möglich ist.
3. Die sich ständig verbessernden und mit mehr Rechenkraft ausgestatteten Analysemethoden, die immer neue Einblicke in bereits existierende Datenbestände erlauben.

Kontrollverlustapparate

»Collateral Murder«, die zu Beginn erzählte Kollision von digitaler und analoger Welt in Bagdad, ist ein Beispiel für Treiber Nummer eins; ein Beispiel dafür, wie sich der Kontrollapparat in einen Kontrollverlustapparat verwandelt.

Im Sommer 2013, knapp sechs Jahre nach dem Luftangriff, von dem die Öffentlichkeit ohne Wikileaks nicht erfahren hätte, veröffentlichte der Guardian die erste Enthüllung aus den Dokumenten von Edward Snowden. Es war die Gerichtsanordnung des Geheimgerichtes FISC (Foreign Intelligence Surveillance Court) an Verizon, einen populären amerikanischen Mobilfunkprovider. Verizon wird darin aufgefordert, der NSA alle Verbindungsdaten seiner Kunden zugänglich zu machen. Verbindungsdaten sind eine Form von Metadaten – zum Beispiel die Zeiten, zu denen telefoniert wurde; die Nummern beider Gesprächteilnehmerinnen; die Dauer des Anrufs; wann sich welches Gerät mit dem Internet verbunden hat; welche Websites besucht wurden.

Wenn der Geheimdienst früher jemanden beschatten wollte, schickte er ihm einen Agenten mit Schlapphut und Trenchcoat hinterher, um ihm »unauffällig« zu folgen. Das ist nicht mehr nötig. Mein Mobilfunkprovider ist immer genau informiert, wo ich mich gerade befinde, damit seine Funktürme wissen, wie sie mein Handy zum Klingeln bringen können.

Es zählt nicht zum Allgemeinwissen, dass wir – sofern wir ein Handy benutzen – eine Ortungswanze mit uns führen, die jederzeit meldet, wo wir uns gerade befinden. Wir tragen sie mit uns herum, damit wir erreichbar sind für Freunde, Familie und Arbeitgeber. Damit die Dinge nicht außer Kontrolle geraten, daheim oder auf der Arbeit. Wir haben Smartphones dabei, um schnell mal etwas nachzuschlagen, eine E-Mail zu schreiben oder etwas fotografieren zu können. Die NSA und andere staatliche Dienste machen sich das zunutze. Sie wenden die Technik, die uns in unserem Leben unterstützen und erweitern soll, gegen uns. Auf die Art ist der Kontrollverlust in jeder Medienapparatur als Möglichkeit eingebaut. Wir alle besitzen Kontrollverlustapparate.

Und die Kontrollverlustapparaturen befinden sich nicht nur in unseren Hosentaschen. Wenn wir über die Straße gehen, registrieren uns die allgegenwärtigen Überwachungskameras (CCTV), wenn wir zu Hause sind, registriert der intelligente Stromzähler, wie lange wir das Licht anhaben und ob wir nachts den Kühlschrank öffnen. In Zukunft werden smarte Thermostate auf unsere Anwesenheit reagieren, und selbstverständlich sind sie mit dem Internet verbunden; schließlich wollen wir sie von unserem Smartphone aus steuern. Nie war es leichter, Energie zu sparen – nie war es einfacher, die Lebensgewohnheiten von Menschen zu überwachen.

Die Überwachung unserer privatesten Räume hört damit noch nicht auf. Microsofts Spielkonsole XBox One kommt mit der sogenannten Kinect-Technologie. Kinect (von engl. *kinetic,* »kinetisch« und *connect,* »verbinden«) ist ein Zusatzgerät, das es ermöglichen soll, mit der Spielkonsole durch komplexe Gesten im Raum zu interagieren. So sollen sich Spiele unmittelbarer als bisher steuern lassen. Mit Infrarotsensoren und mehreren Kameras ausgestattet, ist es fähig zu Überwachung in bisher unbekanntem Ausmaß. Kinect »sieht« eine 3D-Repräsentation des Raumes und registriert in Echtzeit die Bewegungen aller Menschen darin. Kinect kann verschiedene Individuen auseinanderhalten, sieht, ob sie lachen oder angestrengt gucken, misst die Körpertemperatur und kann sogar den Puls anhand der Veränderungen der Hautpigmente ablesen. Was für eine großartige Technologie – was für ein Überwachungsalptraum!

Und das ist nur der Anfang. Zukunftsforscher sind sich einig, dass uns nur noch wenige Jahre von einem Alltag trennen, in dem selbstfahrende Autos selbstverständlich sind. Nur mit enorm vielen Daten – bereitgestellt über viele Kameras und Abstandssensoren an allen Seiten des Autos – ist es denkbar, dass Fahrzeuge sich autonom durch den Verkehr bewegen können. Das selbstfahrende Auto wird die motorisierte Mobilität revolutionieren. Ein Auto zu besitzen, wird nur noch für sehr wenige Menschen sinnvoll sein, wenn per Smartphone jederzeit eines spontan und flexibel zu einem gerufen werden kann. Selbstfahrende Autos werden eine wichtige Rolle spielen bei der Eindämmung des Klimawandels und unsere Straßen von vielen Millionen Kubikmetern parkenden Blechs befreien – alles ohne Einbußen an individueller Mobilität. Aber eben mithilfe einer allumfassenden Überwachung.

Die Überwachung des öffentlichen Raums wird eine neue Dimension erreichen, wenn Flugdrohnen nicht mehr nur eine Spielerei für Nerds sind, sondern echte Aufgaben erledigen. Drohnen können eingesetzt werden, um Häuser zu bauen oder den Verkehr zu steuern. Sie werden schon heute zur Sicherung von Grundstücken und Gebäuden verwendet oder von der Polizei, um Demonstrationen zu überwachen. Es ist absehbar, dass in wenigen Jahren ein ständiger Schwarm von Fluggeräten mit Kameras und Sensoren ausgestattet über unseren Köpfen schwirren und die gesamte Umwelt aufzeichnen wird – nicht einmal als Hauptaufgabe, mehr so nebenbei. Und wahrscheinlich werden wir sie kaum sehen oder hören, denn der Trend zur Miniaturisierung setzt sich fort. Die Welt wird wie von Zauberhand funktionieren – und uns beobachten.

Wir selbst werden dabei Teil der Überwachungsmaschinerie. Wenn es nach Google geht, wird schon dieses Jahr das erste Smartphone auf den Markt kommen, das auf dem Kopf getragen wird. Mit Google Glass, einer intelligenten Brille mit Minidisplay im Sichtbereich und einer vorn angebrachten Kamera, wird es möglich sein, ständig den eigenen Blick auf die Welt zu dokumentieren und ihn, falls gewünscht, direkt ins Internet zu streamen. Eine einzelne Person, die in einer Großstadt unterwegs ist und ihre Erlebnisse streamt, lässt das »Recht am eigenen Bild« für Millionen andere zur Makulatur werden.

»Internet of Things« oder *Ubiquitous Computing* (etwa »Allgegenwärtige Computer«) wird dieser Trend gerne genannt. Egal, ob auf der Straße, im Auto, im Wohnzimmer oder in der Kleidung – intelligente Sensoren dringen immer weiter in unsere Welt ein. Sie sind sich ihrer Umwelt zunehmend «bewusst«, und natürlich sind sie online. Alles wird Teil des Internets. Zu glauben, dass bei der Verdatung der Welt die Menschen eine Ausnahme bilden werden, wäre naiv.

Die Flucht des John McAfee

Selbst Experten trifft diese Erkenntnis oft unvermittelt. John McAfee ist bekannt als IT-Sicherheitsexperte und Lebemann. Nach einer kurzen Karriere beim amerikanischen Rüstungshersteller Lockheed gründete er die erste Firma zum automatischen Aufspüren und Unschädlichmachen von Computerviren. Er ist der Erfinder der Antivirensoftware, die immer noch seinen Namen trägt, obwohl er die Firma bereits in den 1990er-Jahren verkaufte. Bis heute ist er sehr reich und – um es vorsichtig zu sagen – exzentrisch. Er wohnt im südamerikanischen Inselstaat Belize, und sein Mitteilungsbedürfnis ist groß. In seinem Blog schreibt er über Drogen, Ausschweifungen, Sex und seine Paranoia. Diese Paranoia war es auch, die McAfee zur Flucht trieb. Im November 2012 wurde sein Nachbar Gregory Faull tot aufgefunden, die Behörden ermittelten in alle Richtungen. Auch McAfee geriet ins Visier. In einer Nacht-und-Nebelaktion tauchte er mithilfe eines Doubles sowie eines gefälschten nordkoreanischen Reisepasses unter.

Wochenlang blieb McAfee verschollen, veröffentlichte aber Blog-posts und kommunizierte über seine Kontakte mit der Öffentlich-keit. Irgendwann willigte er ein, sich mit zwei Journalisten des Life-stylemagazins *VICE* zu treffen. Sie verbrachten vier gemeinsame Tage, und McAfee gab bereitwillig Interviews. Als *VICE* am 3. Dezember das Interview auf seiner Website ankündigte – die Journalisten waren noch bei McAfee vor Ort –, veröffentlichte das Magazin zum Beweis ein Foto, das McAfee zusammen mit den Journalisten zeigt.[4] Allerdings hatte die Redaktion dabei vergessen, die EXIF-Daten zu löschen. Das so genannte EXIF-Metadatenformat kann mit so gut wie jeder Bildbearbeitungssoftware ausgelesen werden. Wenn wir ein digitales Bild auf einem Rechner öffnen, wird ein Füllhorn an Daten sichtbar, die moderne Kameras in jedem Foto mitspeichern. Dazu gehören die Hersteller- und Produktinformationen der Kamera selbst, die Uhrzeit und das Datum der Aufnahme, die Belichtungs-, Brennweite- und Blendeneinstellungen und – sofern es sich um ein GPS-fähiges Gerät handelt und die Ortung aktiviert ist – der Ort der Aufnahme. Im diesem Fall war das Gerät ein iPhone 4, das über eine metergenaue Positionsbestimmung verfügt, und so fand sich in den EXIF-Daten die genaue Position von McAfee. Auf einen Schlag wuss-te die ganze Welt, dass John McAfee in Guatemala war. Seine Flucht war beendet.

Wir haben nicht mehr im Blick, wann welche Daten abgespeichert werden. Welcher Sensor ist wann aktiv, was speichert er und wohin? Die Signalempfänger sind überall: Kameras, GPS-Sensoren, Thermome-ter, Mikrofone, Bewegungsmelder und Infrarotsensoren. Sie sind die vielfältigen Schnittstellen, die unsere reale Welt mit der Welt der Daten verschmelzen. Wenn selbst Computerexperten wie John McAfee den Überblick verlieren, und wenn das amerikanische Militär wie bei »Collateral Murder« über seinen eigenen Überwachungsapparat stolpert – wie sollen dann normale Menschen ein Bewusstsein dafür entwickeln, wann sie wie in welcher Öffentlichkeit stehen? Wie sollen wir die Kontrolle darüber behalten, welche Daten wann in welchen Kontext geraten, wenn die Dinge um uns herum immer intelligenter werden, Augen und Ohren bekommen und selbige immer kleiner, unsichtbarer und allgegenwärtiger werden?

Das amerikanische Militär wird die Kameras nicht aus seinen Apache-Hubschraubern entfernen, und auch wir sind nicht bereit, auf die Ortsbestimmung in unseren Smartphones zu verzichten. Wir sind abhängig von unseren Kontrollverlustapparaten, weil ihre Vorteile so viel offensichtlicher sind als die Probleme, die sie verursachen.

Die Ausbreitung digitaler Sensorik in der Welt ist der erste Treiber des Kontrollverlusts. Es gibt kein analoges Leben mehr im Digitalen. Wer Teil der Welt ist, wird Teil des Internets sein.

Barbra Streisands Haus im Zeitalter der digitalen Kopierbarkeit
Während die Sensorik die Welt in allen Einzelheiten durchdringt, stellt sich immer drängender die Frage, was mit diesen Datenmassen alles passiert. Die wachsenden Datenspeicher und Datenleitungen erlauben das immer billigere und schnellere Kopieren auch größter Datenmassen. Das ist der zweite Treiber des Kontrollverlusts.

Das Drama der Kopierbarkeit begann bereits vor der Digitalisierung der Welt. »United States – Vietnam Relations, 1945–1967: A Study Prepared by the Department of Defense« lautet der sperrige Titel einer historischen Studie, die das Pentagon zusammen mit mit dem militärnahen Thinktank RAND Corporation ab 1967 anfertigte. So sperrig wie der Titel ist auch der Inhalt. Es handelt sich um über 4.000 Original-Dokumente, dazu Einschätzungen und Studien von vielen anonymen Autoren – versammelt auf insgesamt 3.000 Seiten. Die Studie sollte den genauen Verlauf des Vietnamkrieges dokumentieren, damit künftige Regierungen aus den Fehlern und Erfolgen lernen

können. Die Studie war *top secret*, weswegen von dem 47 Bände star-
ken Werk nur 15 Kopien angefertigt wurden. Jedenfalls dachte man
das.
In Wirklichkeit waren es 17. Daniel Ellsberg, ein Mitarbeiter der RAND
Corporation, hatte nicht nur Zugang zu diesen Bänden, sondern auch
zu einer völlig neuartigen Technologie: dem Fotokopierer, der erst
in den 1960er-Jahren von Xerox auf den Markt gebracht wurde.[5] Und
Ellsberg war wütend – auf die Politik, auf das sinnlose Töten in Vietnam. Wochenlang nahm er jeweils einen der Bände mit nach Hause
und fotokopierte zusammen mit seinem Sohn Seite für Seite. Am Ende
dieses langwierigen Prozesses hatte er alle 47 Bände jeweils zwei mal
kopiert – eine Kopie landete schließlich bei der *New York Times*. Die
»Pentagon Papers«, wie sie heute heißen, gingen als einer der spekta-
kulärsten Leaks in die Geschichte ein und trugen zur Beendigung des
Vietnamkriegs bei.
Vor den 76.911 Afghanistan-Papieren, den 391.832 Dokumenten
zum Irakkrieg und den 251.287 diplomatischen Depeschen, die Chelsea
Manning (damals noch Bradley Manning) 2010 auf der Whistleblower-
Plattform Wikileaks veröffentlichte, hätte Daniel Ellsbergs Fotokopie-
rer kapituliert. Genau genommen hätte er diese Masse an Dokumen-
ten ohne eine LKW-Kolonne nicht mal aus dem Haus bekommen.
Manning hingegen brannte eine DVD und schrieb zur Tarnung »Lady
Gaga« drauf.

Kopiermaschinen

In der Welt des Digitalen gibt es keinen Unterschied zwischen Speichern, Verschicken und Kopieren. Ein Browser kopiert erst einmal
alle Dateien auf den Rechner, um sie anzuzeigen. Eine E-Mail wird
vom Computer des Senders auf einen Server und von dort auf einen
Verbund von Servern kopiert, bevor sie bei der Empfängerin – als
Kopie – ankommt. Das Internet – dieser gewaltige Verbund von
vernetzten Computern – ist eine riesige Kopiermaschine. Hinter jedem Klick, jedem Anschauen eines YouTube-Videos, jedem Face-
book-Eintrag steckt in Wirklichkeit eine ganze Kaskade von Kopier-
Operationen.

In der analogen Welt musste einiger Aufwand betrieben werden, um eine Information an ihre Empfänger zu senden. Mehr als hundert Leute zu erreichen war nur unter großem Ressourceneinsatz machbar. Heute ist ähnlicher Aufwand nötig, um dieselbe Information *nicht* sofort weltweit zugänglich zu machen. Doch wir denken immer noch in analogen Kategorien und erschrecken, wenn wir merken, dass die Welt längst ganz anders funktioniert. Lange haben wir beispielsweise gedacht, dass, wenn wir eine E-Mail schreiben, nur die Empfängerin sie liest. Edward Snowden belehrte uns eines Besseren.

Prism, die zweite große Snowden-Enthüllung, betraf die großen Digitalkonzerne: Google, Facebook, Microsoft und Apple. Auf fast unleserlichen hässlichen Powerpoint-Folien ist dokumentiert, wie die NSA direkt auf die Daten dieser Firmen zugreifen kann. Ebenfalls kam heraus, dass der britische Geheimdienst GCHQ in die privaten Datennetze von Google, Yahoo! und anderen Anbietern eingedrungen ist, um den internen Datenverkehr innerhalb der unzähligen Rechencenter der Konzerne mitzuschreiben. Die Cloud – eines der wichtigsten Schlagworte in der Technologiebranche der letzten Jahre – wurde von der NSA »geownt« (was im Hackerjargon bedeutet, dass ein System von einem Angreifer kontrolliert wird). Cloud Computing bezeichnet den Trend, Computerisierung und Datenhaltung mehr und mehr auf zentrale Hochleistungs-Server im Internet zu verlagern. Immer wenn wir unsere E-Mails auf der Website von Google Mail lesen und bearbeiten, wenn wir Dateien auf Dropbox speichern, die Daten unseres iPhones in der iCloud sichern oder schlicht und ergreifend Facebook nutzen, sind wir Nutzer von Cloud Computing. Unsere Daten sind dann nicht einfach auf unserem Rechner gespeichert, sondern irgendwo da draußen in der Internetwolke.

Natürlich gibt es für diese Wolke (engl. *cloud*) in Wirklichkeit einen physischen Ort. In Utah hat die NSA gerade ein neues Rechenzentrum gebaut. Auf 100.000 Quadratmetern sollen schätzungsweise fünf Zetabyte (circa fünf Milliarden 1-Terabyte-Festplatten) an Daten gespeichert und verarbeitet werden. Umgerechnet auf die Weltbevölkerung sind das 700 Gigabyte pro Person. Das britische Pendant des GCHQ sitzt in England an der entscheidenden Stelle der Seekabelverbindung zwischen Europa und den USA und speichert alle durchgehenden Daten bis zu dreißig Tage ab, um sie nach verdächtigen Inhalten zu durchsuchen. Dieses sogenannte Tempora-Programm beschäftigt 500 Mitarbeiterinnen, die mehr als 200 Glasfaserleitungen überwachen. Wenn wir bei Google etwas suchen, bei Facebook etwas liken oder eine E-Mail von einem Yahoo!-Nutzer bekommen, landen die Daten auch auf britischen Festplatten.

Nicht die Geheimdienste und ihre Handlungen haben sich verändert, sondern »nur« ihre Mittel. Geheimdienste sollen Informationen beschaffen. Das taten sie zu allen Zeiten und schon immer mit allen verfügbaren Mitteln. Vor dreißig Jahren waren diese Mittel angezapfte Telefonleitungen und Tonbandgeräte. Heute sind es Glasfaserkabel und Rechenzentren. Die Reichweite der Geheimdienste wuchs mit ihren Möglichkeiten. Wir haben James-Bond-Filme geschaut und die Thriller von John le Carré gelesen, aber wir nehmen die Welt der Spionage wahr als eine, die uns völlig fremd, von uns getrennt ist.

Wir wissen: Militärs, Staatschefinnen, Diplomaten und Terroristinnen geraten regelmäßig ins Visier geheimdienstlicher Überwachung. Doch mit den neuen Technologien ist diese Welt bis in die unsere herunter gewachsen. Die Dienste zeichnen all unsere Worte und Handlungen auf. Mit den Möglichkeiten, die NSA und GCHQ zur Verfügung stehen, hat sich das abstrakte Szenario des Kontrollverlusts über die persönlichen Daten in der Realität manifestiert. Die überbordende Echtzeitüberwachung eines Großteils der Weltbevölkerung ist Wirklichkeit geworden, *weil es geht*. Der Politikberater Andrew B. Denison sagte es in der Polit-Talkshow *Anne Will* ganz unverblümt: Geheimdienste seien dafür da, die Gesetze anderer Staaten zu übertreten. Nur steht ihnen dafür heute eine ganz anderes Instrumentarium zur Verfügung als früher. Sie reiten auf der Welle des Kontrollverlusts wie ein Surfer und nutzen geschickt die Möglichkeiten, die er ihnen bietet.

Der Streisand-Effekt
Nicht nur die Geheimdienste wurden durch die neuen Technologien gestärkt. Auch für unseren eigenen Umgang mit Daten eröffneten

sich ganz neue Möglichkeiten. Kenneth Adelman dachte sich nichts Böses, als er 2002 mit seinem »California Coastal Records Project« begann. Sein Ziel war der Aufbau einer Bilddatenbank über die kalifornische Küste. 12.000 Fotos hatte er bereits beisammen, als er 2003 von der Schauspielerin Barbra Streisand verklagt wurde – auf 50 Millionen Dollar Schadensersatz, weil sie durch das Projekt ihre Privatsphäre verletzt sah. Gegenstand des Anstoßes war ein Foto, auf dem auch die pompöse Villa des Hollywoodstars an der Küste von Malibu zu sehen war. Als der Prozess öffentlich wurde, fand er ein gewaltiges Echo im Netz. Internetnutzer in aller Welt machten sich über den Versuch der Künstlerin lustig, sich selbst aus dem Internet zu streichen. Das Foto mit ihrer Villa, für das sich bislang niemand interessiert hatte, wurde auf Tausenden von Websites und Blogs veröffentlicht und kommentiert. Die Villa selbst wurde rot markiert und mit dem Hinweis versehen, dass es sich hier um die Villa von Barbra Streisand handle.

Nicht nur den Prozess hat Barbra Streisand verloren. Auch ihre eigentliche Intention – die Wiederherstellung von Privatsphäre für Haus und Hof – hat sie mit dem Prozess selbst konterkariert. Ihr Handeln und die Reaktion im Netz prägten einen eigenen Begriff: Immer, wenn jemand versucht, eine unerwünschte Information aus dem Internet zu entfernen, wird der »Streisand-Effekt« herausgefordert. Das Ganze kann gutgehen, aber viele hundert Beispiele des Streisand-Effekts gemahnen an die bittere Wahrheit: Einmal im Netz, lassen sich Informationen kaum mehr wieder aktiv entfernen.

Mit bis dahin ungekannter Wucht schlug der Streisand-Effekt zu, als die US-Regierung 2010 versuchte, gegen WikiLeaks vorzugehen, und zu jedem Mittel griff, das ihr einfiel. Unter anderem setzte sie Zahlungsanbieter wie PayPal und American Express unter Druck, WikiLeaks den Geldhahn zuzudrehen. Auch der Domain-Anbieter von WikiLeaks, EveryDNS, stellte auf entsprechenden Druck die Zusammenarbeit ein. Die Website war unter der Domain *www.wikileaks.org* auf einmal nicht mehr zu erreichen. Innerhalb von zwei Tagen sprossen daraufhin 750 »Mirrors«, komplette Kopien aller Daten des WikiLeaks-Servers, auf anderen, ans Netz angebundenen Rechnern. Wenige Wochen später waren es bereits 1.426.

Die Wege der Daten sind unergründlich. Einmal digitalisiert, rinnen sie durch alle Ritzen und Öffnungen, immer schneller und immer mehr. Und das Leck scheint größer zu werden, je kopierbarer die Daten werden. Der zweite Treiber des Kontrollverlusts lässt uns die Kontrolle darüber verlieren, wer wann auf welche Daten Zugriff hat und wen wir davon ausschließen können.

Die verknüpften Daten und der General

Immer mehr Daten entstehen, werden gesammelt und aufgezeichnet, und ihre Wege werden immer unkontrollierbarer. Aber erst ihre intelligente Verknüpfung macht Wissen daraus und erzeugt damit die eigentliche Wucht des Kontrollverlusts. Neue Techniken der Analyse, Verknüpfung und Korrelation großer Datenmengen bescheren Erkenntnisse, die nicht darin zu vermuten waren. Das ist der dritte Treiber, und er sorgt für den endgültigen Verlust der Kontrolle: Wir können nicht einmal mehr wissen, wie groß das Aussagepotenzial von Daten ist.

In seinem Buch *WikiLeaks. Inside Julian Assange's War on Secrecy* beschreibt der britische Journalist David Leigh die monatelange Arbeit an den WikiLeaks-Enthüllungen. Assange hatte es geschafft, eine internationale Phalanx von Zeitungen und Nachrichtenmagazinen vom britischen *Guardian* über den *SPIEGEL* bis zur *New York Times* und der *Washington Post* dafür zusammenzutrommeln. Die Redaktionen entdeckten Skandale, entfernten sensible Daten aus den Dokumenten, entwarfen Schautafeln und Infografiken und verarbeiteten das Material zu Geschichten. Diese sorgfältige Aufbereitung war wichtig, denn in den Originaldokumenten fanden sich Namen von Oppositionellen in diktatorischen Regimen und von inoffiziellen Informantinnen der amerikanischen Streitkräfte in den Krisenregionen sowie Daten und Fakten, die die nationale Sicherheit bestimmter Staaten in Gefahr hätten bringen können. Auf den Journalisten lastete eine entsprechend hohe Verantwortung.

Von all dem berichtet Leigh in seinem Buch, und auch davon, wie er selbst an die Dokumente kam. Auf dem WikiLeaks-Server gab es ein verstecktes Verzeichnis. In diesem Verzeichnis befand sich eine mehrere Gigabyte große, stark verschlüsselte Datei. Die Datei enthielt die gesamten unredigierten Dokumente, noch in dem Zustand, wie Wiki-Leaks sie von Manning bekommen hatte. Bei seinem Treffen mit Leigh gab Julian Assange ihm den Link zu der versteckten Datei auf dem WikiLeaks-Server sowie das Passwort zu ihrer Entschlüsselung.

Als Leighs Buch 2011 herauskam, muss Julian Assange ein wenig geschwitzt haben an der Stelle, wo es um dieses Treffen geht. Leigh beschreibt dort nicht nur die Anekdote selbst in allen Einzelheiten. Unter der Kapitelüberschrift steht außerdem: »ACollectionOfDiplomaticHistorySince_1966_ToThe_PresentDay#«. Es ist das Original-Passwort zu der verschlüsselten Datei, das Assange ihm gegeben hat. Leigh wird später sagen, dass er sich dabei nichts Böses gedacht habe und nicht glaubte, dass das Passwort noch gültig sei, wenn das Buch erscheinen würde. Vielleicht dachte auch Assange noch für einen kurzen Moment daran, schnell das Passwort der Datei zu ändern, bevor sie jemand fände. Doch dann werden ihm die 1.426 Mirrors des Wiki-Leaks-Servers eingefallen sein. Auf 1.426 anderen Servern lagen zu dem Zeitpunkt exakte Kopien der Datei, die weiterhin mit dem Passwort zu entschlüsseln waren, das in einem Buch abgedruckt war, das es in jedem Buchladen zu kaufen gab. Es dauerte nicht lange, bis Hackerinnen die Datei entdeckt und das Passwort ausprobiert hatten. Die gesamte Weltöffentlichkeit hatte damit auf einen Schlag Zugriff auf die ungefilterten, unzensierten und unbearbeiteten Manning-Dokumente.

Der Fall zeigt, wie Daten ihre Brisanz erst in der Verknüpfung mit anderen Daten entfalten: Die Veröffentlichung des Passworts in dem Buch war allein noch kein großer Schaden, es hätte rechtzeitig geändert werden können. Die verschlüsselte Datei, auch auf den vielen WikiLeaks-Spiegelungen, hätte alleine niemandem weh getan – niemand konnte sie ohne Passwort lesen. Erst die Kombination aus der vervielfältigten Datei und dem publizierten Passwort machte den Unterschied. Beides für sich genommen hatte überschaubare Auswirkungen, in Kombination bedeutete es den Totalverlust der Kontrolle über die Manning-Dokumente. An dem Beispiel wird deutlich, wie schwer es ist, die von einem Datum ausgehende Gefahr zu beurteilen.

Die verknüpften Daten der NSA

Auch die NSA sammelt nicht nur Daten, sondern befragt sie, mit ihren eigenen Analysetechnologien. Eines der Programme, von denen wir durch Edward Snowden erfahren haben, ist XKeyscore. Oberflächlich betrachtet wirkt es erst mal wie eine einfache, nicht besonders schön gestaltete Website; ein Formular zum Eintragen von verschiedenen Suchbegriffen und Suchparametern, dem wir bei einer Begegnung in der freien Wildbahn des Internets eher zögerlich sensible Daten anvertrauen würden.

Doch dahinter steckt die gesammelte Datenkraft der NSA und ihrer Partner. Alle Daten, die die NSA mit ihren Programmen und Partnerprogrammen sammelt, werden hier aufbereitet und zusammengeführt und können von diesem Interface aus abgefragt werden. Metadaten aller Kommunikationen – wer mit wem gechattet, telefoniert,oder gemailt hat – werden kombiniert mit den Inhalten aus den Chats und dem Mailverkehr. Alle Ergebnisse dieser Auswertung werden wiederum mit Registrierungs- und Adressdaten, Rechnungsdaten und anderen Identifikationsmerkmalen angereichert und verknüpft. Heraus kommen detaillierte, automatisch zusammengestellte Dossiers über jeden einzelnen Menschen – weltweit. Identifizieren lassen sich die Personen per Name, E-Mail-Adresse, Geräteadressen oder Browsersignatur.

Eine Browsersignatur ist etwas unbekanter als die IP-Adresse eines Rechners, gehört aber zum Internetalltag. Es handelt sich dabei selbst um ein Datum aus verknüpften Daten: Jeder Browser schickt standardmäßig Informationen zu Browsertyp, Browserversion, Betriebssystem und -version, Bildschirmauflösung und andere Daten an jede aufgerufene Website. In Summe, als verknüpftes Muster, verrät das, wer eine Seite besucht hat. Jede einzelne Information für sich ist harmlos. In der Zusammenführung ergibt sie ein Muster, das eindeutige Identifizierung ermöglicht, wie bei einem Fingerabdruck.

XKeyscore arbeitet mit dieser Verknüpfbarkeit von Daten. Das Programm verwandelt die riesigen Datenschätze, die die NSA zusammenträgt, aus totem gespeichertem Wissen in auswertbares Material; ähnlich wie wir es von Google kennen, nur mit mehr und präziseren

Möglichkeiten. Die Suchen darin lassen sich beliebig einschränken und filtern, zum Beispiel nach bestimmten Schlagwörtern, Geschlecht, Uhrzeit und Ort der Kommunikation, hinsichtlich der verwendeten Sprache, ob Verschlüsselung eingesetzt wird oder nicht. Komplexe Abfragen wie »Zeige mir alle verschlüsselten Word-Dokumente in Iran« können ohne weiteres generiert werden – oder auch »Gib mir alle Google-Suchanfragen der letzten 10 Tage nach ›Islam‹ samt IP-Adresse, Sprache und verwendetem Browser in Deutschland und suche mir die Profile der betreffenden Nutzerinnen zusammen.« Mit jedem zusätzlichen Datensatz wird einem anderen Datensatz neues Leben eingehaucht. Mit jeder Korrelation entstehen neue Such-Möglichkeiten, mit jeder Abfrage potenzielle neue Aussagen.

Big Data und das Ende der Anonymität
Das in der Debatte um die Digitalisierung herumgeisternde Schlagwort »Big Data« bezeichnet im Grunde genau das beschriebene Prinzip: Erkenntnisgewinne durch die statistische Befragung großer Datenmengen. Empirische Forschung arbeitete bis vor kurzem ausschließlich mit kleinen, selbst zusammengesuchten Datenmengen, etwa aus der aufwendigen Befragung von circa tausend Leuten, um daraus ein repräsentatives Ergebnis abzuleiten. Seit einigen Jahren steht nun aber eine ganze Menge Daten zur Verfügung, die nicht aufwendig gesammelt werden müssen, sondern einfach »anfallen«; etwa die Verbindungsdaten von Handys, die Klickgewohnheiten auf Websites, die Angaben auf Facebook-Profilen oder die Bewegungsdaten von Menschen.

Chris Anderson, Herausgeber der Zeitschrift *WIRED*, brachte Big Data einmal auf die Formel, es sei das »Ende der Theorie«[6] – in Zukunft brauche niemand mehr eine Hypothese aufzustellen, stattdessen könne man die riesigen Datenmassen einfach direkt befragen. Das ist übertrieben. Dennoch verändert sich durch die Verfügbarkeit großer Datenmassen das wissenschaftliche Vorgehen. Daten können in einer Art Brainstormingphase korreliert und ausgehend davon statistische Auffälligkeiten genauer unter die Lupe genommen werden. Dafür gibt es inzwischen jede Menge Beispiele.

Seinen Übersetzungsdienst »Translate« hat das Unternehmen Google ohne große Kenntnis über Syntax und Grammatik so unterschiedlicher Sprachen wie Chinesisch und Arabisch entwickelt. Stattdessen konzentrierten sich die Google-Ingenieure auf die Suche nach genügend Texten, die in viele verschiedene Zielsprachen übersetzt worden sind. Aus diesem Rohmaterial »lernte« Google Translate. Das funktioniert ausgehend von zehn oder hundert Texten nicht, aber bei einer Million Texten schon recht gut. Nach dem gleichen Prinzip erkennt Google auch, wie sich Grippeepidemien verbreiten. Die Kombination der entsprechenden Suchworte (zum Beispiel bestimmte Medikamente) mit dem Ort ihrer Abfrage erlaubt es, auf einer Landkarte in Echtzeit zu verfolgen, wohin die Grippe wandert.

Der Navigationsgeräte-Hersteller TomTom erkennt in Zusammenarbeit mit dem Mobilfunkprovider Vodafone Staus. Verändern sich die Standortdaten vieler Handys auf Autobahnen über einen längeren Zeitraum nur noch wenig, ist das ein sicheres Zeichen für zäh fließenden Verkehr. Per Mobilfunk kann das Navigationssystem dann »Stau« auf den Geräten der TomTom-Kunden melden. TomTom versichert den Datenschützerinnen, dass die ausgewerteten Mobilfunkdaten für die Analyse natürlich anonymisiert werden. Das heißt, es werden keine Namen oder Telefonnummern in den Datensätzen verwendet. Doch wie anonym können Daten heute überhaupt sein?

Unter Wissenschaftlern ist Deanonymisierung inzwischen sowas wie eine Art Big-Data-Sport geworden. Am MIT in Cambridge extrahierten sie aus anonymisierten Mobilfunk-Zellendaten (ähnlich denen, mit denen TomTom arbeitet) nicht nur genaue Bewegungsprofile der einzelnen Handybesitzerinnen, sondern fanden heraus, dass lediglich vier Datenpunkte nötig waren, um diese mit 95-prozentiger Genauigkeit zu identifizieren.[7] Solche Datenpunkte können zum Beispiel Ortsdaten sein, wie Check-in-Daten auf Diensten wie Foursquare oder Facebook oder die Geo-Koordinaten in Fotos oder Tweets.

Die deanonymisierte Affäre
Vor der deanonymisierenden Macht verknüpfter Daten sind selbst Chefs von Geheimdiensten nicht sicher. General David Petraeus ist

ein Mann, der sein Leben im Griff hat. Verheiratet, Kinder und erfolgreich im Job. Ein Mustersoldat: Seit 37 Jahren beim amerikanischen Militär, Vier-Sterne-General, ehemaliger Kommandeur der amerikanischen Streitkräfte – erst im Irak, dann in Afghanistan, dann, nach dieser beispielhaften Karriere, freiwillig in den Ruhestand gegangen. Barack Obama persönlich hat ihn reaktiviert und auf den Chefsessel der CIA gesetzt.

Auch in Paula Broadwells Leben verläuft offensichtlich alles nach Plan. Sie hat selbst eine militärische Karriere hinter sich, unter anderem in einer Spezialeinheit. Sie ist verheiratet und gilt als *hockey mum*, als außerordentlich engagierte Mutter, die ihre Kinder jeden Morgen persönlich zum Schulbus bringt. Nebenher engagiert sie sich ehrenamtlich für Kriegsveteranen. Eine amerikanische Vorzeige-Superfrau.

Paula Broadwells Interesse an Petraeus war zunächst ein journalistisches:»Der Mustersoldat« war der Arbeitstitel der Biografie, die sie über ihn schreiben wollte. Jahrelang begleitete sie ihn; auch in den Irak und nach Afganistan, überall war sie mit dabei. Die Öffentlichkeit bekam nichts davon mit, dass sich die beiden auch abseits des Beruflichen näherkamen.

Eine Affäre mit einem amtierenden CIA-Chef geheim zu halten, ist nichts für Anfänger. Doch Broadwell passte gut auf. Nie machte sie den Fehler, Intimes mit Petraeus von ihrer persönlichen Handynummer oder E-Mail-Adresse aus zu kommunizieren. Die beiden legten einen gemeinsamen, anonymen E-Mail-Account bei einem freien Webmailer an. Wenn Broadwell Petraeus etwas mitteilen wollte, schrieb sie ihm eine E-Mail – doch statt sie abzuschicken, speicherte sie sie in den Entwürfen. Petraeus, der ebenfalls das Passwort zu dem Account hatte, konnte ihre Nachricht dort lesen und antworten. Broadwell war nie so dumm, sich von ihrem heimischen Internetanschluss aus in den Account einzuloggen. Sie nutzte ausschließlich öffentliche Internetzugänge, um mit Petraeus zu kommunizieren.

Jeder Internetanschluss ist identifiziert durch eine IP-Adresse. Sie ist einmalig im Internet, aber zunächst nicht direkt an eine Person gebunden. Doch der Internetprovider weiß, welche IP-Adressen welchen Kundinnen zugeordnet sind.

Als das FBI in einem Fall von Stalking in General Petraeus' Umfeld ermittelte, stieß es auf den anonymen E-Mail-Account. Mit den IP-Adressen, die auf den Account zugriffen, konnten die FBI-Agenten kaum etwas anfangen; dahinter befanden sich nur öffentliche Cafés in verschiedenen Städten sowie verschiedene Hotels. Die Hotels wurden Broadwell zum Verhängnis. Anhand der Check-in-Informationen aller Hotels, deren IP-Adressen auf das Konto zugegriffen hatten, konnten die FBI-Agenten die Hoteldaten untereinander abgleichen und analysieren. Gab es einen Namen, der in allen diesen Hotels zu den fraglichen Zeiten eingecheckt war? Es genügten wenige übereinstimmende Datenpunkte, um zu Paula Broadwell zu führen. Das FBI wartete noch ein paar Monate, bis nach der Wiederwahl von Barack Obama, bevor es die Sache auffliegen ließ. General David Petraeus legte am 7. November 2012 sein Amt als CIA-Chef nieder – gestürzt über Datenanalyse.

Die Nadel im Big Heuhaufen

Auch die Datenbanktechnologie der NSA ist weit fortgeschritten. Sie beruht auf der Datenbanksoftware Accumulo, einer Weiterentwicklung von Googles Software Big Table. Mit ihr lassen sich Mustererkennungsanalysen bewerkstelligen. In großen Datenmassen können sich wiederholende Strukturen gefunden und erkannt werden.

Das Interessante dabei sind aber oft gar nicht die Muster, sondern die Abweichungen davon. Wo eine Nadel im Heuhaufen gesucht wird, ist normalerweise jeder Halm einer zu viel. Big Data dagegen mag Heu. Jeder Halm ist anders als alle anderen, deswegen will Big Data möglichst viele von ihnen kennenlernen. Denn je besser das Verständnis des Computers für Heu ist, desto schneller findet er darin die andersartige Nadel. Die NSA braucht darum eine Menge Kommunikationsdaten: Je besser der Computer versteht, was »normale Kommunikation« (Heu) ist, desto eher findet er die »verdächtige Kommunikation« (Nadel).

Es liegt außerdem nahe, sich mithilfe der Analyse der Kommunikations-Metadaten ein Bild davon zu machen, wer mit wem kommuniziert und auf welche Weise einzelne Gruppen untereinander vernetzt sind. Die sogenannte Graphen-Analyse ist heute ein gängiges Verfahren, um versteckte Zusammenhänge zwischen Personen oder Fakten in großen Datenmengen zu finden. Accumolo ist darauf spezialisiert.

Daten, die viele von uns sorglos veröffentlichen, weil sie keiner sensiblen Information verdächtig sind, erlauben Rückschlüsse auf durchaus sensible Daten. 2008 zeigten Studierende an der Technik-Uni MIT, dass sie mithilfe einer Analyse von Facebook-Freundschaften errechnen konnten, mit welcher Wahrscheinlichkeit jemand homosexuell ist. Die Idee des Projekts »Gaydar« ist einfach: Manche Menschen haben ein engeres Verhältnis zu bestimmten Menschengruppen als andere Menschen. In jedem sozialen Netzwerk lassen sich also besonders eng vernetzte Gruppen erkennen – das nennt sich Clustering. Homosexuelle stehen oft in Kontakt zu anderen Homosexuellen. Lässt sich eine Person einem Cluster mit vielen bekennenden Homosexuellen zuordnen, lässt sich davon mit einer gewissen Wahrscheinlichkeit auf ihre sexuelle Orientierung schließen. Die Genauigkeit lag im Fall des MIT-Experimentes bei 86 Prozent.[8]

Als die Idee des Datenschutzes geboren wurde, hatte man die Daten im Sinn, die nach damaligem Verständnis gelesen und entziffert werden konnten. Wenn bekannt ist, welche Daten von einem selbst existieren und was sie aussagen, kann man versuchen, den Zugriff darauf zu kontrollieren. Die »informationelle Selbstbestimmung«, wie sie das Bundesverfassungsgericht 1983 anerkannte, räumt jedem das Recht ein, über den Zugang zu seinen Daten und ihre Verwendung bestimmen zu dürfen. Auch wenn schon in den 1980ern bekannt war, dass sich Mess- und Analysemethoden kontinuierlich verbessern und dass es Techniken zur Verknüpfung von Daten gibt: Es sah noch aus, als ob Daten das bleiben würden, was sie zur Zeit der Speicherung waren. Wir glaubten noch zu wissen, dass eine Spur zu hinterlassen und sogar, einen »Write« in eine Datenbanktabelle auszuführen ein endgültiger Vorgang sei, der das Feld seiner Interpretation von vornherein absteckt. Aber wir haben uns geirrt.

Der dritte Treiber des Kontrollverlusts besteht in den immer weiter wachsenden Möglichkeiten zur Verknüpfung von Datensätzen. Die

Aussagefähigkeit von Daten wird damit in eine unbekannte Zukunft katapultiert. Weder wissen wir heute, was morgen Daten sein werden, noch wissen wir, was Daten von heute schon morgen aussagen können.

Wir haben die Kontrolle über die Daten also auf dreifache Weise verloren: Wir wissen nicht mehr, welche Daten zu welcher Zeit erhoben werden können, weil die ganze Welt durch die allgegenwärtige Verbreitung von Sensoren digitalisiert wird. Wir bestimmen nicht selbst, was mit diesen Daten geschieht, wo sie gespeichert werden, wo sie hinkopiert werden, wer darauf Zugriff hat. Und wir können nicht ermessen, welche Dinge diese Daten potenziell aussagen. Kurz: Daten, von denen wir nicht wussten, dass es sie gibt, finden Wege, die nicht vorgesehen waren, und offenbaren Dinge, auf die wir nie gekommen wären.

---

1 *www.collateralmurder.com*

2 Niklas Luhmann, Geheimnis, Zeit und Ewigkeit, S. 105

3 Gregory Bateson: *Geist und Natur*, S. 123

4 »We are with John McAfee right now, suckers!«, in: *Vice*, *www.vice.com/read/we-are-with-john-mcafee-right-now-suckers*

5 Lisa Gitelman, »Daniel Ellsberg and the Lost Idea of the Photocopy«, *www.academia.edu/2053410/Daniel_Ellsberg_and_the_Lost_Idea_of_the_ Photocopy*

6 Chris Anderson, »The End of Theory: The Data Deluge Makes the Scientific Method Obsolete«, *http://archive.wired.com/science/discoveries/magazine/16-07/ pb_theory*

7 Konrad Lischka, »Smartphone-Studie: Das Märchen vom anonymen Bewegungs profil«, *www.spiegel.de/netzwelt/web/mobilfunkspuren-lassen-sich-leicht- menschen-zuordnen-a-891850.html*

8 Stan Schroeder, »GAYDAR: Your Facebook Friends Can Reveal Your Sexual Orientation« *http://mashable.com/2009/09/21/facebook-friends-sexual- orientation/* (21.09.2009)

Kapitel 2 | Das Ende der Ordnung

Nun haben wir den Kontrollverlust phänomenologisch beschrieben und seine Treiber ausgemacht. Was sind jedoch die Ursachen dieser drei Treiber? Sie liegen zu einem Gutteil in den medientheoretischen, technischen und Informationstheoretischen Grundlagen der Technologie, mit der wir uns und die Gesellschaft ausgestattet haben. »Jede hinreichend fortschrittliche Technologie ist von Magie nicht zu unterscheiden«, sagte der Science-Fiction-Autor Arthur C. Clarke. Indem wir nacheinander für jeden der Treiber erläutern, welche technischen Gegebenheiten ihm zugrunde liegen, werden wir den Leser mit diesem Kapitel in die Lage versetzen, die komplizierten Mechanismen hinter der Zauberei der digitalen Technologie zu verstehen. Beim ersten Treiber – der Weltverdatung – geht es um das Versprechen und das Konzept des Computers; beim zweiten Treiber – der Kopierbarkeit der Daten – stehen die Eigenschaften digitaler Daten und dezentraler Netze im Mittelpunkt; und beim dritten Treiber – der steigenden Aussagefähigkeit von vorhandenen Daten – beschäftigen wir uns mit dem Medienbruch, der durch die Erfindung moderner Datenbanksysteme und ihres zentralen Paradigmas, der *Query* (dt. Abfrage), ausgelöst wurde. Der Kontrollverlust erklärt sich aus dem Zusammenspiel all dieser Faktoren.

Aufschreibesystem U

Als Google 2010 für sein Streetview-Feature mit Kameras ausgestattete Autos durch deutsche Straßen fahren ließ, sorgte das für Aufruhr. Dass die Hausfassade – als begrenzende Außenseite dessen, was bis dahin als Privatsphäre verstanden wurde – im Internet abgebildet werden sollte, ging vielen zu weit. Datenschützerinnen entrüsteten sich, die BILD-Zeitung lancierte eine großangelegte Kampagne, und feuilletonistische Leitartikler geißelten Googles Datensammelwut. Schließlich lenkte das Unternehmen ein und ermöglichte es den deutschen Nutzerinnen, die eigene Hausfassade wieder aus dem Internet ausblenden zu lassen. So viele erzürnte Bürger nutzten diese Möglichkeit, dass Streetview – eine online begehbare Repräsentation vieler

Städte – in Deutschland quasi unbenutzbar ist. Statt einer Stadt zeigt das virtuelle Deutschland triste Schluchten aus verschwommenen Anonymisierungsquadraten. In den USA wird seitdem gerne über »Blurmany« gewitzelt.

Darüber, dass eine Abbildung der Hausfassade als Verletzung der Privatsphäre verstanden wurde, machte sich vor allem das englischsprachige Ausland lustig. Doch die Reaktion der Deutschen lässt sich auch anders erklären. Das Internet und die zunehmende Digitalisierung aller Lebensbereiche hatte 2010 bereits ein Ausmaß erreicht, das viele Menschen erschreckte. Sich dieser Welt zu verweigern, das eigene Offline-Dasein vielleicht sogar mit einem gewissen Stolz vor sich herzutragen, wurde immer schwerer. Wie lässt sich noch mit den Enkeln kommunizieren, wie der Urlaub buchen, wo werden Bücher gekauft, wenn die Buchläden alle dicht machen? Gibt es für dieses Gefühl – für diese Angst, gleichzeitig belagert zu sein und zurückgelassen zu werden – ein besseres Symbol als das Streetview-Auto von Google? Auf einmal steht das Internet vor der Haustür und macht Fotos.

Google Streetview ist ein sehr später Schritt in dem Prozess der Weltverdatung, der schon lange zuvor in Gang gesetzt wurde. Der argentinische Autor Jorge Luis Borges hatte die Entwicklung ganz undigital vorhergesehen, als er 1960 in seiner Erzählung »Von der Strenge der Wissenschaft« eine Karte beschrieb, die die ganze Welt im Maßstab eins zu eins abbildet und sie folglich umspannt. Während eine solche Weltkarte in der Virtualität des Digitalen ganz wunderbar mit der echten Welt koexistieren kann, ergibt sie in der Welt des Analogen keinen Sinn. Doch auch Borges bezog sich gedanklich auf frühere Technologien der Weltverdatung: die Medien.

Mit Sprache, Schrift und Buchdruck standen den Menschen immer effizientere Werkzeuge zur Verfügung, um ihre Geschichten zu erzählen und Wissen zu verbreiten: Von »Medien« wussten die Menschen nichts, eigentlich existierte nur Literatur. Im 19. und 20. Jahrhundert kamen mit Grammophon, Foto und Film technische Medien hinzu, die den Gattungsbegriff »Medien« erst notwendig machten. Sie verdateten die Welt zum ersten Mal nicht über den Umweg der menschlichen Wahrnehmung, filterten sie – abgesehen von der Entscheidung über den Moment der Aufnahme und der Auswahl des Blickwinkels u.ä. – nicht durch gedankliche Verarbeitung. Wo sie nicht bewusst als Mittel kreativer Interpretation eingesetzt werden, bilden sie stur physische Gegebenheiten ab. Statt Worten oder Pinselstrichen speichern sie elektromagnetische Wellen und Schall. Die Welt drückt sich über den Umweg der jeweiligen Wellenform direkt in diesen Medien aus. Erst mit den technischen Medien wurden »die Medien« überhaupt geschaffen. Wo alles Schrift, Druck und Wort war, brauchte es keinen Medienbegriff, da reichten die Literaturwissenschaften.

»Unser Schreibwerkzeug arbeitet an unseren Gedanken mit«[1], wusste Friedrich Nietzsche, der am Ende seines Schaffens halbblind anfing, auf einer der ersten Schreibmaschinen seine Texte zu verfassen. Es sollte aber bis in die 1960er-Jahre dauern, bis der Kanadier Marshall McLuhan die erste grundlegende Medientheorie formulierte. Dass Medien die technologische Grundlage unserer Kultur bilden und ihre Beschaffenheit diese Kultur wesentlich beeinflusst, ist eine der vielen Bedeutungen von McLuhans berühmtem Satz »Das Medium ist die Botschaft«[2].

Medientheorie bedeutet, den Blick abzuwenden vom Reich der Ideen, das seit Platon als vorherrschendes Kulturparadigma regierte, hin zu den materiellen Grundlagen dieser Ideen: den Techniken des Schreibens, Druckens, Fotografierens und des Speicherns von Daten. Erst bei der Beschäftigung mit »Hardware« als dem technischen Möglichkeitsraum von Äußerungen wird deutlich, wie diese Hardware um sich herum Systeme von Narrativen und Strukturen schafft, in deren Gewebe sich alles bewegt, was wir überhaupt denken können.

Der Medienphilosoph Friedrich Kittler hat diese Systeme »Aufschreibesysteme« genannt und anhand des Einbruchs der technischen Medien in die Gesellschaft analysiert. In seinem Buch *Aufschreibesysteme 1800/1900* zeigt er, dass sich mit dem Aufkommen der neuen Medientechniken nicht nur die publizistische Landschaft, sondern auch die gesellschaftlichen Strukturen und sogar das Denken selbst verändert haben. Der Begriff des Aufschreibesystems ist für unsere Zwecke zweifach wichtig: Erstens, weil er mehr ist als nur ein Synonym für »Medium«, sondern darüber hinaus das ganze Drumherum umfasst, das ein

Medium bei seiner Einführung bewirkt – die kulturellen Praktiken, die Institutionen, die gesellschaftlichen Veränderungen. Die Betonung liegt hier auf »System«. Zweitens – die Betonung liegt nun auf dem »Aufschreiben« – stellt der Begriff das Speichern, die Verdatung in den Mittelpunkt, um die es uns hier geht.

Die Psychoanalyse zum Beispiel hätte es unter den Bedingungen des »Aufschreibesystems 1800« – in einer ausschließlich literarischen Kultur – nicht geben können. Im Gegensatz zu den Praktiken der Schriftkultur hat die Psychoanalyse nicht mehr den »Geist« und die »Bedeutung« als Gegenstand, sondern das »Gehirn« und die »Spur«. Sie fragt nicht, was gedacht oder gemeint ist (wie zum Beispiel noch in der Hermeneutik), sondern: »Was geht in der Patientin vor?« Wie ein Grammophon zeichnet der Analytiker dazu alles auf: jede Silbe, jeden Versprecher, jedes Räuspern, jedes Zaudern, jede sprachliche Fehlleistung. Welche Subroutinen des Unbewussten am Werk sind, wird nicht durch die Interpretation dessen erfahren, was die Kranke sagt, sondern durch genaue Beobachtung all dessen, was unwillkürlich geschieht. Und wo das Aufschreibesystem 1800 noch das erkennende Subjekt am Werk sieht, kann Freud im Aufschreibesystem 1900 feststellen, dass dieses nicht »Herr im eigenen Haus« ist. Das Durchbrechen des Monopols der Schriftkultur war die notwendige Voraussetzung zur Entthronung einer bestimmten Vorstellung von »Geist« und »Vernunft« und damit auch einer bestimmten Vorstellung des Menschen.

Heute stecken wir wieder mitten in einem solchen Medienumbruch. Das Aufschreibesystem 1900 ist immer noch präsent, in einigen Bereichen sogar noch dominant, doch der Einbruch des Computers und des Digitalen bedroht es grundlegend. Wie lässt sich dieser Umbruch beschreiben? Was macht das Aufschreibesystem 2000 aus?

Waren die Computer in den Laboren der Universitäten und Unternehmen noch große Rechenungetüme zur Kalkulation komplexer wissenschaftlicher, technischer oder ökonomischer Probleme, verwandelten sie sich Ende der 1970er-Jahre in Medien. Texte konnten auf ihnen gelesen werden, nach und nach zeigten sie auch Grafiken und bald schon Fotos. Als die Prozessoren immer schneller wurden, ließen sich

Musik und sonstige Tonaufnahmen auf ihnen abspielen und kurz darauf sogar Videos ansehen. Der Computer begann, das Familienalbum, den Plattenspieler und den Fernseher zu ersetzen. Mit dem Anschluss an das Internet und seinen nicht endenden Strom an Texten, Bildern und Videos ist endgültig das universelle Medium aus ihm geworden. Der Computer macht seitdem, was alle Medien vor ihm auch machten – nur schneller, billiger, einfacher und radikaler. Diese Eigenschaft digitaler Technologie wird im Marketing »Medienkonvergenz« genannt. Um zu klären, was das Aufschreibesystem 2000 ausmacht, müssen wir untersuchen, welche Sonderstellung der Computer als medialer Tausendsassa in der Mediengeschichte einnimmt. Ist er überhaupt ein Medium unter anderen? Er scheint sich zunächst Kittlers Medienarchäologie zu entziehen, denn der Blick auf die Hardware scheint zumindest nicht mehr auszureichen. Vielmehr ist es die Software – Bildbetrachtungsprogramme, Webbrowser und Mediaplayer –, die den Computer zu dieser konvergenten Medienmaschine macht.

In dem Aufsatz »Es gibt keine Software« versucht Kittler solchen Überlegungen entgegenzutreten. Er will zeigen, dass der Computer in seiner scheinbaren Universalität eben doch auch, genauso wie seine Bruder- und Schwester-Medien, auf seine Hardware beschränkt ist. Und in der Tat: Ein realer Computer ist durch seine physische Ausgestaltung gewissen Beschränkungen unterworfen. Es gibt viel zu beachten: Wärmeentwicklung, elektromagnetische und elektrostatische Abstrahlung, Mindestleitfähigkeit und natürlich die Endlichkeit des Speichers. All dies beschränkt die Möglichkeiten der theoretisch universellen Maschine und macht aus dem Computer die endliche Hardware, die wir kennen. Software könne deswegen nie das Problem frontal lösen, sondern nur einen Bruchteil des Problems – das, was gerade noch mit der Technik machbar ist. Software sei nur das Schmieröl, mit dem die Maschine reibungsloser mit uns Menschen interagieren solle. Kittler behauptet: »Es gäbe sie [die Software] nicht, wenn Computersysteme nicht bislang in einer Umgebung aus Alltagssprachen koexistieren müssten.« Und schimpft weiter: »Die sogenannte Philosophie der sogenannten Computergemeinschaft setzt im Gegenteil alles daran, Hardware hinter Software, elektronische Signifikanten hinter Mensch-Maschine-Schnittstellen zu verdecken.«[3] Doch Kittler tut der Software unrecht. Um zu verstehen, was den Computer ausmacht, lohnt es sich, seinen Ursprung zu betrachten. Und der liegt nicht, wie es die in Deutschland populäre Legende will, bei Konrad Zuse, der 1941 in Berlin den ersten lauffähigen Computer baute, sondern bei dem Engländer Alan Turing und seiner 1936 erdachten Turingmaschine.

Ein unendliches Band aus Papier zuckt vor und zurück. Es ist unterteilt in quadratische Felder. Auf manchen stehen Symbole, Nullen und Einsen, in scheinbar zufälliger Verteilung auf das Band gedruckt. Manche Kästchen sind leer. Das Band läuft durch eine Maschine, in die es eingespannt ist. Die Maschine zieht das Band mal nach links, mal nach rechts. Ein Schreib-/Lesekopf konzentriert sich immer auf das aktuelle Kästchen in der Maschine. Mal schreibt die Maschine dann etwas auf, mal liest sie die beschriebenen Kästchen, und hier und da ist sie unzufrieden mit dem Inhalt. Sie radiert das Symbol weg, und ab und an ändert sie es in ein anderes. Das sind die grundlegenden Funktionen der Turingmaschine. Ebenfalls Teil der Maschine ist eine Tabelle, die definiert, was sie tun soll, wenn sie eine bestimmte Abfolge von Symbolen liest – ein Programm. Wenn die Maschine beispielsweise zuletzt eine 0 gelesen hat und auf der aktuellen Position eine 1 anzeigt, soll sie das Band drei Schritte nach rechts schieben und auf den Speicherplatz eine 1 schreiben; wenn das Band aber eine 0 anzeigt, soll sie die 0 gegen eine 1 austauschen. Turing nannte diese Abfolge von Instruktionen »State«. Heute würde sie als »Algorithmus« bezeichnet.

Turings Maschine diente nur dem einzigen Zweck, zu beweisen, dass sie unfähig ist, alle denkbaren Zahlen zu berechnen. Um das verständlich zu machen, müssen wir etwas ausholen: Bereits zehn Jahre zuvor hatte der Mathematiker David Hilbert die Frage gestellt, ob es neben den entscheidbaren Problemen in der Mathematik und denen, für die wir *noch* keine Lösung haben, auch prinzipiell unentscheidbare Probleme gibt. Ein entscheidbares Problem ist zum Beispiel die Frage, welche die kleinste Primzahl ist (Lösung: 3). Ein Problem, bei dem Unsicherheit darüber bestand, ob es jemals lösbar sein würde, ist die Frage, was die größte Primzahl ist (Lösung: unentscheidbar). Auf der Mathematik lag die Hoffnung, eines Tages die eine vollständige und vollkommen widerspruchsfreie Welterklärungsformel liefern zu können.

Kurt Gödel hatte kurz darauf gezeigt, dass sich formale Systeme (Systeme wie Arithmetik und Algebra zur Umwandlung von Symbolen in Aussagen durch Regeln) in Zahlenfolgen ausgedrücken lassen, und konnte sie so zum Gegenstand ihrer eigenen Verarbeitung machen – woran sie scheiterten. Damit lieferte er einen Beweis, der die Geschichte der Mathematik verändert hat: Kein formales System mit einer gewissen »Mächtigkeit« kann gleichzeitig vollständig und widerspruchsfrei sein. Nebenbei hatte er gezeigt, dass jedes formale System als Rechenproblem formulierbar ist. Für Turings Maschine bedeutet das: Die Tabelle mit den formalen Instruktionsfolgen braucht es gar nicht. Stattdessen lassen sich die Instruktionen einfach in Zahlen codieren und auf das Band schreiben. Am Ende steht die »universelle Turingmaschine«, die jede denkbare Turingmaschine simulieren kann. Turing nannte sie schlicht »U«, für universell. Und das heißt nichts anderes, als dass es zu jedem mathematisch entscheidbaren Problem eine solche Turingmaschine gibt, die das Problem in einer endlichen Abfolge von Rechenschritten lösen kann.

»U« – die Antwort auf alle entscheidbaren Probleme in der Mathematik – steckt in begrenzter Form heute in unseren Hosentaschen. Die Turingmaschine ist das Vorbild für jede »Central Processing Unit« (CPU), also das Herzstück jedes Computers und Smartphones. Der einzige, aber wesentliche Unterschied ist, dass ein Computer über begrenzten Speicher verfügt, während das Band der Turingmaschine U unendlich ist. Doch jede herkömmliche CPU ist universell programmierbar und kann alle jemals denkbaren deterministischen Maschinen simulieren – jedenfalls solange der Speicher reicht.

Erst die Software macht den Computer zum Medium. Und zu allem anderen. Turings Schritt, die Tabelle mit den Algorithmen in den Papierstreifen zu codieren, bedeutet die Ersetzung von Hardware durch Software. Der Vorgang sollte sich im Laufe der Computergeschichte noch etliche Male wiederholen. Noch in den 1990er-Jahren war Zusatz-hardware, sogenannte MPEG-Karten, nötig, um mit dem Computer Videos anzusehen. (Heute wird lustigerweise wieder spezielle Hard-warebeschleunigung für Videos auf Grafikkarten gebaut). Schon bald war dieselbe Funktionalität in Software umsetzbar und ist heute in jedem Betriebssystem integriert.

In seinem Aufsatz »There is no Hardware« zeigt der Medienwissen-schaftler Caspar Clemens Mierau, wie mithilfe sogenannter Emula-toren alte Computerhardware in Software nachgestellt wird.[4] Zum Beispiel lässt sich ein alter Commodore Amiga oder ATARI ST ohne Probleme auf einem Windows-PC emulieren – sodass all die alten Spiele für die Geräte wieder gespielt werden können, wie in alten Zeiten. Es ist auch möglich, neben der »normalen« Software auf einem Rechner Software laufen zu lassen, die einen zweiten, virtuellen Com-puter im Computer simuliert. So erlauben es die sogenannten »Virtual Machines«, auf einem Mac parallel einen virtuellen Windows-PC hoch-zufahren. Die Turingmaschine kann nicht nur jede Software ausfüh-ren, sie kann auch selbst reine Software sein.

Und genau das war sie von Anfang an. Turing hat sie nämlich nie ge-baut. (Sie lässt sich auch gar nicht bauen, da sich ein unendlich langes Band nun mal nicht herstellen lässt.) Sie war ein theoretisches Kon-strukt, eine mathematische Überlegung. Das ist der Grund, weshalb hierzulande im Sinne der deutschen Ingenieursmentalität so gern Konrad Zuse als der Erfinder des Computers ausgerufen wird. Aber dieses Denken verfehlt das Wesen des Computers. Turing hatte die erste Maschine erfunden, die gar nicht gebaut werden musste, um zu funktionieren. Schon in seinem Kopf begann sie zu arbeiten, und dann, als Konzept auf Papier, revolutionierte sie die Mathematik. Das Elegante an der Turingmaschine ist, dass ihre Hardware komplett aus-tauschbar ist: Sie läuft sogar auf der »Wetware« des menschlichen Gehirns.

Dass »U« trotz ihrer Unendlichkeit nicht in der Lage ist, alle Proble-me der Mathematik zu lösen, zeigt, dass es durchaus grundsätzlich unlösbare Probleme in der Mathematik gibt. Wir wissen zwar immer noch nicht, welche Probleme das sind und welche Probleme zwar lösbar, aber noch nicht gelöst sind; wir wissen aber, dass die Turing-maschine die Grenze zwischen diesen beiden Problemgruppen markiert. Viele auf die Mathematik gesetzte Hoffnungen waren damit zunichte gemacht, doch die Menschheit hatte nun etwas anderes, eine neue Hoffnung, ein neues Versprechen: den Computer.

1965 veröffentlichte einer der Gründer des Chipherstellers Intel, Gordon Moore, einen wissenschaftlichen Aufsatz mit dem Titel »Cramming more components onto integrated circuits«[5]. Er beschreibt darin die Beobachtung, dass sich die Größe der hergestellten Chips und der Preis ihrer Herstellung alle 18 bis 24 Monate um die Hälfte verringern. Und weil man sich mit schrumpfenden Chips nicht zufrieden gibt, sondern die vorhandene Fläche nutzt und einfach weitere Chips hinzubaut, erhöht sich die Leistungsfähigkeit des Computers im gleichem Maße. Das heißt: CPUs verdoppeln ihre Leistungsfähigkeit alle zwei Jahre. Diese Aussage ist bis heute, vierzig Jahre später, gültig. Und weil das Design der Computerprozessoren seit einigen Jahren an eine physische Grenze gelangt ist, werden den Prozessoren inzwischen mehrere Prozessorkerne spendiert, die parallel arbeiten. Während der Entstehung dieses Buches sind wir bei handelsüblichen 6- bis 8-Kern-Prozessoren im Highend-Bereich angekommen, 4-Kern-Prozessoren dominieren den Laptopbereich, und Smartphones laufen nach und nach ebenfalls auf 4 Kernen.

Während der letzten vierzig Jahre hat sich die Leistung etwa zwanzigmal verdoppelt. Heutige Prozessoren sind also über eine Million Mal schneller als diejenigen, die Gordon Moore damals für seine Betrachtungen heranzog. Die Kapazitäten der digitalen Datenspeicher sind gleichzeitig im selben Tempo gewachsen. Die Turingmaschine mag unendlich sein, der Computer jedoch holt in immer größeren Schritten auf.

Während wir durch Turing also wissen, dass nicht alles berechenbar ist, wissen wir seit Moore auch: »Alles, was berechenbar ist, wird berechnet werden.« Wenn mit dem Computer ein neues Aufschreibesystem in die Welt tritt, dann ist die universelle Berechnung aller berechenbaren Probleme sein Kennzeichen. Das Aufschreibesystem U ist gekommen, um jede Maschine zu ersetzen, die jemals gebaut wurde und die überhaupt je denkbar ist. Und es tut dies mittels Software. »Software is Eating the World« proklamierte der Investor Marc Andreessen und meinte damit nichts anderes, als dass die Hardware mehr und mehr bedeutungslos und durch Software ersetzt wird.[6]

Die Verdatung der Welt, der erste Treiber des Kontrollverlusts, ist das Einlösen dieses Versprechens und war von Anfang an im Computer angelegt. Die Welt wird immer enger mit digitaler Technologie erfasst, vermessen und berechnet, weil der Computer gekommen ist, um alles zu berechnen, was berechenbar ist. Das Aufschreibesystem U wird dabei nicht vor den Menschen und ihrem Bedürfnis nach Privatsphäre und ihren Konzepten vom geistigen Eigentum haltmachen. Es wird für immer weiterrechnen und dabei immer besser und schneller werden.

Das vernetzte Rauschen der Signale

In seiner Erzählung »Die Bibliothek von Babel« beschreibt der Schriftsteller Jorge Luis Borges eine Welt, die nur aus einer riesigen Bibliothek besteht. In der Bibliothek stehen alle Bücher, die überhaupt denkbar sind. Jedes Buch hat 410 Seiten, 40 Zeilen pro Seite, jede Zeile hat 80 Zeichen, bestehend aus je 25 Buchstaben. Unter den $1,956 \times 10^{1.834.097}$ Büchern gibt es Bücher, die nur aus dem Buchstaben A bestehen, andere sind voller Bs. Dann gibt es welche nur mit As und irgendwo einem B dazwischen oder auch zwei. Die Bibliothek besteht aus allen Büchern mit allen Kombinationen von Buchstaben, die möglich sind. Alle Texte, die je geschrieben wurden und in Zukunft geschrieben werden könnten, befinden sich darin. Aber in erster Linie besteht die Bibliothek aus sinnlos bedrucktem Papier. 99,99 Prozent der Texte ergeben überhaupt keinen Sinn.

Datensammeln kostet nichts. 1981 mussten wir für ein Gigabyte Festplattenspeicher circa 300.000 US-Dollar hinlegen, 2004 nur noch einen einzigen. Heute sind wir schon bei einem Cent, und bald schon werden Gigabyte keine relevante Maßeinheit mehr sein, weil alle Welt nur noch in Terabyte denkt und speichert. Speichermedien werden in dem Maße billiger, wie Prozessoren schneller werden. Laut der

Studie »Digital Universe«[7] der Beratungsfirma EMC² verdoppelt sich das weltweite Datenvolumen im Internet alle zwei Jahre. 2010 behauptete Eric Schmidt, der damalige CEO von Google, dass in 48 Stunden so viele Daten produziert würden wie seit Beginn der Menschheit bis 2003.[8] Der Zustand der Welt wird zu jeder Sekunde in ständig steigender Auflösung erfasst und irgendwo gespeichert.

Es ist kein Zufall, dass wir uns mit zunehmender Digitalisierung der Welt dem Zustand aus Borges Bibliothek immer weiter anzunähern scheinen. Oft ist die Rede von der »Informationsflut« oder gar vom »Informations-Tsunami«. Die direkte Sichtbarkeit der Komplexität der Welt, die die Medien und noch mehr das Netz geschaffen haben, führt zum Gefühl der Überforderung. Die Verdatung der Welt mithilfe der Turingmaschine ist eine Grundlage für den zweiten Treiber des Kontrollverlusts – den unkontrollierbaren Datenstrom. Als Erklärung reicht sie jedoch nicht aus – sie beantwortet noch nicht die Frage, warum digitale Daten so leicht kopiert und verteilt werden können.

Weitere Ursachen liegen im Wesen des Digitalen selbst. Hier herrschen besondere Gesetzmäßigkeiten, die für Menschen aus der analogen Welt zunächst kontraintuitiv erscheinen. Sind diese Gesetzmäßigkeiten einmal verstanden, erschließt sich auch die Rückwirkung der digitalen Technologie auf die Welt. Dazu müssen wir noch etwas tiefer hinabsteigen in die Informationstheorie sowie in die Funktionsweise von Computer und Internet. Es gilt zu klären, was Kommunikation, was Signal/Rauschen, was digital und was analog ist. Was macht eigentlich ein Prozessor, und warum liegt zwischen Turings Entdeckung (der Computer war viel mehr eine Entdeckung als eine Erfindung) und dem heutigen Zustand so wenig Zeit? Erst wenn wir die Antwort darauf kennen, können wir ergründen, wie zusammen mit dem Internet und seinem paketbasierten Routing der zweite Treiber des Kontrollverlusts unausweichlich wird.

Signal/Rauschen

Menschen kamen erst Anfang des letzten Jahrhunderts auf die Idee, sich zu fragen, was das überhaupt ist: Kommunikation. Die Frage wurde während des zweiten Weltkrieges sehr dringlich, als alle Kriegsparteien zunehmend mittels technischer Medien (Telegraph und Funk) zu kommunizieren begannen und diesen Weg gleichzeitig vor dem Mitlauschen des Feindes schützen wollten. Es musste ein mathematisches Modell von Kommunikation her, und Claude Shannon, Mathematiker bei den Bell Labs, dem Forschungs- und Entwicklungslabor des damaligen US-amerikanischen Telefonmonopolisten AT&T, hatte dafür die Lösung.

1948 veröffentlichte er seinen Aufsatz »A Mathematical Theory of Communication«[9]. Sein Modell war einfach: Es gibt einen Sender, einen Kanal, über den kommuniziert werden soll, und einen Empfänger. Die Problemstellung der Kommunikation betrifft den Kanal, der nie ohne »Rauschen« zu haben ist. Wer schon mal versucht hat, sich in der Nähe einer Baustelle zu unterhalten, kennt das Problem. Selbst der Kanal »direkte Rede«, ganz ohne vermittelndes Medium, ist anfällig für dieses Rauschen, und auch alle anderen Kanäle – Telegraphenleitungen, Aufnahmegeräte, Funkfrequenzen etc. – sind nie rauschfrei. Die Herausforderung bei jeder Kommunikation liegt darin, auf dem Weg von Sender zu Empfänger eine klare Trennung zwischen dem Signal und dem Rauschen hinzubekommen, d.h. den sogenannten Signal-Rausch-Abstand möglichst groß zu halten. Eine weitere Erfindung von Shannon war die Maßeinheit von Information, deren Elementareinheit er »Bit« nannte. Bit drückt die binäre Unterscheidung von »wahr« und »nicht wahr« aus, von 1 und 0. Dass mit dieser einfachen Unterscheidung jede Information abgebildet werden kann, war schon lang bekannt. George Boole entwickelte auf Basis der Binarität eine eigene Algebra, die wegweisend wurde für die Implementierung in den real existierenden Computern. Aus diesem Wissen destillierte Shannon eine allgemeine Informationstheorie.

Dass Leibniz' Rechenmaschine und unsere Computer bis heute das binäre System verwenden, um Informationen darzustellen, erklärt sich aus dem Signal-Rausch-Abstand. Das Dezimalsystem (und jedes andere Zahlensystem) eignet sich viel schlechter, weil es mehr Abstufungen erfordern würde. Die elektrischen Schaltungen müssten im Gegensatz zu der simplen Unterscheidung zwischen »Strom an« (1)

und »Strom aus« (0) zehn Zustände abbilden: »Strom ein bisschen an« (1), »Strom ein bisschen mehr an« (2), »Strom noch ein bisschen mehr an« (3) etc. Das wäre viel schwerer zu bauen, sehr viel fehleranfälliger und unnötig kompliziert.

Digital

»Digital« bedeutet »abzählbar«, das lateinische Wort *digitus* heißt Finger. Wenn wir davon sprechen, dass wir eine Information »digitalisieren« oder dass sie »digital vorliegt«, bedeutet das, dass von ihr eine in ganzen Zahlen ausdrückbare Beschreibung vorliegt. Diese kann dann im Computer als binäre Zeichenfolge repräsentiert werden. Alles, was Übergang ist, undefinierbarer, ausgefranster Rand, und das Kontinuum, wo das eine in das andere übergeht: Das sind Phänomene der analogen Welt. Auf einem Quecksilberthermometer können wir oft nicht genau bestimmen, wo zwischen 37 und 38 Grad der gemessene Wert liegt, er bleibt unscharf. Das Digitalthermometer trifft eine Entscheidung und gibt 37,5 Grad an – wenn es ein gutes ist, vielleicht noch eine weitere Stelle hinter dem Komma. In der digitalen Welt hat alles einen konkreten Wert, es gibt nichts Ungefähres. In der digitalen Welt gibt es nur Unterscheidungen, scharfe Kanten und Pixel.

Während es immer schon einen ausgesuchten Meister brauchte, um ein Gemälde zu kopieren, war das mit Büchern schon im Mittelalter problemlos möglich – sogar durch Mönche, die selbst nicht lesen konnten. Es reichte die Fähigkeit, Buchstaben nachmalen zu können. Buchstaben sind digital, Bilder analog. Aus demselben Grund ist die digitale Kopie so leicht. Weil die digitale Beschreibung einer Sache trennscharf ist, lässt sie sich schnell, billig und verlustfrei kopieren.

Nach ihrem kurzen Ausflug in die analoge Materialität (Film, Foto, Phonograph) sind die Medien mit der Digitalität wieder zurückgekommen ins Reich des Er-Zählens. In der Schrift gibt es wie im Digitalen nur klar voneinander unterscheidbare Instanzen. Doch nicht mehr Geschichten und Narrative bilden die Superstruktur der digitalen Er-Zählungen, sondern die möglichst genaue Beschreibung der Welt durch ganzzahlige Repräsentation.

Wie die Mönche, die nicht lesen konnten, ist der Computer ein einfältiger Kopist. Er kennt keine Bedeutung und weiß nicht, was er tut. Das Umgehen mit digitalen – das heißt distinkten – Daten erlaubt ihm diese Stumpfheit, und das Binärsystem sorgt für genügend Signal-Rausch-Abstand, dass er dabei keine Fehler macht. So kommt er heute auf bis zu 3 Milliarden Kopieroperationen in der Sekunde.

CPU als Kopiermaschine
Warum ist der Computer aber eine Kopiermaschine? Der Aufbau einer real existierenden, das heißt begrenzten Turingmaschine kann trotz ihres universellen Prinzips sehr unterschiedlich ausfallen. Aber im Allgemeinen besteht ein Prozessor (CPU) aus vier grundsätzlichen Bestandteilen: Das »Steuerwerk« kontrolliert die Ein- und Ausgänge der Anweisungen und hat alle Operationen im Blick. Die »Register« sind prozessoreigene, sehr schnell ansprechbare Speicher, in die zum Beispiel Befehle zur Ausführung oder Werte zur aktuellen Verarbeitung geladen werden können. Das »Rechenwerk« (auch »ALU«, für Arithmetic Logic Unit) ist für logische und arithmetische Operationen zuständig; und die »Datenleitungen« verbinden den Prozessor mit dem Rest des Computers, wie der Festplatte und dem Arbeitsspeicher.
Die heute überall vorherrschende Prozessorarchitektur nennt sich RISC und zeichnet sich dadurch aus, sehr wenige, dafür aber besonders einfache und schnelle Befehle zu implementieren. Das führt dazu, dass die meiste Logik gar nicht auf der Prozessor-Ebene angesiedelt ist, sondern in der Software ausformuliert werden muss. Moderne Software wird in sogenannten »Hochsprachen« wie Java oder Python geschrieben, also Programmiersprachen, die bereits eine Menge der nötigen Komplexität beinhalten und so dem Menschen Arbeit abnehmen. Nehmen wir eine einfache Addition:

$5 + 6 = ?$

In der höheren Programmiersprache könnte das so aussehen:

$x = 5 + 6;$

So versteht der Computer den Auftrag aber noch nicht. Um ihm die Zeile zur Ausführung zu geben, müssen wir sie zunächst von einem Programm übersetzen lassen, das nur dafür da ist, Programmiersprache in Prozessorbefehle zu verwandeln – dem Compiler. Was dann beim Prozessor ankommt, sieht in etwa folgendermaßen aus:

Kopiere das Byte Nr. 3633 des Arbeitsspeichers in das Register A!
Kopiere das Byte Nr. 3634 des Arbeitsspeichers in das Register B!
Addiere Register A und Register B und schreibe das Ergebnis in das Register C!
Kopiere Register C in Byte Nr. 3633 des Arbeitsspeichers!

Aus der eigentlich einfachen arithmetischen Operation wird eine Kaskade von Befehlen, die vor allem eines tun: kopieren. Egal, worum es geht, der Prozessor ist den größten Teil seiner Zeit mit Kopieren beschäftigt. Alle Programme und Daten werden ständig von der Festplatte in den Arbeitsspeicher, vom Arbeitsspeicher in die Prozessorregister, von dort wieder in den Arbeitsspeicher und von dort in die Grafikkarte oder zurück in die Festplatte kopiert. Der Großteil der Befehlssätze eines Prozessors beschäftigt sich nicht mit Logik oder Rechenoperationen, sondern mit Kopier- und Transfer-Operationen. Der Computer wird zu Unrecht als »Rechenmaschine« bezeichnet – »Kopiermaschine« wäre treffender.

Kryder's Law

2005, lange nach Gordon Moores Entdeckung der Verdoppelung der Rechenkapazitäten von integrierten Schaltkreisen alle 18 Monate, formulierte Mark Kryder, ein Manager beim Festplattenhersteller Seagate, eine ähnliche Beobachtung zur elektromagnetischen Datenspeicherung: Festplattenkapazitäten wachsen noch schneller, als es Moore's Law besagt.[10] Innerhalb von nur 15 Jahren (von 1990 bis 2005) habe sich die Festplattenkapazität mehr als vertausendfacht. Die Kapazitäten verdoppeln sich hier also nicht alle 18 Monate, sondern sogar alle 13 Monate. Wenn diese Entwicklung anhält, so Kryder, ist davon auszugehen, dass 2020 Festplatten 14 Terabytes an Daten speichern und etwa 40 Dollar kosten werden. Die stetig sinkenden Speicherkosten machen das Kopieren noch billiger, schneller und beiläufiger. Die Kopiermaschine beschleunigt ihre Fahrt.

TCP/IP

1964 veröffentlichte der Informatiker Paul Baran im Rahmen seiner Arbeit bei der RAND Corporation ein Paper unter dem Titel »On Distributed Communications«[11]. Darin entwickelte er die ersten Ideen für vernetzte, computergestützte Kommunikation. Ziel war es, ein dezentrales Kommunikationsnetz zu entwerfen, das auch nach massiven Anschlägen eines Feindes auf die Infrastruktur eines Landes noch funktionsfähig wäre. Während Telefonkabel anfällig für Sabotage sind (da sie einfach durchgetrennt werden können, was die komplette Kommunikation zerstört), kann bei netzwerkbasierten Ansätzen (wie etwa einem Straßennetz) schon mal eine Leitung (oder eine Straße) kaputt gehen; meistens bleiben alternative Wege, um von A nach B zu kommen. Wenn eine Übertragung unterbrochen wird, können Daten verloren gehen, und die zu sendende Datei kommt nicht vollständig an. Das führt bei einem Telefongespräch zu ärgerlichen Lücken, ist bei der Übertragung digitaler Dokumente aber eine Katastrophe, da diese im Fall einer Datenlücke vollständig unlesbar sind.

Die Universitäten, die sich schließlich im Auftrag des Pentagon des Projekts annahmen, dachten sich dafür ein Prinzip aus: die Paketvermittlung. Die zu sendenden Daten werden in einzelne Pakete aufgeteilt, die genau durch die Datenleitung passen. Dann wird jedes Paket einzeln und unabhängig auf die Reise geschickt. (Eigentlich wird nur eine Kopie jedes Paketes geschickt. Wir erinnern uns: Alles ist eine Kopie im Digitalen.) Wie echte Pakete trägt jedes Paket eine Zieladresse und wird nun bei der nächsten Paketstation (die sich im Netz Internet-Gateway nennt und meist ein Computer beim Internetprovider ist) aufgegeben. Jeder Computerknoten im Internet ist eine solche Paketstation, die Pakete annimmt, die Zieladresse prüft und dann in einer Tabelle »nachsieht«, wo der nächste Computerknoten auf dem Weg zur Zieladresse ist. An den schickt der Computer das Paket dann weiter, und dort setzt sich der Vorgang fort, von Knoten zu Knoten. Auf diese Weise reisen die Datenpakete ein- und derselben Datei auf voneinander unabhängigen Wegen, bis sie an der Zieladresse angekommen sind. Dort setzt die Paketverwaltung die ankommenden Datenpakete wieder zusammen. Am Ende entscheidet eine Prüfsumme, ob alle Pakete angekommen sind. Sollten welche verloren gegangen sein, können sie beim Sender wieder angefragt und dort erneut losgeschickt werden – so lange, bis nachweisbar alle Datenpakete beieinander sind und zur Originaldatei zusammengesetzt werden können. Das Erstaunliche daran ist, dass dieses Gewimmel und Gewusel der Daten im Netz völlig ohne zentrale Steuerung auskommt. Die einzelnen Knoten leiten die Datenpakete nur stumpf immer weiter zum nächsten Knoten. Es handelt sich um ein System, das nicht einfach auszuschalten ist, und es lässt sich sehr einfach um weitere Knoten erweitern.

Diese Technologie arbeitet in ihrem Kern immer noch in allen Computern, die etwas mit dem Internet zu tun haben (also eigentlich allen). TCP (Transport Control Protocol) und IP (Internet Protocol) sind die beiden Internetprotokolle, die heute den Großteil aller Aktivitäten im Internet managen. Egal ob Google, Apple oder Spiegel Online: Sie alle tauschen ihre Daten über TCP/IP aus.

1981 bestand das Internet, das Netz aller Netze, aus nur 200 Knoten. 1990 waren es schon 313.000. 2004, in dem Jahr, in dem Facebook gegründet wurde, waren es 234 Millionen. Heute bewegen sich die Daten weltweit über eine Milliarde Knoten, und das Netz wächst ständig weiter.[12]

Fassen wir zusammen: Das Internet ist ein Verbund aus universellen Turing-Maschinen, die alles digital Darstellbare verlustfrei und ohne größeren Aufwand, dezentral und mit exponentiell steigender Geschwindigkeit durch die Gegend kopieren. Obwohl repressive Staaten auf der ganzen Welt jedes Jahr viele Milliarden Dollar investieren, um das Internet zu kontrollieren, schafft es auch in diesen Ländern jeder mit entsprechenden Tools und dem nötigen Know-how, an alle Informationen zu kommen und auf allen Kanälen zu publizieren, die es gibt. Ein einziger Nadelstich in den Zensurwall kann die komplette

Aushebelung der Zensur bewirken. »Wenn das Internet auf Zensur stößt, interpretiert es sie als Beschädigung und routet um sie herum« ist ein Satz, der dem Bürgerrechtsaktivisten und Gründer der Electronic Frontier Foundation (EFF) John Gilmore zugeschrieben wird. Der zweite Treiber des Kontrollverlusts, die Kopiermaschine Internet, vervielfältigt, kopiert, versendet die Signale und umgeht jede Kontrolle, bis die Welt ein einziges Rauschen aus Signalen ist. Der Kontrollverlust ist dem Internet eingeschrieben – weil Datenströme dezentral fließen und nicht kontrollierbar sind. Niemand kann diese Kopiermaschine lückenlos und auf Dauer einhegen.

Die Emanzipation der Query

Jede Kommunikation muss darauf ausgelegt sein, vom Empfänger in Signal und Rauschen unterschieden werden zu können. Deshalb reden wir lauter, wenn wir uns an einer Baustelle unterhalten, deswegen arbeitet der Computer im Binärsystem, deswegen haben wir ein Schriftsystem mit Buchstaben, die sich möglichst eindeutig voneinander unterscheiden, deswegen drucken wir diese Buchstaben in schwarz auf weißes Papier, und deswegen bauen wir Bibliotheken, um das bedruckte Papier aufzubewahren und vorrätig zu haben – an einem bekannten Ort, auf den referenziert und der besucht werden kann, selbst in einer noch unbekannten Zukunft.

Doch die Stimme kann nur eine bestimmte Maximallautstärke erreichen, Papier vergilbt und Druckerschwärze verblasst, Schriftsysteme geraten in Vergessenheit, und Bibliotheken sind sowieso immer zu klein. Die Begrenztheit und Struktur des Mediums – der »Hardware«, wie Kittler sie nannte – bestimmt aus diesem Grund entscheidend die Mitteilung. Für den Empfänger ergibt sich daraus die Aufgabe, sich der vorgegebenen Struktur des Mediums zu unterwerfen. Ich muss manchmal mein Ohr näher an den Mund meiner Gesprächspartnerin halten; ein bestimmtes Schriftsystem lernen, um die Nachricht lesen zu können; Seiten umblättern, wenn ich ein Buch lese; die Architektur und Struktur einer Bibliothek kennen oder mich wenigstens mit dem Bibliothekar gut stellen, um an die Information zu kommen.

Der dritte Treiber des Kontrollverlustes – die Unvorhersehbarkeit der Informationen, die in Daten stecken – kann folglich erst voll einsetzen, wenn die Struktur des Mediums nicht mehr die Grenze seiner Möglichkeiten bildet. Dann bekommen die Senderin, das Medium, der Bibliothekar und jede Form des Gatekeepers den Kontrollverlust zu spüren. Er ist gekommen, um das Verhältnis zwischen Sender und Empfänger umzudrehen. Nicht mehr der Sender soll definieren, was der Empfänger für Signal und was er für Rauschen zu halten habe, sondern der Empfänger soll dies in Zukunft selbst entscheiden, ohne den Sender überhaupt zu fragen.

Früher waren Datenbanken nichts anderes als Verzeichnisstrukturen. In einer hierarchischen Taxonomie wurden Kategorien und Unterkategorien gebildet, die durchlaufen musste, wer eine Information finden wollte. In einer Bibliotheksdatenbank führte der Weg beispielsweise in die Kategorie »Sachbücher«, dort in die Unterkategorie »Elektronische Datenverarbeitung«, um dort in die Unterkategorie »Datenbanken« zu gelangen, wo ein Buch über die Entstehung der Datenbank zu finden war. Wer fälschlicherweise in dem Pfad /Sachbücher/Fachliteratur/IT/ landete, wurde schon nicht mehr fündig, obwohl dieser Ort ebenso logisch wäre. Das hatte zur Folge, dass immer nur Experten die Datenbanken bedienen konnten. Nicht nur, dass spezifische, technische Fähigkeiten nötig waren, um die Datenbank zu bedienen; genaue Kenntnisse der Struktur der Daten waren ebenso unverzichtbar, um sich in ihrem komplexen Aufbau zurechtzufinden. Mit diesem Zustand wollte der Mathematiker Ted Codd aufräumen. Der Umgang mit Datenbanken sollte in den Händen derer liegen, die täglich mit den Daten arbeiten – Managerinnen, Unternehmer oder sogar Privatpersonen, die ihre Kochrezepte damit verwalten. Dafür musste ein Weg gefunden werden, die Daten auf eine Weise abrufbar zu machen, ohne dass der Prozess des Speicherns der Information diese bereits vorgibt. Es brauchte ein neues System von Ordnung. »Zukünftige Nutzer großer Datenbanken sollen nicht wissen müssen, wie die Daten in der Maschine organisiert sind (ihre interne Repräsentation)«, schreibt Codd 1970 in seinem Paper »A Relational Model of Data for Large Shared Data Banks«[13]. Damit ist die Zielsetzung eines Prozesses vorgegeben, die zur Entwicklung der sogenannten relationalen Datenbank führen wird. Die zentrale Neuerung dieser Datenbank ist, dass der Vorgang des Speicherns gelöst ist davon, wie die Daten später abgerufen werden. In relationalen Datenbanken werden Informationen nicht mehr hierarchisch in Kategorien und Unterkategorien, sondern vergleichsweise lose in Tabellen gespeichert. Um sie effektiv durchsuchen zu können, ist eine speziell entwickelte Sprache zur Befragung der Daten erforderlich: SQL – »Structured Query Language«. Führt man eine solche SQL-Abfrage aus, werden die passenden Daten aus den verschiedenen Tabellen zusammengeführt und in eine für diese Abfrage frisch generierte Tabelle zurückgespielt. Es gab sie vorher nicht, sie war nicht vorhergesehen oder geplant, sondern sie wird erst im laufenden Prozess generiert. In einer angenommenen Bibliotheksdatenbank mit den Tabellen »Bücher« und »Kategorien« könnte eine einfache Abfrage lauten:

WÄHLE titel VON bücher WO erscheinungsdatum GRÖSSER ALS ›01.07.1993‹;

Diese Abfrage würde alle Buchtitel der Tabelle »Bücher« ausgeben, die nach dem 1. Juli 1993 erschienen sind, und in einer Tabelle abbilden. Stellen wir uns zusätzlich eine vorgegebene Tabelle vor, die die Verknüpfungen von »Bücher« und »Kategorien« gespeichert hat, die wir »Kategorienverknüpfung« nennen. Dann können wir folgende Abfrage machen:

WÄHLE titel VON bücher VERBINDE TABELLE kategorieverknüpfung ANHAND DER WERTE kategorienverknüpfung.bücher = artikel.id WO kategorienverknüpfung.kategorie = ›datenbanken‹ UND bücher. erscheinungsdatum GRÖSSER ALS ›01.07.1993‹ GEORDNET NACH erscheinungsdatum;

Damit erhalten wir eine Tabelle mit allen Buchtiteln, die nach dem 1. Juli 1993 in der Kategorie »Datenbanken« erschienen sind, sortiert nach Erscheinungsdatum. Dass sich der Programmierer oder der Systemarchitekt vorher darüber Gedanken gemacht hat, dass genau diese Abfrage eines Tages einmal gestellt werden könnte, ist sehr unwahrscheinlich. Und dennoch ist sie möglich. Die schiere Fülle an möglichen Abfragen ist im Voraus nicht mehr zu überblicken. Welche Kategorien von Büchern enthalten die wenigsten Hardcover? Eine Liste mit Verlagen, die Bücher aus in den Kategorie »Gartenbau« und »Recht« veröffentlicht haben.

All das kann mit der relationalen Datenbank grundsätzlich abgefragt werden. Dennoch ist die SQL-Eingabeaufforderung heute selten anzutreffen. Doch hinter den meisten Formularen im Web stecken solche Datenbankabfragen. Mit SQL löste sich der Prozess des Abfragens ein großes Stück weit vom Prozess des Speicherns, das machte das Prinzip revolutionär. Was seither mit einer Datenbank möglich ist, wird immer weniger bestimmt von der Ordnung derjenigen, die die Datenbank installieren, strukturieren und befüllen, sondern vor allem von denen, die sie abfragen.

Und genau hier – im Moment der Abfrage – findet sich der Urgrund des Kontrollverlustes. Hier kippt die Kontrolle der Ordnung aus den Händen der Schreiberinnen, Sender, Archivarinnen und Gatekeeper in die Hände der Abfragerinnen. Das bedeutet: Wir haben es nicht mit einem neuen Aufschreibesystem zu tun, sondern mit dem Ende der Aufschreibesysteme. Es heißt nicht, dass die Aufschreibesysteme weg sind oder nichts mehr aufgeschrieben wird. Im Gegenteil. Alles wird aufgeschrieben. Aber das bestimmende Moment der Informationsstrukturierung findet nicht mehr beim Aufschreiben statt, sondern bei der Abfrage.

Diese Umkehrung entwertet Vorkehrungen, Institutionen, Strukturen, Kanäle und Taxonomien der Aufschreibesysteme. Der Redakteur, die Bibliothekarin, die Wissensordnung nach Kategorien, die Chronologie der Geschichte, die alphabetische Sortierung, das Album, der Katalog, das Werk: Sie alle werden durch die Query umgangen, überformt oder obsolet gemacht. Der Kontrollverlust ist der Kontrollverlust des Senders und hat seine Ursache in der Emanzipation der Query. Die Query, die algorithmisch verknüpfende und ordnende Abfrage an ein mehr oder weniger strukturiertes Set an Daten, ist Ausdruck eines Paradigmenwechsels der Ordnung: erstens von einem festgefügten, allgemeinen Schema hin zu einer agilen und situativen Momentaufnahme sowie zweitens von einem Privileg des Senders hin zu der Gestaltungsfreiheit der Empfängerin.

In Borges' Geschichte »Die Bibliothek von Babel« beginnen einige Menschen in ihrer Verzweiflung das zu tun, was Empfänger auf die eine oder andere Weise immer schon tun müssen: Sie scheiden Signal von Rauschen. Sie beginnen damit, alle Bücher zu vernichten, die keinen Sinn ergeben. Das brauchen wir nicht zu tun. Eine Query, wenn sie nur mächtig genug wäre, könnte selbst die Bibliothek von Babel in Echtzeit ordnen.

Queryology

In der Erzählung »Der Zeitscanner – Das arbiträre Bewusstsein«[14] von 1997 entwickelt Jostein Gaarder ausgehend von der tatsächlichen Entwicklung der Medientechnologien eine Zukunftsvision. Darin sind Bilder, Texte und Informationen jederzeit verfügbar, seit 2030 kann jeder Mensch auf sämtliche Informationen zugreifen. Die Menschen beginnen nun nach und nach, alle Plätze mit Videokameras zu bestücken, auf die alle Zugriff haben. Die Leute beobachten über ihre Bildschirme die ganze Welt von zu Hause aus. Niemand geht mehr aus dem Haus, aus Angst, etwas zu verpassen. Die Verdatung der Welt schreitet voran, doch dann ereignet sich eine noch viel radikalere Medienrevolution. Mithilfe bahnbrechender Erkenntnisse aus der Physik gelingt es den Menschen, den Traum vom Laplace'schen Dämon Realität werden zu lassen. Im 18. Jahrhundert hatte sich der französische Mathematiker Simon-Pierre Laplace in einem Gedankenexperiment ein Wesen vorgestellt, das über alle Informationen im Universum verfügt. Das Wissen um den genauen Ort, den Vektor und die Geschwindigkeit eines jeden Teilchens im Universum würde diesen Dämon in die Lage versetzen, jeden zukünftigen und jeden vergangen Zustand des Universums zu rekonstruieren.

Die Vision von Laplace markiert gewissermaßen den Endpunkt aller Weltverdatung. Das Universum selbst wird zur Datenbank. In Gaarders

Erzählung ist der »Zeitscanner« das Interface, das die Menschen bauen, um diese Datenbank zu befragen. Alle Ereignisse und Informationen seit dem Urknall stehen über den Zeitscanner zur Verfügung und können auf einem Bildschirm angesehen werden. Um das Jahr 2150 herum werden schließlich auch alle Haushalte an den Zeitscanner angeschlossen. Doch das Zurechtfinden in einer solchen Datenmasse stellt die Menschen vor neue Herausforderungen. Die beiden Regler »Zeitsucher« und »Raumsucher« sind für die zu durchsuchenden Datenmassen nur begrenzt hilfreich. Es werden also nach und nach sogenannte »Suchschlüssel« entwickelt und verbreitet, mithilfe derer man einen bestimmten Ort anpeilen kann und in »Zeit und Raum genau das einstellen, was man erleben möchte«. Neben pädagogischen Schlüsseln wie »Große Maler und ihre Meisterwerke«, »Die Pyramiden« und »Entwicklung der Nuklearwaffen« gibt es auch »Das Sexualleben berühmter Männer«, »Frauen im Bade« und »Lasterhafte Mönche«. Der Zeitscanner bedeutet das endgültige Ende der Privatsphäre, doch die ist angesichts der umfassenden Überwachung nicht mehr der Rede wert.

In dem Jahr, in dem Jostein Gaarder seine Geschichte schrieb, benannten Larry Page und Sergey Brin ihre experimentelle Suchmaschine »BackRup« um in »Google«. Google war angelehnt an Googol, die Bezeichnung für 10^{100}, also eine Zahl mit 100 Nullen. »Big Data« war noch vor der Erfindung des Begriffs das erklärte Ziel der beiden Google-Gründer.

Bevor Suchmaschinen die zentrale Rolle übernahmen, die sie heute haben, war Yahoo! das populärste Portal. Yahoo! verzichtete lange Zeit auf eine eigene Suchfunktion und bot stattdessen einen hierarchischen Index an. Wie in den frühen, vorrelationalen Datenbanken konnte man sich auf Yahoo! durch Kategorien und Unterkategorien klicken, um dort auf Linksuche zu gehen. Yahoo!s Index, auch »Ontologie« genannt, war durchaus erstaunlich reichhaltig, besonders angesichts der Tatsache, dass er bis 2002 redaktionell gepflegt und erweitert wurde. Doch gegen das Wachstum des Webs war Yahoo!s Konzept chancenlos. Anfang des Jahrtausends machte sich Google daran, alle anderen Suchkonzepte machtvoll zu verdrängen.

Die zentrale Rolle dabei spielte der PageRank-Algorithmus. Im Grunde überträgt er die Idee der wissenschaftlichen Reputation auf Websites. Wird ein Wissenschaftler häufig zitiert, genießt er in seiner Disziplin eine gewisse Reputation. Nach diesem Prinzip funktioniert auch Google: Wird eine Website oft verlinkt, bedeutet das, dass die Seite wichtig ist. Zusätzlich wird berücksichtigt, ob die Websites, die die Links gesetzt haben, als relevant gelten. Links von wenig verlinkten Websites zählen weniger als welche von viel verlinkten. So ergibt sich ein komplexes Netz an Relevanzen und hebt, zumindest in der Theorie, die besten Suchergebnisse für die Nutzerinnen hervor.

Querys durchwalten unseren Alltag, nicht nur wenn wir googeln. Bei Twitter oder Facebook ordnen sie unseren Blick auf die Welt. Die Nachrichten jedes Freundes und jedes Menschen, dem wir auf Twitter folgen, werden in einer kumulierenden Query abgefragt und in unseren Nachrichtenstrom verwandelt. Wenn wir bei Amazon einkaufen, empfiehlt die Query uns Produkte, indem sie Ähnlichkeiten zwischen einzelnen Produkten errechnet. Die Query entscheidet, welche Werbung uns angezeigt wird, wenn wir eine Website aufrufen. Die Query bringt uns von A nach B, wenn wir das Navigationsgerät – oder heute vermehrt die App – aktivieren und unseren Standort sowie unser Ziel angeben. Wir müssen die jeweilige Anfrage nicht aktiv stellen. Ohne unser Zutun werden all unsere Einstellungen auf allen Services, die wir nutzen, von einer Query geladen und verwandeln die Dienste im Sinne unserer Präferenzen. Wir selbst – unsere Vorlieben, Interessen und biometrischen und sozialen Eigenschaften – werden zu einer Query, unter der sich die Welt unseren Bedürfnissen gemäß zeigt.

Die Query erschafft eine neuartige Struktur von Öffentlichkeit. Es ist nicht die Öffentlichkeit des Marktplatzes, und ebensowenig ist es die Öffentlichkeit der *BILD*-Schlagzeile oder der *Tagesschau*. Die Öffentlichkeit der Query funktioniert andersherum. Wenn jemand etwas über mich im Internet schreibt, dann findet das vielleicht ein Publikum; vielleicht die zwanzig Leserinnen eines Blogs. In der Logik der alten Medien wäre eben das schon die Öffentlichkeit dieser Information gewesen. Aber heute wird dieses Posting jeder finden, der bei Google nach meinem Namen sucht, also ein spezielles Interesse an meiner Person hat – ein Interesse, das sich in der Eingabe meines Namens in dem Suchfeld von Google ausdrückt und somit Öffentlichkeit jenseits eines klassischen Begriffs von Reichweite herstellt. Den Eintrag sehen also möglicherweise nicht viele, aber diejenigen, die ein spezifisches Interesse daran haben.

Die Ordnung der Query ist vielgestaltig. In seinem Buch *Das Ende der Schublade* unterscheidet der Medienphilosoph David Weinberger drei verschiedene Ordnungstypen: Die erste Ordnung der Ordnung ist die Ordnung der Reihenfolge und des Ortes von Dingen, etwa wie ich mein Bücherregal sortiert habe. Autorinnen, deren Name mit A anfängt, stehen vor denen, die mit B anfangen, die vor denen mit C stehen, etc. Die zweite Ordnung der Ordnung entsteht, wenn wir statt den Dingen selbst ihre Metadaten sortieren. Wenn wir zu jedem Buch eine Karteikarte mit Autorennamen, Titel, Kurzbeschreibung und Standort in der Bibliothek anlegen, können wir diese Metadaten in Karteikästen oder Katalogen nach einem völlig anderen Prinzip sortieren als die Bücher. Man gewinnt die Möglichkeit einer zweiten Ordnungsebene. Die Bücher lassen sich in der ersten Ordnung der Ordnung etwa nach der thematischen Zuordnung oder der Ausleihhäufigkeit sortieren, während in der zweiten Ordnung der Ordnung die Karteikarten zum Beispiel zusätzlich nach Autorinnennamen sortiert werden.

In beiden Ordnungen hat alles einen festen Platz. Es gibt Hierarchien, Nachbarschaften und Metakonzepte, die sich verzweigen und wieder verzweigen und an denen die Informationen wie Blätter an Ästen eines Baumes hängen, so Weinberger. In der dritten Ordnung der Ordnung gibt es keine feste Ordnung mehr. Ein Blatt kann an vielen Ästen hängen, und es kann für jeden Betrachter an einem anderen Ast hängen. Es kann den Ast wechseln, und es ist auch möglich, dass viele Äste an einem Blatt hängen. In der dritten Ordnung der Ordnung sind die Beziehungen unter den Dingen frei, denn alle können selbst bestimmen, wie sie die Welt sehen wollen. Zumindest in der Theorie.

In der physischen Welt können Dinge nur eine einzige Ordnung haben, da sie sich nur an jeweils einem Ort befinden können. Das führt dazu, dass ein Ordnungsvorschlag zu allen anderen in Rivalität steht. Im Gegensatz dazu wird in der dritten Ordnung der Ordnung meine Query und ihre spezifische Ordnung niemanden davon abhalten, eine ganz andere Ordnung geltend zu machen. Die Ordnung der Query ist nicht rivalisierend. Die Möglichkeiten an Ordnungen können nur noch künstlich limitiert werden. Jede Ordnung gilt in Jetztzeit, temporär und individuell, ohne Auswirkungen auf die Ordnung des anderen.

Die Query-Ordnung selber rivalisiert aber durchaus mit festen Ordnungsparadigmen, also der ersten und zweiten Ordnung der Ordnung. In der relationalen Datenbank werden strukturierte Daten abgelegt. Das heißt, dass vorher festgelegte Felder für Name, Adresse, Familienstand etc. definiert sind, um sie hinterher gezielter abfragen zu können.

Das ist nichts generell Neues: Schon immer war jede Speicherung auf den Moment ihrer Abfrage hin ausgerichtet. Wenn ich ein Messer in die Besteckschublade lege, dann tue ich das in der Antizipation der Query: Messer = Besteck => suche es in der Besteckschublade. Doch je besser mein Gedächtnis ist, je mehr Verknüpfungen ich mir merken kann, desto freier kann ich das Messer positionieren. Mit zunehmender Mächtigkeit – durch verbesserte Algorithmen und größere Kapazitäten entsprechend Moore's Law – braucht die Query immer weniger Struktur. Das führt zu einem Widerspruch: Einerseits ist die Query auf strukturierte Daten angewiesen. Und andererseits schränkt jede vorgegebene Struktur sie in ihren Möglichkeiten ein. Einerseits hat es die Query leichter, je »normalisierter«, d.h. je homogener die Daten strukturiert sind (je klarer die Schubladen sind). Andererseits steht jede vorgegebene Struktur ihren Möglichkeiten im Weg; denn je weniger Struktur vorgegeben ist, desto freier kann eine Query walten – desto mächtiger muss sie aber auch sein. Eine hinreichend mächtige Query braucht nicht erzählt zu bekommen, dass ein Name ein Name ist, sondern erkennt ihn von alleine als solchen.

Big-Data-Datenbanktechnologien haben sich weiter in Richtung Entformalisierung und Entstrukturierung ihres inneren Aufbaus bewegt.

Immer mehr Ordnungslogik wurde aus den Daten in die Query transferiert. Gespeichert werden nicht mehr Tabellen, sondern Dokumente mit nunmehr frei definierbaren Key-Value-Paaren. Im bisherigen Datenbankdesign mussten die zu speichernden Arten von Werten bei der Erstellung der Datenbank bereits feststehen, bei neueren Designs können im laufenden Betrieb neue Datenarten hinzukommen. Wenn ich in meiner Besteckschublade ein Fach für Messer, Gabeln und Löffel habe, musste ich früher einen neuen Besteckkasten kaufen, um eine neue Art Besteck (zum Beispiel die Fischgabel) zu integrieren. Beim neuen Design kann ich einfach den Besteckkasten um den Key »Fischgabel« erweitern. Das erlaubt eine enorme Flexibilität der Struktur, weil man sich noch weniger auf ein Datenmodell festlegen muss. Beim von Google entwickelten MapReduce-Algorithmus wird die Query zu einem mehrstufigen Prozess. In der Map-Phase werden die Daten miteinander je nach Abfrage zu neuen Key-Value-Paaren verknüpft, in der Reduce-Phase werden diese Zwischenergebnisse sortiert und reduziert. Das erlaubt es, hochkomplexe, heterogene und vor allem große Datenmassen zu befragen. Es ist die technische Grundlage von Big Data.

Heute muss niemand mehr E-Mails löschen. Die Durchsuchbarkeit hat dazu geführt, dass ein Mailarchiv immer weiter anwachsen kann, ohne dass wir dadurch die Übersicht verlieren. Es findet eine andauernde Emanzipation der Query statt, die tendenziell alle vorhandenen Ordnungen infrage stellt. Mit zunehmender Rechenpower wird sie sich jede Ordnung einverleiben, denn durch ihre Flexibilität, Vielgestaltigkeit und Nicht-Rivalität hat sie unschlagbare Vorteile gegenüber allen bekannten Ordnungssystemen.

Die Query ermittelt schon jetzt unsere Kreditwürdigkeit und unser Krebsrisiko; sie bestimmt, welche Medikamente wir im Krankenhaus bekommen und ob wir einen Telefontarif erhalten. Sie überwacht Kreditkartenzahlungen weltweit und sucht darin nach Mustern für Betrugsfälle. Die Query ist es, die aus medizinischen Daten und sequenzierten Gendaten die Kriterien für neue Medikamente berechnet. Sie macht den Verkehr effizienter, Transport billiger, und sie optimiert Energiedistribution in die Haushalte.

Big Data bedeutet einen Paradigmenwechsel bei der statistischen Arbeit mit Daten. Früher war dabei das erste Hindernis, an Daten zu kommen. Die mussten erst aufwendig erstellt werden, mit Testreihen oder Befragungen. Und schon dabei kann viel schief laufen; allein eine repräsentative Stichprobe von 1.000 Befragten anzufertigen, erfordert viel wissenschaftliches Know-how. Heute kann oft einfach so auf große, bereits vorhandene Datenmengen zugegriffen werden. Statt über eine Stichprobe von 1.000 Datensätzen verfügt man auf einmal über eine Grundgesamtheit von vielen Millionen Datensätzen oder sogar noch viel mehr. Dadurch verändert sich das Vorgehen bei der Datenauswertung. Wenn in 1.000 Datensätzen eine Messungenauigkeit enthalten ist, kann das die Ergebnisse bereits massiv verfälschen. Bei vielen Millionen Datensätzen spielen ein paar Ungenauigkeiten keine so große Rolle. Die Fehlertoleranz ist höher, die Daten sind oft »unsauberer«.

Das wirkt sich auf das Erkenntnisinteresse aus. Während die klassische Wissenschaft eine Hypothese formulierte und diese durch Ursache-Wirkung-Verhältnisse nachzuweisen suchte, kommt bei Big Data die Query häufig vor der Hypothese. Warum nicht einfach mal ein paar Datensätze korrelieren und schauen, ob sich dabei etwas Interessantes findet? Bei Big Data geht es immer weniger um Kausalität, sondern um Korrelation. Findet sich ein signifikanter Zusammenhang, kann diesem nachgespürt und nach einer Erklärung gesucht werden. Die Query ist nicht einfach nur ein Algorithmus. Um eine Korrelation zu finden, müssen Daten mit Daten befragt werden. Die Query nimmt also Datenpunkte oder ganze Datensätze in sich auf, um damit andere Datensätze zu verknüpfen. Je mehr Daten sie zur Befragung nutzt, desto spezifischer und komplexer kann die Fragestellung geraten.

David Weinberger wurde einmal gefragt, was wir brauchen, um mit den Datenfluten umzugehen. Seine Antwort war: »Mehr Daten.« Je besser Daten mit anderen Daten verknüpft werden, desto mehr Aussagen lassen sich ihnen entlocken; desto mehr Signal findet die Query im Rauschen. Rauschen wiederum ist alles, was die Query noch nicht erfassen kann. Während es lange Zeit darum ging, den Signal-Rausch-Abstand in den Medien zu vergrößern – wie schaffen wir es, verstanden zu werden? Wie können wir Daten senden, speichern und übertragen, sodass ein Empfänger mit der Nachricht etwas anfangen kann? –, dreht die Query die Fragestellung um: Was Signal und was Rauschen ist, entscheidet sich durch die Ausrichtung und Mächtigkeit der Query. Und nicht zuletzt entscheidet es sich dadurch, wer Zugriff auf die Daten hat.

Wenn wir bisher von der wunderbaren Emanzipation durch die Query sprachen, müssen wir das jetzt zu einem Großteil wieder relativieren. Denn die Query-Technologie fällt nicht vom Himmel. Sie wird bereitgestellt. Obwohl es einen Großteil der Query-Technogie als Open-Source-Software für jeden frei installierbar gibt, ist auch die Query bislang ein Machtinstrument der Wenigen. Natürlich können wir alle die Google-Suchfunktion nutzen und könnten uns sogar selber Query-Technologien bauen. Doch wir wissen weder, welche Einschränkungen und eingebauten Interpretationstendenzen in den externen Querys stecken, noch können wir diese einfach nachbilden. Für Letzteres fehlen uns neben dem Know-how in erster Linie die Daten. Das hebt die neue Ermächtigung des Einzelnen nicht auf. Die Dampflokomotive erhöhte die Mobilität der Menschen, obwohl sie nicht über den Fahrplan mitbestimmen durften.

Genauso vergrößert die Query-Technologie die Macht des Einzelnen, während sie gleichzeitig erneut Macht konzentriert; diesem Thema widmet sich das Kapitel »Aufstieg der Plattformen«. Durch die Query können wir heute mehr wissen, zielgerichteter suchen, uns besser informieren und auch besser vernetzen. Doch wir sind größtenteils darauf angewiesen, dass diejenigen, die die Daten und die Datencenter besitzen, uns nichts vormachen.

Im Aufschreibesystem 1900 ging es darum, dass durch die Einführung neuer Medien die Literaturwissenschaft ihre Deutungshoheit über die Vorgänge gesellschaftlicher Sinnproduktion verlor. Die Medienwissenschaft hatte die umfassendere Analyse und den weiteren Blick anzubieten. Doch auch die Medienwissenschaften sind zu ihrem Ende gekommen. Medien sind allgegenwärtig und verdaten die Welt durch das Aufschreibesystem U. Die Frage nach der gesellschaftlichen Sinnproduktion muss heute anders gestellt werden. Sie ist die Frage nach der Frage, die alles infrage stellt. Zum Beispiel: Wenn heute alle ihre eigene Ordnung haben können, wozu brauchen wir dann noch eine allgemeine Ordnung?

Es geht uns wie den hyperintelligenten, pandimensionalen Wesen in Douglas Adams' Roman *Per Anhalter durch die Galaxis*. Nachdem ihr Supercomputer Deep Thought nach siebeneinhalb Millionen Jahren Berechnung auf die »ultimative Frage« die Antwort »42« ausgibt, kann niemand etwas damit anfangen. Der Grund ist einfach: Niemand weiß, was die ultimative Frage ist. Das ist unsere Situation. Die Antworten auf viele der Fragen haben wir vielleicht längst. Das Aufschreibesystem U muss sie sicher hier irgendwo hingeschrieben haben, auf eine dieser zig Milliarden Festplatten. Und wenn nicht, wird es sie morgen aufschreiben. Was wir nun brauchen, ist eine Wissenschaft der Frage. Eine Queryology.

---

1 Giorgio Colli, Mazzino Montinari, *Friedrich Nietzsche: Sämtliche Briefe. Kritische Studienausgabe in 8 Bänden, Band 6*, Berlin u.a. 1986, S. 172

2 Marshall McLuhan, *Understanding Media: The Extensions of Man*, New York 1964, S. 23

3 Friedrich Kittler: »Es gibt keine Software«, in: Hans Ulrich Gumbrecht, K. Ludwig Pfeiffer (Hg.): *Schrift*, München 1993, S. 369 ff.

4 Caspar Clemens Mierau, »There is no Hardware - Reanimation durch Emulation«, in: Ulrike Hanstein, Anika Höppner, Jana Mangold (Hgs.), *Re:Animationen - Szenen des Auf- und Ablebens in Kunst, Literatur und Geschichtsschreibung*, Köln 2012, S. 311-328

5 Gordon Moore, »Cramming more components onto integrated circuits« *www.cs.utexas.edu/~fussell/courses/cs352h/papers/moore.pdf* (1965)

6 Marc Andreessen, »Software is eating the World«, *http://online.wsj.com/news/articles/SB10001424053111903480904576512250915629460* (20.08.2011)

7 EMC, *www.emc.com/leadership/digital-universe/index.htm* (2014)

8 MG Siegler, Eric Schmidt, »Every 2 Days We Create As Much Information As We Did Up To 2003« *http://techcrunch.com/2010/08/04/schmidt-data/* (04.08.2010)

9 Claude Shannon, »A Mathematical Theory of Communication«, in: *Bell System Technical Journal*, Nr. 27, 1948, S. 379–423

10 Chip Walter, »Kryder's Law«, *www.scientificamerican.com/article/kryders-law/* (25.07.2005)

11 Paul Barahn, »On Distributed Communications«, *www.cs.ucla.edu/classes/cs217/Baran64.pdf8* (01.03.1964)

12 Internet Systems Consortium, *www.isc.org/services/survey/8* (18.08.2014)

13 E. F. Codd, »8 A Relational Model of Data for Large Shared Data Banks« *www.seas.upenn.edu/~zives/03f/cis550/codd.pdf* (Juni 1970)

14 Jostein Gaarder, »Der Zeitscanner – Das arbiträre Bewusstsein«, in Ders. *Schachmatt – Das große Jostein-Gaarder-Lesebuch*, München 2006, S. 85-108

15 vgl. David Weinberger, *Das Ende der Schublade – Die Macht der neuen digitalen Ordnung*, München 2008, S. 20 ff.

Kapitel 3 | Die Krise der Institutionen

Die drei Treiber des Kontrollverlusts reichen tief in unseren Alltag hinein. Verlassen wir die Ebene der technischen Hintergründe und betrachten wir die gesellschaftliche Ebene, stellen wir fest, dass der Kontrollverlust längst die Funktionsweise unseres Gesellschaftssystems untergraben hat.

Die Privatsphäre ist nur das prominenteste Opfer des Kontrollverlusts. Weniger offensichtlich, aber umfassender und radikaler wirkt sich die beschriebene Entwicklung auf die Kostenstrukturen aus. Es verändern sich dadurch die Kosten für Kommunikation und Organisation und damit das Verhalten von Menschen und Institutionen. Knappheit und Konkurrenz weichen im Digitalen zunehmend Überfluss und Kooperation. Das untergräbt die Machtbasis der dominanten, hierarchisch organisierten und gegen ihre Umwelt klar abgegrenzten Institution. Organisationsprinzipien, die bisher verschiedene Interessen ausgeglichen, Informationen verteilt sowie Prozesse in der Gesellschaft kontrolliert haben, wirken auf einmal antiquiert, und neue Modelle treten auf den Plan.

Institution und Kontrolle

Sowohl in der Wirtschaftstheorie wie in der soziologischen Theorie wird der Begriff Institution sehr weit gefasst. Darunter fallen Dinge wie Begrüßungsrituale, die Ehe, Behörden, NGOs und die Agentur für Arbeit. Wenn wir in diesem Buch von Institutionen sprechen, meinen wir die Untergruppe der hierarchisch organisierten, personell und infrastrukturell fest abgrenzbaren Einheiten, die sich der Lösung eines Problems verschrieben haben. Dazu können Unternehmen, gemeinnützige Organisationen wie Vereine und Clubs sowie Behörden gehören. Wir bezeichnen damit informationsverarbeitende Kontrolleinheiten, die aus standardisierten Eingaben mithilfe von standardisierten Verfahren Entscheidungen produzieren. Sie sprechen gesellschaftliche Probleme an (z.B. Greenpeace), erfüllen soziale Funktionen (z.B. Jugendamt), verteilen Geld-, Material- und Arbeitsressourcen dorthin, wo sie gebraucht werden (z.B. Banken, Logistikunternehmen und Arbeitsämter). Sie verarbeiten Informationen immer in Vertretung der eigentlichen Akteure, von denen sie zu diesem Zweck beauftragt sind. Institutionen sind das Ordnungsparadigma der frühen Informationsgesellschaft, verringern Unsicherheiten in Transaktionen durch regelhafte, erwartbare Strukturen und erhöhen somit die Kontrolle. Vor allem die klassische Institution gerät in die Krise.

James Beniger analysiert in seinem Buch *The Control Revolution* die Gesellschaft unter dem materialistischen Paradigma – das Sein bestimmt das Bewusstsein. Das heißt in diesem Fall: Wie ein Organismus ist die Gesellschaft ein energie- und materieumwandelndes System. Was beim Organismus der Metabolismus ist, der Stoffwechsel, ist bei der Gesellschaft die Wirtschaft. Die Umwandlung von Energie und Materie braucht aber immer ein gewisses Maß an Kontrolle. Die informationellen Kontrollstrukturen in der Gesellschaft existieren nicht in erster Linie, um das menschliche Zusammenleben zu ordnen, oder aus reinem Selbstzweck, sondern um die Transformationsprozesse von Energie und Materie möglichst effizient zu organisieren.

Bis ins 18. Jahrhundert beschränkt sich die Energie-Materie-Verarbeitung auf Wind und Wasserkraft sowie auf die Kraft der Tiere und die menschliche Arbeitskraft. Die Geschwindigkeit für Transport und Kommunikation ist die des Pferdes beziehungsweise des Segelschiffes. Die damaligen Kontrollstrukturen – Tradition, Religion und Familie – der traditionellen Gesellschaft sind für diesen Metabolismus völlig ausreichend.

Der merkantilistischen Gesellschaft, die nach dem Mittelalter entsteht, stellt sich das Kontrollproblem zum Beispiel auf folgende Weise: Wie können Kaufleute in England mit Kaufleuten in Amerika Geschäfte tätigen? Es ist unmöglich, dauernd selbst über den Ozean zu reisen, und die Kommunikation per Briefe ist ebenso langwierig und mühselig wie die Wege des Warenverkehrs. Dem Kaufmann stehen weder aktuelle Preisinformationen zur Verfügung, noch kennt er vertrauenswürdige Geschäftspartnerinnen oder kann die Ware vor der Verschiffung aus weit entfernten Häfen prüfen. Die Lösung wird in Form von Stellvertretern vor Ort gefunden. Es entwickelt sich die Funktion der Kommissionsagentinnen. Diese regeln die Geschäfte vor Ort: Sie haben Informationen über aktuelle Preise, können mögliche Handelspartner treffen und sich von ihrer Vertrauenswürdigkeit überzeugen. All das tun sie in Vertretung für die eigentlichen Kaufleute, die weiterhin in England sitzen. Dafür erhalten sie bei erfolgreichen Vertragsabschlüssen einen Prozentsatz des Umsatzes.

Doch diese Lösung verschiebt das Problem nur – und zwar auf die Vertreterinnen. Wie konnte ihnen vertraut werden? Beniger zeigt, dass die Kommissionsagenten fast ausschließlich aus dem erweiterten Familienkreis rekrutiert wurden. Die Bindung an die Familie und der kulturelle Überbau der traditionellen Gesellschaft wirken wie eine Programmierung. Programmierung heißt hier, dass die Individuen nicht durch direkte Anweisungen aus der Ferne gesteuert werden, sondern durch internalisierte Erziehung und die Erwartungshaltung von Gesellschaft und Familie selbsttätig in deren Sinne agieren. Die Kontrolle wirkt dabei von zwei Seiten: Einerseits handeln die Handelsvertreterinnen im Sinne ihrer Familien, denn deren Nutzen ist ihr eigener Nutzen. Auf der anderen Seite können die Handelspartner darauf bauen, dass die Vertreter im Rahmen einer Transaktion nichts täten, was die Familienehre aufs Spiel setzen würde – anders als irgendwelche losgelösten Individuen.

Beniger zeigt, dass Max Webers Beschreibung des Übergangs von der traditionellen zur »rationalen«, modernen Gesellschaft die Ebene der Kontrolle durch Programmierung nicht mitdenkt. Traditionen und Familienwerte waren immer schon eingebunden in einen wertschöpferischen Zusammenhang. Sie reduzieren Unsicherheiten und sichern Transaktionen ab. Insofern sind auch traditionelle, familienzentrierte Gesellschaften sehr rational.

Mit der industriellen Revolution ändert sich alles. Die Entdeckung und die Nutzbarmachung fossiler Energien beschleunigt Prozesse und Transport und Fertigung von Produkten. Die freigesetzte Energie verändert die Gesellschaft, ohne dass sie Kontrollmechanismen hat, die Energieströme zu bewältigen. Eisenbahnunglücke, Unfälle, Über- und Unterversorgungen von Regionen und plötzliche Wirtschaftskrisen sind die Folgen. Beniger nennt diesen Zustand der frühen Industrialisierung deswegen Kontrollkrise.

Diese wiederum löst ab circa 1860 die Kontrollrevolution aus. Überall werden Mechanismen zur Erhebung und Verarbeitung von Information eingeführt, die eine bessere Kontrolle der enormen Energie- und Materie-Umwandlung erlauben. Auf einmal halten ganz neue Praktiken in der Produktion, dem Vertrieb und der Vermarktung Einzug, die auf der Sammlung und Auswertung von Daten beruhen. Der Fordismus führt zum Beispiel Anfang des 20. Jahrhunderts eine effiziente arbeitsteilige Produktion ein, die durch standardisierte Prozesse und Integration von Erfindungen wie dem Fließband ermöglicht wird.

Auch der Handel verändert sich drastisch. Das kommerzielle Bankwesen kommt auf; Versicherungen werden staatlich reguliert; das Insolvenzrecht wird eingeführt; erste kommerzielle Zeitungen erscheinen; Bonitätsprüfungs-Unternehmen entstehen. Das alles senkt die Unsicherheiten erheblich. Die Kontrollmöglichkeiten der Kaufleute werden dadurch so groß, dass sie sich von Menschen vertreten lassen können, die nicht zur Familie gehören. Durch gesetzliche Grundlagen sind die Vertreter im Ernstfall haftbar; Geschäfte lassen sich über Versicherungen absichern; es gibt mehr und bessere Möglichkeiten, sich im Vorfeld über die Bonität von potenziellen Geschäftspartnern zu informieren. Geschäftsbeziehungen können vielfältiger und professioneller werden.

Zwischen 1860 und 1940 löste also eine Kontrolltechnik eine andere ab. Im Verbund mit neuen Medien- und Transporttechnologien sowie der Weiterentwicklung des Nationalstaates erlaubt das Prinzip der »Vertretung« mehr Kontrolle. Mehr Menschen können diese Kontrolle ausüben und so Energie und Materialströme zielgenauer einsetzen. Das Ergebnis dieser Kontrollrevolution ist die Informationsgesellschaft, von der der Soziologe Daniel Bell Anfang der 1970er-Jahre sprach. Die Kontrollrevolution ist vor allem eine Revolution der Institutionalisierung. Die klar definierten Prozesse, die neue zentrale Institutionen anbieten, um Kontrolle auszuüben, lösen die auf Familienbanden und Traditionen beruhende soziale Kontrolle ab. Institutionalisierung heißt Standardisierung und Verarbeitung von Informationen in zentralen Prozessen. Institutionen konzentrieren Wissen und Kompetenzen, vermitteln zwischen den verschiede-

nen Akteuren und sorgen mittels ihrer hierarchischen Informationsverarbeitung für gesellschaftliche Organisation.

Die Katastrophe der Kontrolle

Doch was passiert mit dieser neuen Kontrollordnung, wenn die Kapazitäten der Informationsverarbeitung durch den Computer ein weiteres Mal dramatisch erhöht werden? In seinem Buch *Studien zur
nächsten Gesellschaft* zeigt der Soziologe Dirk Baecker auf, dass die
Einführung neuer Medien sich auf die Gesellschaft immer katastro-
phal ausgewirkt hat. Er formuliert dazu die theoretische Kategorie
des »Überschusssinns«. Neue Medien tragen bei ihrer Einführung
einen Überschuss an Sinn in die Gesellschaften, für die diese noch
keine kulturellen, technischen oder sozialen Mechanismen der Auswahl besitzen. Zum Beispiel: Mit Sprache ließen sich alle Dinge und
Personen benennen, doch dafür mussten sie auch voneinander unterschieden werden. Der Buchdruck machte durch die massenhafte Re-
produktion von Schriften alle Aussagen miteinander vergleichbar.
Die Gesellschaft reagierte auf diese »Katastrophen«, indem sie sich
organisatorisch und kulturell anpasste. Die Sprache zwang die Menschen, Grenzen zwischen den Dingen und Menschen, den Geschlech-
tern und so weiter einzuführen, und brachte so die Stammesgesell-
schaft hervor. Die Schrift zwang den Menschen zum zielgerichteten
Denken, das Ergebnis waren die frühen Hochkulturen. Der Buchdruck
brachte eine enorme Unruhe, die nur dadurch aufgelöst werden konnte, dass ein Subjekt sich der Kontingenz seines Wissens bewusst ist
und sich ständig hinterfragt. Der durch die Einführung des Computers
hereinbrechende Überschuss an Sinn ist nach Baecker die Kontrolle.
Die »nächste Gesellschaft« wird sich dadurch auszeichnen, dass sie
kulturelle Normen etabliert, die diesen Kontrollüberschuss handhabbar machen.

Im Jahr 1990 schrieb Gilles Deleuze einen kurzen, aber zukunftsweisen-
den Text. Im »Postskriptum über die Kontrollgesellschaften« beschreibt
er den Übergang von den durch Foucault beschriebenen Disziplinargesellschaften hin zu den Kontrollgesellschaften. Die Disziplinargesellschaften sind nach Foucault dadurch geprägt, dass die Indivi-

duen die gesellschaftliche Kontrolle durch ständige Disziplinierung, Überwachung und Strafe internalisieren. Beniger würde sagen, die Disziplinargesellschaften bewerkstelligen Kontrolle durch Programmierung. Die Kontrollgesellschaften hingegen zeichnen sich nach Deleuze dadurch aus, dass das Regime seine Macht in entscheidungsmächtige Maschinen ausgelagert hat. In einer durchcomputerisierten Welt werden Maschinen unhintergehbar – ihrer jeweiligen Programmierung entsprechend – die Handlungsmöglichkeiten der Menschen bestimmen; ein Labyrinth aus automatisierten Schranken, die mal aufgehen und mal nicht, die uns leiten und begrenzen. Kafka 2.0. Die Kontrollgesellschaft, in der jede Regung, jede Handlung, jede Entscheidung und jede Aussage von einem totalen Kontrollorgan registriert, verarbeitet und reguliert wird, ist nur die folgerichtige Vorhersage, die sich aus dem Kontrollüberschuss ergibt.

Denn der informationelle Kontrollverlust ist gleichzeitig ein organisatorischer Kontrollüberschuss. Das Aufschreibesystem U, die Kopiermaschine Internet und die Query erhöhen durch die Erhebung, die Speicherung und die Auswertung von Daten die gesellschaftlichen Organisationspotenziale dramatisch. Der Kontrollüberschuss manifestiert sich zum Beispiel in den neuen Möglichkeiten von Geheimdiensten, Polizeibehörden und anderen Institutionen, aber auch darin, wie gezielt Werbebotschaften ausgeliefert werden; er zeigt sich in neuen, datengetriebenen Geschäftsmodellen und überall, wo Unternehmen versuchen, ihre Prozesse, Strukturen und ihre Kommunikation mithilfe von Datenanalyse zu optimieren.

Das ist der Anfang einer Reihe von radikalen Veränderungen, die die Welt in ihrer Grundstruktur erschüttern. Die Umverteilung der Kontrolle hat begonnen.

Ökonomie der verdateten Welt
Wie wir im letzten Kapitel erfahren haben, führt das sich beschleunigende Aufschreibesystem U zum ersten Treiber des Kontrollverlusts: der Verdatung der Welt. Die Verdatung der Welt setzt nicht erst bei der Erfindung der technischen Medien ein, sondern geht auch von einem erhöhten Kontrollbedarf der Institutionen aus.

Fabrikbesitzerinnen fangen an, Arbeitsabläufe mit der Stoppuhr zu messen und Arbeitsschritte zu dokumentieren, um sie anschließend zu optimieren. Diese Taylorismus genannte Vorgehensweise schafft die Grundlagen empirischer Prozessoptimierung. Frederick Winslow Taylor hatte die Managementmethode in den 1880er- und 1890er-Jahren entwickelt. Die Proteste aus der Arbeiterschaft sind groß, doch am Ende erhöht der Taylorismus die Effizienz der Produktionsprozesse so enorm, dass er die gesamte Wirtschaft transformiert. Wesentliche Fortschritte werden auch in einem Bereich gemacht, den Beniger »Preprocessing« nennt. Alles wird standardisiert: Verpackungen, Container sowie die Verfahren des Sortierens, Wiegens und Kontrollierens von Warenbeständen. Die Standardisierung macht alles zur verrechenbaren Informationseinheit und senkt die Kosten der Weiterverarbeitung.

Die digitale Verdatung der Welt seit den 1980er-Jahren kann als direkte Nachfolge der Rationalisierungsmaßnahmen der Kontrollrevolution betrachtet werden. Zunächst werden Texte, Bilder, Filme, Dokumente, Banktransaktionen ins Digitale transformiert. Computer saugen nach und nach das gesamte vorhandene Weltwissen auf. Hinzu kommen die Möglichkeiten der Simulation. 3D-Software verdatet auch die Teile der Welt, die erst in Planung sind. Große Simulationsprogramme bilden das Wetter virtuell nach und generieren daraus Vorhersagen; Karten-Programme machen Satellitenfotos für alle zugänglich und als Karte verwendbar; computergenerierte Spezialeffekte (CGI) verändern die Produktionsbedingungen von Spielfilmen.

Den nächsten Schritt machen das Smartphone und die sozialen Medien. Auf einmal sind nicht mehr nur Computer miteinander vernetzt, sondern Individuen. Wir tragen unsere komplette private und geschäftliche Kommunikation, unsere Termine, unsere Aufenthaltsorte, unsere Gedanken und Erlebnisse ins Internet. 2008 auf dem Web 2.0 Summit ruft Facebook-Gründer Mark Zuckerberg »Zuckerberg's Law«[1] aus. Bezugnehmend auf Moore's Law stellt er die These auf, dass die Menge an Informationen, die Nutzer im Netz teilen, sich jedes Jahr verdoppelt.

Nach dem Internet der Individuen steht jetzt ein weiterer Schritt der

Weltverdatung bevor: das Internet der Dinge. Die Welt wird ausgestattet mit Computerchips und Sensorik, die Daten sammeln, speichern, weiterleiten und ausgehend davon sogar Entscheidungen treffen.

Der Netzwerkausstatter CISCO errechnete, dass bis 2020 etwa 75 Milliarden Sensoren ans Internet angeschlossen sein werden;[2] IBM geht für das Jahr 2030 sogar von circa 100 Trillionen aus. Damit werden rund um die Uhr alle möglichen Daten aufgezeichnet: Positionen, Helligkeit, Feuchtigkeit, Temperatur, Infrarotstrahlung, Reifendruck, Erschütterungen, Bild, Ton, Beschleunigung und vieles mehr. Diese Datenmassen werden zur Verfügung stehen und – machen wir uns nichts vor – auch ausgewertet werden. Das Aufschreibesystem U digitalisiert nach und nach alle Lebensbereiche und führt sie der Berechenbarkeit zu – egal, ob Einzel- und Versandhandel, Gesundheit, Architektur, Logistik, Design, Ingenieurwissenschaft, Sozialwissenschaften, Geologie. Auch die Försterin beobachtet den Wald heute schon mit an den Bäumen angebrachten Digitalkameras.

Die Verdatung der Welt hat zur Folge, dass wir oft mehr mit Daten interagieren als mit der physischen Welt: mit Textfiles, Tabellenkalkulation, Simulationsmodellen, Websites, Audio- und Videofiles, Software, Datensets etc. Es ist, als würde alles von einem immer dichter und mächtiger werdenden digitalen Layer überformt, der unser Leben nicht nur repräsentiert, sondern in alle Richtungen erweitert. Ein Großteil unserer Arbeitswelt und unserer Freizeit spielt sich bereits in diesem Layer ab. Darin gelten andere Regeln als in der physischen Welt. Der Umgang mit virtuellen Dingen eröffnet andere Möglichkeiten als der mit festen Gegenständen. Ökonomen nennen physische Güter – wie ein Auto oder eine Tasse – »rivalisierend«, das heißt, ich stehe mit allen anderen Menschen in Konkurrenz um dieses Gut. Wenn ich die Tasse weggebe, steht sie mir nicht mehr zur Verfügung. Anders verhält es sich mit informationellen Gütern: Einen Witz kann ich erzählen, ohne dass ich hinterher einen weniger besitze. Diejenige, der ich den Witz erzählt habe, kann ihn ihrerseits weitererzählen, ohne dass sie oder ich davon einen Nachteil haben. Informationen sind nichtrivalisierend.

Wir kommen aus einer Welt, in der es vor allem rivalisierende Güter gibt. Wir sind den Umgang mit ihnen gewohnt und wenden darum Konzepte, die wir aus der physischen Welt kennen, ganz selbstverständlich auch in ihrer digitalen Erweiterung an. Zum Beispiel das Urheberrecht.

Eigentum ist ein Konzept, das prima auf die physische Welt passt. Entweder die Tasse gehört mir oder sie gehört dir. Weil wir sie nicht gleichzeitig nutzen können, haben wir das Konzept des Eigentums, das darüber entscheidet, wer wen von der Nutzung ausschließen darf. Bei geistigem Eigentum dagegen stellt sich die Frage, was das überhaupt soll. In der Ökonomie versteht man Wohlfahrt als den Gesamtnutzen der jeweiligen Gruppe. Wenn zwei Seiten Informationen benutzen können, ohne dass die andere in ihrer Nutzung eingeschränkt wird, vermindert die Eigentumslogik unnötigerweise die allgemeine Wohlfahrt.

Viele wollen all die nichttrivalisierenden Güter der digitalen Welt gern unter der Eigentumslogik belassen. Sie sprechen von Raub, Piraterie oder Diebstahl, wenn Daten kopiert werden, obwohl es niemanden gibt, der nach diesem »Diebstahl« weniger hat als vorher. Das Konzept des »geistigen Eigentums« hat ganz gut funktioniert, solange Inhalte an eine physische Form gebunden waren. Mit der fortschreitenden Verdatung der Welt wird es infrage gestellt – und zu einer der entscheidenden Güterverteilungsfragen der Zukunft.

Doch diese Probleme betreffen nicht nur das Urheberrecht. Die Datenschicht über der Welt stellt viele Institutionen infrage, deren Autorität oder Geschäftsmodell darauf abstellte, dass Wissen knapp ist. Zeitungsverleger fragen sich, wie sie ihre aufwendigen Redaktionen bezahlen sollen, wenn alle News umsonst im Netz abrufbar sind. Professionelle Fotografen haben das Problem, dass sie mit ihren Werken auf einmal mit Milliarden Terabyte an Amateurfotografie im Netz in Konkurrenz stehen. Ärzte haben es auf einmal mit überinformierten Patienten zu tun, die ihre Diagnosen infrage stellen. Autohändler können auch nur die Informationen abrufen, die sowieso frei verfügbar sind. Der Bankberater hat oft nur wenig Chancen, einem enthusiastischen Amateur, der täglich zwanzig Anleger-

Blogs liest, etwas Neues erzählen zu können. Für solche Berufe fand
der Technikphilosoph und ehemalige IBM-Manager Gunter Dueck die
Bezeichnung »Bildschirmrückseitenberatung«, weil diese »Profis« auch
nichts anderes mehr tun, als Informationen, die sie auf dem Bildschirm
abrufen, weitererzuzählen.
Die Weltverdatung ging von den Institutionen aus. Aber nun ist der
erste Treiber des Kontrollverlusts dabei, einen Großteil von ihnen
überflüssig zu machen.

Die grenzkostenlose Kopiermaschine
Der zweite Treiber des Kontrollverlusts – das Internet als stetig mächtiger werdende Kopiermaschine – hat die Bedingungen für die Verteilung immaterieller Güter radikal verändert. Und auch er findet
seinen vordigitalen Ursprung in der Kontrollrevolution.
Da jede Kontrolle mithilfe von informationeller Rückmeldung geschieht, sind die Kosten und die Geschwindigkeit von Kommunikation seit jeher entscheidend. Ein Gutteil der Kontrollrevolution geht
darauf zurück, dass die Post durch den Einsatz von Dampfschifffahrt
und Eisenbahn erheblich schneller und billiger geworden ist. Verträge können schneller abgeschlossen, Kennzahlen, Preise und Ereignisse
schneller kommuniziert werden. Mit dem Telegrafen und später dem
Telefon lassen sich Informationen immer schneller verbreiten; Innovationen wie fest terminierte Warenlieferungen und Konsumenten-
kredite werden dadurch möglich.
Die digitale Revolution hat die Kosten und die Geschwindigkeit von
Kommunikation weiter drastisch reduziert – bis auf quasi Null. Eine
der Folgen ist die Ausschaltung der Mittler. Frühe Opfer sind bereits
seit Ende der 1990er die Reisebüros. Mit dem Internet können die
Kundinnen auf einmal Fluggesellschaften direkt erreichen, und selbst
den recht komplexen Buchungsprozess können sie über spezialisier-
te Websites abwickeln. Amazon nutzt seine Marktposition, um Verlage als Mittler auszuschalten und selbst in das Verlagsgeschäft ein-
zusteigen. Überall werden Mittler ausgeschaltet und Prozesse in
Unternehmen konzentriert. Die Folge auf den Märkten ist eine zunehmende vertikale Integration. In der Wirtschaftswissenschaft wird

damit die Integration von Wertschöpfungs- und Lieferketten in bereits vorhandene Unternehmensstrukturen bezeichnet. Die Aufgabe der Vertretung, die die Kontrollrevolution institutionalisierte, fällt ihr durch die Digitalisierung wieder zum Opfer. Doch mit der Reduzierung der Kommunikationskosten hört die Entwicklung nicht auf. Immer größere Datenmengen fallen an – und finden immer leistungsfähigere Kopiermaschinen vor. Als IBM 1956 seine erste Festplatte ausliefert, muss sie noch mit dem Lastwagen transportiert werden. Sie hat die Größe von zwei großen Kühlschränken und ein Speichervolumen von gerade einmal 5 Megabyte. Auf 5 Megabyte lässt sich gerade mal ein Musiktrack speichern – allerdings nur in dem damals noch unbekannten Kompressionsformat MP3. Auch die Einführung der CD-ROM im Jahr 1985 stellt eine Revolution dar. Sie kann bis zu 900 Megabyte speichern und ist bis ins neue Jahrtausend hinein der wichtigste Wechseldatenträger. Die erste Terabyte-Festplatte wird 2007 von Hitachi ausgeliefert – sie speichert so viel Daten wie 1.500 CD-ROMs. Allerdings bringt 1 Terabyte heute bei niemandem mehr das Blut in Wallung, schließlich gibt es schon Festplatten mit bis zu 6 Terabyte – ein Volumen, auf das dann der Inhalt von 9.000 CD-ROMs passt. Kryder's Law hält, was es verspricht, und beschert uns bis 2020 voraussichtlich ein weltweites Gesamtdatenvolumen von 35 Zetabyte. Ein Zetabyte sind über eine Milliarde Terabyte.

Als 1998 ein Nutzer namens »Napster« in einem Chatraum für Musik auftaucht und erzählt, dass er vorhat, Musikdaten leichter verteilbar zu machen, befindet sich die Welt mitten in der CD-ROM-Ära. »Napster« stößt größtenteils auf Skepsis. Außer bei einem Nutzer: Sean Parker. Er trifft sich mit »Napster«, dessen bürgerlicher Name Shawn Fanning ist, und zusammen gründen sie die Firma Napster. Im Frühjahr 1999 hat Parker 50.000 Dollar an Startkapital aufgetrieben, und Fanning hat seine Software fertig programmiert. Napster – die erste Peer-to-Peer-Filesharingsoftware – schlägt ein wie eine Bombe. Im März 2000 nutzen den Dienst 20 Millionen Menschen. Sie tauschen unzählige Tracks, bevor im Februar 2001 die Musikindustrie dem Musik-Eldorado mittels eines Gerichtsurteils ein Ende bereitet. Napster muss seinen Dienst fürs Erste einstellen. Doch der Sieg ist nur ein vorläufiger. Auf Napster folgt Kazaa, nach Kazaa kommt eDonkey, dann schon bald BitTorrent. Der Napsterschock zwingt die gesamte Musikbranche, Gewissheiten über Bord zu werfen und sich komplett umzukrempeln.

Filesharing hat einen Paradigmenwechsel in der Kulturindustrie eingeleitet, der immer noch nicht verdaut ist. Zwar ist das Sharing durch weltweite Repression einigermaßen eingegrenzt worden, doch eine Entwicklung lässt sich juristisch nicht eindämmen: das stetige Fallen der Preise für immaterielle kulturelle Güter auf nahe Null.

In der Ökonomie heißen die Kosten, die aufgewendet werden müssen, um ein zusätzliches Stück eines Gutes zu produzieren, Grenzkosten. Im Gegensatz zu den Investitionskosten, die nur einmal am Anfang getätigt werden (zum Beispiel ein Lied schreiben, einspielen und produzieren), gelten die Grenzkosten für jedes zusätzlich produzierte Stück (zum Beispiel CD pressen, CD lagern, CD transportieren etc.). Wenn mit dem Internet eine Datei in Sekunden und auf Knopfdruck milliardenfach reproduzierbar ist, bedeutet das, dass die Grenzkosten bei beinahe Null liegen. Das ist der Grund für die Nichttrivialität der immateriellen Güter. Wenn ein Gut ohne Grenzkosten reproduzierbar ist, braucht niemand sich darum zu streiten, wer es besitzt, sondern produziert einfach ein neues.

Der in Yale lehrende Ökonom Yochai Benkler hat 2006 in seinem wichtigen Werk *The Wealth of Networks* darauf hingewiesen, dass es wohlfahrtsökonomisch am sinnvollsten ist, Preise für Güter in Höhe der Grenzkosten anzusetzen. Eine höhere Bepreisung würde manche Menschen unnötigerweise von der Nutzung ausschließen. Wie aber soll sich Kreativität dann refinanzieren? Ein verbreiteter Einwand ist, dass auch die Investitionskosten wieder reingeholt werden müssen, da sich sonst niemand mehr kreative Tätigkeit leisten könne. Benkler wendet dagegen ein, dass in Wirklichkeit auch die kreativ Schaffenden davon profitieren, wenn kulturelle Güter nicht höher als die Grenzkosten bepreist sind. Kreatives Schaffen passiere nämlich nie aus sich selbst heraus; Künstlerinnen, Dichter, Musikerinnen und Dramaturgen könnten ihr Gut nur schaffen, weil sie bereits selbst viele Bilder, Gedichte, Lieder und Theaterstücke konsumiert hätten. Sie stünden auf den Schultern von Giganten. Der zweite Treiber des Kontrollverlusts hat bereits tiefe Schneisen geschlagen, die an jeder x-beliebigen Stelle des Internets begutachtet werden können. Fast jedes Facebook-Profil ist voller »geteilter« Bilder, bei denen vor der Veröffentlichung an der eigenen Pinnwand niemand nach den Rechten gefragt hat. Mit jedem Drücken des Share-Buttons wird eine Urheberrechtsverletzung begangen. Seit wir angefangen haben, im Internet zu kommunizieren, kommen wir kaum umhin, das geistige Eigentum anderer zu verletzten. Allein das Rechtsdurchsetzungsdefizit sorgt dafür, dass wir uns alle noch nicht als Kriminelle wahrnehmen. Würden alle Urheberrechtsverletzungen geahndet, hätte der Jusitizapparat vermutlich keine Zeit mehr für anderes.

Längst gibt es freie Lizenzen für Software wie die GPL (General Public License)[3] oder für kulturelle Güter Creative Commons (CC)[4], die versuchen, den neuen Voraussetzungen der digitalen Welt besser Rechnung zu tragen. Sie machen die Weitergabe von Software mit offenem Quellcode rechtlich möglich: Das Betriebssystem Linux, der Browser Firefox und Projekte wie die Wikipedia sind Beispiele dafür. Doch mit ihren komplizierten Bedingungen und ihrer unübersichtlichen Vielfältigkeit sind die freien Lizenzen nur Brückentechnologien, die den Druck lindern zu helfen, der durch die Wohlfahrtseinbußen durch das Urheberrecht und seine Unpraktikabilität auf der Gesellschaft lastet.

Die Institutionen der Rechteverwerter ächzen im Kampf gegen den zweiten Treiber des Kontrollverlusts. Es sind nicht nur die Filesharerinnen, die ihnen zu schaffen machen, sondern auch die wahrscheinlich unmögliche Aufgabe, die Kontrolle über den Musikkonsum zurückzubekommen, ohne sie gleichzeitig an externe Institutionen wie iTunes oder Spotify abzugeben. Von der Musikindustrie lernen heißt, die Kontrolle verlieren lernen. Sie war die erste, die den Kontrollverlust in voller Konsequenz zu spüren bekam, und wie sie vergeblich versuchte, dagegen anzukämpfen, ist interessant für alle anderen gesellschaftlichen Institutionen.

Der Transaktionskostenstaubsauger

Der dritte Treiber des Kontrollverlusts, die alle Informationen verknüpfende Query, ist die größte Herausforderung für die alte Welt der klassischen Institutionen. Ihren institutionellen Vorgänger hat sie in der Organisation durch Hierarchie.

Für Wissen war Hierarchie die geltende Organisationsform, seit Bibliotheken begannen, ihre Bestände in Katalogen zu pflegen. Komplexe Hierarchien als Management-Tools entwickelten sich aber erst Ende des 19. Jahrhunderts aus dem erhöhten Kontrollbedarf industrieller Großprojekte heraus. Um zum Beispiel Züge pünktlich fahren zu lassen, ist ein beträchtlicher organisatorischer Aufwand nötig. Die frühen Züge fuhren zunächst auf einer einzigen Schienenstrecke sowohl hin als auch zurück, was ein enormes Unfallrisiko bedeutete.

Daniel McCallum war Manager bei der New York and Erie Railroad, einer frühen amerikanischen Eisenbahngesellschaft, als er in den 1850er-Jahren das Organigramm erfand. Um komplexe Prozesse zu koordinieren, braucht es eine Organisation mit mehreren Hierarchieebenen: Manager, die eine Gruppe von Managern befehligen, die Vorarbeiter befehligen, die ihrerseits Arbeiter befehligen. Es dauerte bis in die 1930er-Jahre, bis die Wirtschaftswissenschaft die große Bedeutung von Hierarchie und Planung entdeckte. Ronald Coase sah darin sogar den Grund dafür, dass es überhaupt Unternehmen gibt. Denn dass es sie gibt, ist keinesfalls selbstverständlich. In der Ökonomie herrscht gewöhnlich die Ansicht vor, dass Organisation am besten funktioniert, wenn Angebot und Nachfrage auf einem Markt durch den Preis gesteuert werden. Unternehmen sind aber traditionell Organisationseinheiten, die ihre Mitarbeiterinnen in einer strengen hierarchischen Ordnung nach planvollen Vorgaben arbeiten lassen. Während der Kapitalismus offiziell der »unsichtbaren Hand des Marktes« huldigt, zeigt Coase in seinem Aufsatz »The Nature of the Firm« von 1937, dass in Wirklichkeit überall *Islands of Conscious Power* – Inseln bewusster Macht – existieren. In Unternehmen gibt es Pläne und Vorgaben von der Führungsetage; Verträge verpflichten die Mitarbeiter, diesen Vorgaben zu entsprechen. Mit anderen Worten: Unternehmen sind eigentlich strikte Planwirtschaften.

Coase erklärt diesen Umstand mit den sogenannten Transaktionskosten. Transaktionskosten sind die Kosten, die entstehen, um überhaupt eine Transaktion zustande kommen zu lassen. Würde eine Firma intern nach Marktmechanismen arbeiten, müsste sie für jedes einzelne Projekt Leute vom freien Markt rekrutieren. Sie müsste Stellen ausschreiben, Vorstellungsgespräche führen und bei jeder neuen Projektteilnehmerin erneut die Unsicherheit in Kauf nehmen, ob sie ungeeignet, nicht vertrauenswürdig oder aus irgendeinem anderen Grund unbrauchbar ist. Man darf sich Transaktionskosten also nicht einfach als eingesetztes Geld vorstellen. Es gehören Arbeit, Energie, Nerven, Zeit und vor allem Unsicherheiten und Risiken dazu, die sich im Zuge von organisatorischen Tätigkeiten aufsummieren. Würden Projekte ständig am Markt organisiert, würde man schnell in Transaktionskosten versinken. Stattdessen, so Coase, lohne es sich, die Organisation zu verstetigen, die Strukturen zu hierarchisieren und die Mitarbeiter für längere Zeit vertraglich zu verpflichten. Statt alles immer wieder neu auszuhandeln, kann die Chefin ihren Mitarbeitern einfach sagen, was zu tun ist. Den zusätzlichen Aufwand muss ein Unternehmen dann nur noch in Ausnahmefällen auf sich nehmen; ansonsten kann es alle Kräfte auf das eigentliche Projekt konzentrieren.

Es waren deshalb hierarchische Institutionen, die als erste ihre Planungs- und Organisationsleistung mithilfe von Computern erweiterten. Die CeBit, bis in die 2000er-Jahre die wichtigste Messe in Sachen Computertechnologie in Europa, findet jedes Jahr in Hannover statt. CeBit steht nicht umsonst für »Centrum für Büroautomation, Informationstechnologie und Telekommunikation« (ursprünglich »Centrum der Büro- und Informationstechnik«). Das sagt so ziemlich alles darüber aus, von wo die digitale Revolution herkommt: Es ist kein Zufall, dass sie zuerst in den Verwaltungen der großen Unternehmen und der staatlichen Behörden Fuß fasste. Karteikartensysteme, Lochkartenverarbeitungssysteme (Hollerithmaschinen), Mainframe-Computer und Datenbanksoftware waren Werkzeuge der Bürokratie. Es waren ihre Institutionen, die die Query als erste adaptierten und ihre Kontrollkapazitäten dadurch dramatisch steigern konnten.

Auch die Query organisiert und bringt Transaktionskosten zum Verschwinden. Doch die Query agiert dabei völlig anders als das klassische Unternehmen. Das lässt sich am besten an einigen Beispielen demonstrieren: an der Tauschbörse Napster, dem Datenformat RSS und der App MyTaxi.

Das Napster-Programm war denkbar einfach aufgebaut: Nach seiner Installation auf dem Rechner wählte man ein Verzeichnis aus, wo die Musikdateien lagen, die man teilen wollte. Das Programm schickte eine Liste dieser Dateien an eine zentrale, von Napster betriebene Datenbank. Diese machte die bei den Nutzern dezentral vorliegenden Inhalte durchsuchbar. War eine Datei gefunden, die einen interessierte, nahm das Programm Verbindung zu dem Rechner der Person auf, die diese Datei zu teilen bereit war. Die Übertragung der Kopie begann sofort. So funktioniert Peer-to-Peer-Filesharing.

»Peer« bedeutet »Gleichgestellter«. Peer-to-Peer heißt entsprechend, dass es keine hierarchische Beziehung zwischen demjenigen gibt, der die Datei anbietet, und der Person, die sie entgegennimmt. Alle tauschen unmittelbar mit allen, alle arbeiten auf der selben Grundlage und mit denselben technischen Mitteln. Ermöglicht wird das durch die Query, die als zentrales Informationssystem die Peers miteinander verschaltet. Das Prinzip der Versammlung und Vernetzung von Inhalten durch die Query unter völligem von Absehen der Person erlaubt etwas, das vorher extrem aufwändig war: Die Zusammenarbeit von einander komplett unbekannten Personen zu einem bestimmten Zweck.

Am 4. Februar 2011 stellte das deutsche Startup Commentarist seinen Dienst ein. Startups entstehen und Startups vergehen, doch dieses Ende war ein besonderes. Es fand statt, bevor das Geschäftsmodell von Commentarist sich als tragfähig erweisen konnte. Commentarist war angetreten, um Leserinnen von Zeitungen und News-Seiten einen Extra-Service zu bieten: eine themenbezogene Bündelung von Kommentaren und Debattenbeiträgen über die verschiedenen Medienangebote hinweg. So sollte es möglich werden, Meinungsbeiträge bestimmter Autoren oder bestimmter Ressorts mediumübergreifend zu abonnieren. Obwohl Commentarist nur auf Inhalte hinweisen und nicht die Inhalte selbst anbieten wollte, drohten die Frankfurter

Allgemeine Zeitung und die *Süddeutsche Zeitung* mit weitreichenden juristischen Konsequenzen, weswegen die Gründerinnen den Dienst lieber vorsorglich einstellten.[5]

Das Prinzip der Nachrichtenaggregation besteht in der Sammlung und Verknüpfung. Populär wurde es um die Jahrtausendwende mit den Blogs, die ihre Inhalte in einer Form ausgaben, die für die automatische Weiterverarbeitung optimiert war. Eines der wichtigsten Formate dafür heißt RSS – *Really Simple Syndication*. Neben der gewohnten, grafisch ansprechenden Aufbereitung für den Leser auf der Website stellt RSS eine strukturierte Variante der Inhalte für die Computer bereit – einen sogenannten »Feed«. Im RSS-Format steht sauber aufgelistet, was der Titel und was der Inhalt eines Artikels ist, wer die Autorin ist und wann der Inhalt erstellt wurde. Die Daten sind standardisiert, sodass ein Algorithmus wenig Probleme hat, sie automatisiert auszulesen und weiterzuverarbeiten. Das hat den Vorteil, dass eine Reader-Software diese Daten aus den verschiedenen Quellen einsammeln und der Nutzerin mit der eigenen grafischen Formatierung einheitlich anzeigen kann. Heute haben fast alle News-Internetseiten RSS oder ein verwandtes Format namens Atom im Einsatz. So lässt sich aus dem riesigen Angebot an Internetseiten ein individueller Medienmix zusammenstellen. Der Reader »aggregiert« verschiedene Feeds, und es ist ihm dabei egal, ob die Neuigkeit aus dem Wirtschaftsressort von *Spiegel Online* vor oder nach einem Technikblog angezeigt wird. Er ordnet die Beiträge schlicht chronologisch an. Oder wie immer die Nutzerin es will. Die Verschiebung der Ordnung weg vom Sender zum Empfänger führt unweigerlich zu einer Entbündelung (im Fachjargon »Unbundling«) der Inhalte. Nicht der Sender stellt die Inhalte für den Empfänger zusammen, sondern der Empfänger schafft sich seine eigene Ordnung. Schon bei Napster zeigte sich, dass die Nutzer vor allem einzelne Tracks, aber viel seltener Alben herunterluden. Dahinter konnten auch legale Nachfolgeangebote wie Apples iTunes nicht wieder zurück, zum Ärger der Musiklabels.[6]

Auch eine News-Website will traditionell wie eine Zeitung als Gesamtheit konsumiert werden. Ein Query-Tool wie der RSS-Feed ermöglicht es jedoch, das redaktionelle Angebot beliebig zu entflechten. Theoretisch sind dem Unbundling keine Grenzen gesetzt. Wenn die entsprechenden Feeds vorhanden sind, kann ich zum Beispiel nur die Artikel einzelner Autorinnen oder nur solche zu bestimmten Themen abonnieren. Das ist der Service, den Commentarist für die Leser anbieten wollte. Da das jedoch dem Geschäftsmodell und Selbstverständnis vieler News-Angebote zuwiderlaufen würde, werden oft nur wenige und meist gekürzte RSS-Feeds angeboten. In der Praxis heißt das, dass nur die Überschrift und ein Anreißertext angezeigt werden, den ganzen Artikel gibt es aber nur auf der Website zu lesen. Diese Strategie wird so lange funktionieren, bis jemand einen Reader baut, der einfach selber dem Link auf die Originalwebsite folgt und den Inhalt des Artikels von dort in eine RSS-Struktur kopiert. Technisch ist das kein Problem.

Obwohl das Format RSS selbst wieder an Verbreitung verliert, ist das Prinzip der Nachrichtenaggregation weiter auf dem Vormarsch und beschert den Nutzerinnen weiterhin einen Zuwachs an Souveränität. Auch auf Social-Media-Diensten wie Twitter und Facebook werden Artikel in einem Strom aus Empfehlungen und Abonnements individuell zusammengestellt. Jedesmal, wenn wir einem Twitter-Account folgen oder eine Facebook-Seite liken, entspricht das einem Abonnement. Das aggregierte Konsumieren von Inhalten ist nicht mehr wegzudenken und wird die Branche der Inhalteanbieter weiter umstrukturieren. Seit einiger Zeit versuchen Presseverlage durch von ihnen lancierte Gesetze wie zum Beispiel das »Leistungsschutzrecht für Presseverleger« die Aggregation ihrer Inhalte zu monetarisieren (oder eben zu kriminalisieren), was bisher aber nicht funktioniert. Die Freiheit, Inhalte zu rearrangieren und in neue Kontexte und Nutzungsformen zu überführen, wird weiterhin wachsen, und die Presseverlage werden weiterhin nach Geschäftsmodellen suchen, die diesem Kontrollverlust entgegenwirken – oder sich damit arrangieren müssen.

Anschaulich präsentierte sich die Macht der Query, als 2010 die ersten Taxi-Apps auf den Markt kamen. Taxiunternehmen funktionieren traditionell so: Ich rufe als Kundin bei der Taxizentrale an und gebe meinen Standort und vielleicht schon mein Ziel durch. Die Zentrale gibt diese Daten per Funk an ihre Taxis weiter, worauf sich eines der Taxis bereiterklärt, die Fahrt anzunehmen, und mich am vereinbarten Ort abholt. Die Tatsache, dass sehr viele Menschen in Deutschland mit Smartphones unterwegs sind, ermöglicht in Kombination mit der Query-Technologie, dass Fahrgäste und Taxis ohne Vermittlung durch eine Zentrale zusammenfinden. Dazu genügt es, dass ich als Kunde in einer App den Button »Taxi rufen« drücke. Das Smartphone übermittelt meine Standortdaten an einen Server, von wo aus sie an die freien Taxis in Reichweite weitergegeben werden. Die Fahrer müssen ebenfalls nur einen Button betätigen, um die Fahrt anzunehmen. Die Taxizentrale wird ersetzt durch die Kraft versammelter und in Echtzeit verknüpfter Daten.

Die Betreiber der App MyTaxi sind wegen ihrer Geschäftsmethoden in die Kritik geraten, doch die Idee der Taxi-App verschwindet nicht mehr. Derzeit wird das Prinzip von anderen Unternehmen noch erweitert. Die App Uber macht das institutionalisierte Taxi selbst überflüssig, indem jeder Mensch mit Führerschein und Fahrzeug zum potenziellen Taxiunternehmer wird. Wer nach einer Schulung in die Datenbank aufgenommen wird, kann Fahrten annehmen. Der Konkurrent Wundercar verzichtet auch auf eine Schulung. Die Query macht nicht nur die Taxizentralen obsolet, sondern unterläuft das Konzept Taxi an sich.

Die Vernetzung von Unbekannten, das Unbundling von Inhalten und die Ausschaltung von Vermittlern sind Effekte ein und desselben Phänomens: der Organisationsmacht der Query. Sie bündelt die Neuigkeiten in meinem RSS-Stream, auf Twitter oder Facebook zu einem einfachen, leicht konsumierbaren Strom. Sie organisiert Taxifahrer und Reiselustige, Wohnungsanbieter und Wohnungssuchende genauso wie Flirtwillige. Sie ermöglicht die Kooperation von Unbekannten, verknüpft Informationen zu neuem Wissen und verlagert Organisationsmacht auf die Seite der Empfänger. Dieselbe Logik der Query steckt hinter Immobilien-Webseiten, Mitfahrgelegenheit-Sportalen und Online-Datingbörsen. Immer werden Menschen, die einander unbekannt sind, anhand ihres jeweiligen Interesses vernetzt. Meistens funktioniert das, indem sie dieses Interesse in ein zentrales Register schreiben, das von den anderen flexibel abgefragt werden kann. Die Querys können dabei sehr aufwändig sein, wie bei OkCupid, einem extrem datengetriebenen Datingportal. Dort können mehrere tausend Fragen über die eigenen Einstellungen zu Politik, Religion und Sexualität und vielem mehr beantwortet werden; jedes aufgerufene Profil zeigt dann den Wert der Übereinstimmung mit dem eigenen Profil in Prozent an.

Wie die Hierarchie bringt auch die Query die Transaktionskosten zum Verschwinden. Allerdings auf ganz andere Weise. Indem das Unternehmen mittels strenger Hierarchie und fester Verträge die Komplexität und damit die Transaktionskosten reduziert, nimmt die Query stattdessen die Komplexität in sich auf und macht sie dadurch handhabbar. Statt bei jeder einzelnen Nutzerin nachzuschauen, welche MP3-Dateien sie anbietet; statt alle meine potenziell interessanten Newsquellen einzeln abzusurfen; statt ein Taxi nach dem anderen abzuklappern, versammelt das Netz das Angebot, und die Query ordnet es durch intelligente Verknüpfung nach Belieben. Dieses Vorgehen hat zwei entscheidende Vorteile:

1. *Informationserhaltung:* Jede Komplexitätsreduktion geht immer mit einem Informationsverlust einher. Während die Hierarchie das System verändert und einzwängt – und somit Information verwirft –, bleibt das Gesamtsystem mitsamt seiner Komplexität auch nach der ordnenden Query unverändert. Alle Informationen bleiben erhalten. Es kommen in der Praxis sogar noch Informationen hinzu, nämlich darüber, wie das Angebot genutzt wurde. Mit diesen Daten lässt sich wiederum das Angebot verbessern.

2. *Geschwindigkeit:* Hierarchie und Planung setzen einen gewissen Zeitrahmen voraus, der für die planvolle Bewältigung von Organisation zu berücksichtigen ist. Früher traf sich eine bestimmte Gruppe von Schülerinnen zu einer bestimmten Uhrzeit an einem Ort, um sich gegenseitig Musik-CDs zu brennen. Leute gingen zu vorgegebenen Taxiständen, um ein Taxi zu ergattern, oder planten einen Spaziergang zum Kiosk, um eine Tageszeitung zu kaufen. Die Query aber ersetzt Pla-

nung durch Koordination. Sie durchsucht in Echtzeit alle Musiktracks, sortiert alle Taxis nach Entfernung und filtert nur die Artikel, die mich interessieren. Das eröffnet völlig neue Anwendungsbereiche, für die herkömmliche Organisationen gar nicht schnell genug wären.

Die Query reduziert keine Komplexität, sondern macht sie in Echtzeit prozessierbar, so dass wir nichts mehr von ihr mitbekommen. Die Query ist ein Transaktionskostenstaubsauger.

Revolution und Kontrolle
Der Morgen des 25. Januar 2011 in Kairo war ruhig. Zwar waren Straßensperren aufgebaut, und kleine Trupps bewaffneter Polizisten standen in allen Straßen, doch von Demonstrationen war nichts zu sehen. Die Sicherheitskräfte – Polizei wie Militär – überwachten nervös jede Bewegung auf den Straßen. Seit einigen Tagen kursierte das Hashtag *#jan25* auf Twitter, der »Tag des Zorns« sollte es werden. Viele der Tweets waren auf arabisch, die meisten auf englisch. Viele schimpften auf Präsident Mubarak und seine korrupte Politik, die Unfreiheit der Jugend, den Hunger der Armen. Wenige Wochen zuvor hatte es im benachbarten Tunesien bereits ordentlich geknallt. Eine echte Revolution brachte die Herrschenden zu Fall. Der 25. Januar sollte nun die Wut der Ägypter in ähnlichem Maße bündeln und auf die Straße bringen. Doch wo und wann? Das wusste niemand.
Erst zum späten Nachmittag hin mehrten sich die Tweets mit dem Hashtag *#25jan*, die dazu aufriefen, sich an konkreten Orten zu versammeln. Zunächst kamen die überwiegend jungen Protestierer vor dem Obersten Gerichtshof in der Innenstadt zusammen. Es wurden immer mehr, die Proteste immer lauter. Die Polizei versuchte die Gruppe der Demonstrantinnen abzuriegeln, doch bald schon waren Tausende auf der Straße. 15.000 Menschen durchbrachen gegen Abend die Polizeisperren und strömten auf den Tahrirplatz. Doch der Tag des Zorns wurde nicht nur in der Hauptstadt begangen, in ganz Ägypten gingen an diesem Tag Menschen auf die Straße. Er war die Keimzelle einer Revolution, auf deren Höhepunkt der Druck von Millionen Menschen den Rücktritt von Mubarak erzwang.

Ein Hashtag ist ein Schlagwort, das alle Einträge, die mit ihm versehen sind, gruppiert und so eine spezielle Form von Öffentlichkeit schafft. Auf Twitter hat sich dafür die Konvention etabliert, ein Rautezeichen vor das entsprechende Wort zu setzen. Das führt dazu, dass diese Schlagworte in Twitterclients oder auf der Twitterwebsite optisch hervorgehoben werden. Ein Klick darauf bringt einen zu einer Auflistung aller Tweets, die mit diesem Schlagwort »getaggt« sind. So lassen sich Informationsströme zu einem Thema oder einem Ereignis bündeln. Hashtags sind die Quintessenz der »Organisation ohne Organisation«, wie es Clay Shirky in seinem Buch *Here Comes Everybody* beschreibt. Es bildet sich dadurch eine Art »Ad-Hoc-Heterarchie«, eine mit den Mitteln des Internets generierte nicht-hierarchische Gemeinschaft. Die Menschen, die in Ägypten protestierten, kommunizierten, vernetzten und organisierten sich durch das Hashtag; ohne zentrale Hierarchie, ohne dass jemand das Hashtag exklusiv für sich vereinnahmen konnte; ohne dass es jemandem gehören und ohne dass jemand davon ausgeschlossen werden konnte.

Dazu braucht es eine Übereinkunft: Jemand schlägt ein Hashtag vor, die anderen benutzen es. Doch um das Hashtag zum Sprechen zu bringen, um die Tweets zu versammeln und zu verknüpfen, braucht es noch etwas anderes: die Query. Hinter der Macht der Organisation ohne Organisation steht eine Suche, die eine gegebene Datenmenge filtert. Aus der Menge der Daten filtert der Algorithmus in Echtzeit alle Tweets aus, in denen die Zeichenfolge *#hashtag* vorkommt. Zwischen den Twitterern, die dieses Hashtag benutzen, und denen, die nach dem Hashtag suchen, besteht ansonsten keinerlei organisatorische Beziehung oder institutionelle Verbindung. Die Query arbeitet am effektivsten »Ende-zu-Ende« – von Individuum zu Individuum. Dieselbe Funktion, die zur Organisation von Protesten genutzt wird, kann natürlich auch vom Regime dafür verwendet werden, Meinungsführer zu identifizieren und unschädlich zu machen – was in autokratischen Regimes tatsächlich geschieht.

Der Arabische Frühling wurde nicht durch Twitter oder die Query ausgelöst, und vielleicht hätte die Revolution auch ohne sie stattgefunden. Aber bei der Initialzündung, im Keim des Aufruhrs, war die

Query das entscheidende Werkzeug. Und zwar schon lange, bevor die Proteste sichtbar wurden. Die Query organisierte die Informationen über die korrupten Machenschaften Mubaraks, die Query versammelte – zunächst nur online – die Wut und die Meinungen der Menschen. Die Angst, etwas gegen die Machthaber zu sagen, überwindet sich leichter, wenn man es nicht alleine tut. Die Query versammelte und verknüpfte Äußerungen der Wut und feuerte dadurch neue an. Und schließlich und letztendlich versammelte die Query die Menschen auf der Straße, ließ Informationen über Polizeiübergriffe und Blockaden in Windeseile fließen und verschaffte ganz nebenbei dem Rest der Welt einen Echtzeit-Einblick in die Geschehnisse vor Ort.

Hashtag-Revolutionen sind nichts Ungewöhnliches mehr. Von *#OccupyWallStreet* in New York (2011) über *#spanishrevolution* in Madrid (2011), *#S21* in Stuttgart (2011) und *#J14* in Tel Aviv (2012), *#occupygezi* in Istanbul (2013) bis *#euromaidan* in Kiew (2014) organisierten sich Menschen über Twitter und mittels der Query zu Protesten. Die Forderungen und Anlässe all dieser Proteste unterscheiden sich, aber eines haben sie gemeinsam: Die Forderung nach mehr Demokratie und Mitsprache. Es sind nicht mehr die Institutionen, die in erster Linie vom Kontrollüberschuss durch die Query profitieren, sondern die Menschen auf den Straßen und Plätzen. Die interne hierarchische Struktur und ihr Beschränkung auf standardisierte Prozesse führt dazu, dass Institutionen von der Organisationsleistung der Query nur bis zu einem bestimmten Punkt profitieren können. Individuen dagegen erlaubt die Query die Ende-zu-Ende-Organisation in Echtzeit bei gleichzeitig unreduzierter Komplexität.

So verändert der Transaktionskostenstaubsauger Query die Gesellschaft selbst. Das geht weit über Diktaturen hinaus und findet sich ebenso in Demokratien wie Spanien, Griechenland, Israel, der Türkei und den USA. Überall bedienen sich die Menschen der neuen Techniken, um ihre Unzufriedenheit auf die Straße zu tragen. Durch das Internet haben viele zum ersten Mal erlebt, wie es sich anfühlt, etwas öffentlich zu sagen und gehört und verstanden zu werden. Sie erkennen einen Mehrwert darin, den eigenen Zorn zu teilen, Solidarität zu erfahren, sich auszutauschen und sich zu organisieren. Der Kontrollüberschuss kommt beim Individuum an und verändert seine Stellung im Gefüge der Gesellschaft. »Wir sind nicht gegen das System, das System ist gegen uns!« lautete einer der populärsten Sprechchöre in Spanien 2011. Wenn die Legitimation einer jeden Ordnung auf der Legitimation des Verfahrens beruht, das sie herstellt (wie Luhmann es formuliert), so lässt sich feststellen, dass es sich bei den Protesten um ein globales Misstrauensvotum gegen den Kontrollanspruch der Institutionen handelt.

Die Erfahrung der Selbstermächtigung lässt das Regiertwerden – auch das demokratische Regiertwerden – als entmündigenden, entfremdenden Akt erscheinen. Ausgestattet mit dem Kontrollüberschuss der stetig mächtiger werdenden Query tritt das Individuum mehr und mehr in Konkurrenz zum Kontrollapparat der Institution. Das Machtvakuum, das eine erfolgreiche Revolution hinterlässt, vermag die Query allerdings nicht zu füllen; sie hat »nur« die Revolution selbst revolutioniert. Und dabei hat sie die gegebene, festgefügte Ordnung infrage gestellt. Die Query hat die Ordnung infrage gestellt, indem sie alle Ordnung *in* die Frage stellt.

Auf dem Weg in die post-demokratische Netzutopie
Der britische Politikwissenschaftler Colin Crouch hat in den 1990ern den Begriff der »Post-Demokratie« in die politische Theorie eingeführt. Er beschreibt damit die Krise des demokratischen Systems und seiner Institutionen, die vor allem dadurch ausgelöst wird, wie diese von Interessengruppen umgangen werden. Vornehmlich bezieht er sich auf den professionellen Lobbyismus, dem es immer öfter gelingt, die politischen Interessen bestimmter Gruppen an den repräsentativen Institutionen vorbei durchzusetzen. Allerdings räumt er ein, dass sich das zivilgesellschaftliche Engagement ebenfalls in solche Parallelstrukturen ausgelagert hat.

NGOs wie Greenpeace, Bürgerrechtsbewegungen oder Protestgruppen zu bestimmten Themen betreiben ihre Politik ebenfalls zunehmend an den dafür vorgesehenen institutionalisierten Strukturen der Demokratie vorbei. Diese Krise der demokratischen Institutionen ist also ausgelöst worden durch andere Institutionen: Lobbyorganisationen, der Institutionen der Privatwirtschaft und NGOs, die – hierarchisch organisiert, fest abgegrenzt, zentral kontrolliert – strukturell nicht anders funktionieren als Parlamente und Regierungen.

NGOs sind schon lange nicht mehr die einzigen post-demokratischen Vertreter der Zivilgesellschaft. Im Jahr 2008 konnte ein loser, eigentlich nur durch eine Mailingliste zusammengehaltener Verbund von Menschen, der sich »Arbeitskreis gegen Vorratsdatenspeicherung« (abgekürzt AK-Vorrat) nennt, 34.443 Menschen über das Netz bewegen, als Nebenklägerinnen an einer Verfassungsklage teilzunehmen. Die Vorratsdatenspeicherung wurde erfolgreich gestoppt. Ein Jahr später gelang es einem losen Bündnis aus Netzaktivisten, das Zugangserschwerungsgesetz unschädlich zu machen. Sie nutzten dafür ein Werkzeug, das vom Bundestag selbst bereitgestellt wird, bis dahin aber wenig Beachtung gefunden hatte: die Online-Petition. Die für damalige Verhältnisse überwältigende Zahl von über 134.000 Unterzeichnerinnen hinterließ bei den Politikern einen enormen Eindruck, der sie schließlich einknicken ließ. 2011 brachte eine anonyme Gruppe aus dem Internet den damaligen Verteidigungsminister Karl-Theodor zu Guttenberg zu Fall. Nachdem der Verdacht aufkam, es könnte sich bei seiner Doktorarbeit um ein Plagiat handeln, gründeten anonyme Rechercheurinnen die Wiki-Plattform *Guttenplag*, die die betreffende Dissertation in kollaborativer Detailarbeit nach Plagiatsstellen durchforstete. Sie konnten nachweisen, dass die Arbeit zu 65 Prozent aus Plagiaten bestand.

Die Reihe der Beispiele dafür, wie einander unbekannte Menschen sich durch das Netz verbünden, als ernst zu nehmende politische Kraft auftreten und ihren Willen durchsetzen, ließe sich beliebig erweitern. Diese Entwicklung schreitet rasant voran, und die traditionellen NGOs selbst haben Probleme, mit ihr Schritt zu halten. Zwar haben auch sie die Kraft des Netzes für ihre Kampagnen erkannt und nutzen vor allem Facebook und Twitter sehr erfolgreich, doch notwendig sind sie nicht mehr.

Das Netz macht vor allem den Lobbyorganisationen das Leben schwer. Schon seit vielen Jahren gibt es Watchblogs wie *Lobbycontrol*, die versuchten, die Aktivitäten des Lobbyistengewerbes transparenter zu machen. Auch Initiativen wie *Lobbyplag* – namentlich angelehnt an die Plattform, die zu Guttenberg zu Fall brachte – bringen neue Transparenz in das institutionelle Dickicht. Bei *Lobbyplag* können Lobbydokumente wie Gesetzesvorlagen, Änderungsanträge oder Formulierungsvorschläge hochgeladen werden, wie sie Parlamentarier vor allem in Brüssel jeden Tag zuhauf bekommen. Parallel dazu werden Gesetzesanträge und Änderungen zu Gesetzesanträgen der Parlamentarierinnen eingepflegt. Über den Abgleich der Daten miteinander lässt sich zeigen, wie häufig die Lobbywünsche der Industrie eins zu eins in den parlamentarischen Prozess durchgereicht werden. *Lobbyplag* führt zusätzlich Ranglisten, welche Parlamentarier sich als besonders lobbyistenfreundlich hervortun. Selten wurden parlamentarische Prozesse so transparent gemacht. Die Post-Demokratie wird zunehmend aufgemischt von einer post-institutionellen Neuordnung der Verhältnisse durch die Query. Institutionen verlieren an Macht, da sie besser kontrolliert werden können, Konkurrenz bekommen und an Vertrauen verlieren. Wir dagegen gewinnen an Macht. Wenn wir einander über die Query suchen und finden, brauchen wir keine externen Instanzen mehr, die Komplexität reduzieren und Transaktionskosten gering halten.

Diese Emanzipation hat aber ihren Preis. Die Query erweitert nicht nur meine Möglichkeiten, sondern vor allem die der anderen. Wenn wir die Query und ihr Potenzial erfassen wollen, müssen wir unsere Sicht umkehren: Wir dürfen nicht vom Suchen her denken, sondern vom Gefundenwerden. Nur wenn ich Daten von mir preisgebe – wenn ich sage, wer ich bin, was ich will, was ich habe, was ich liebe, für was ich kämpfe, welche sexuellen Präferenzen ich habe, wie ich über alles Mögliche denke –, werden die anderen mich finden.

Machen wir ein Gedankenexperiment. Denken wir uns in eine solche Gesellschaft jenseits der institutionellen Organisation hinein und nehmen wir aus dieser Perspektive ein Geschichtsbuch in die Hand, um von dort auf unser heutiges Jetzt zu blicken. Es ergibt sich folgendes Bild: Für alle möglichen Belange des Lebens müssen wir zu komischen Behörden, Unternehmen oder Agenturen und dort um Klärung betteln. Wir vergeuden unsere Zeit in Shoppingmalls oder Supermärkten, nur um die Grundbedürfnisse zu befriedigen. Jede wirtschaftliche Transaktion ist mit kognitiven Mehrleistungen verbunden: Das Angebot jeder Konsumsparte ist bereits viel zu umfangreich, um informierte Entscheidungen zu treffen. Wenn es um die politische Gestaltung geht, muss man sich mit Leuten mit einem völlig verschrobenen Weltbild einigen, deren Ängste jeden Kompromiss verwässern und gute Ideen verhindern. Obwohl man sie hasst, muss man in von ihnen entworfenen Systemen leben, nur weil sie die Mehrheit sind.

Stellen wir uns dagegen eine Welt der Query vor. Eine Welt ohne Hierarchien, ohne Institutionen, ohne zentrale Verschaltungseinheiten, die mit unterkomplexen Prozessen unser Leben reglementieren. Was bleibt ist ein freier, sich selbst durch digitale Technologien organisierender Datenfluss zwischen komplementären Interessenten, die sich wie von Zauberhand selbst finden und austauschen. Von Individuum zu Individuum gesteuerte künstliche Intelligenzen, die uns die Wünsche aus den Daten ablesen. Der Ende-zu-Ende-Traum einer post-hierarchischen Welt des organisatorischen Überflusses.

So weit die naive Utopie. Im nächsten Kapitel werden wir feststellen, dass die institutionelle Ordnung nicht aufgelöst wurde, sondern sich auf einer anderen, höheren Ebene ganz neu manifestiert hat.

---

1 Saul Hansell, »Zuckerberg's Law of Information Sharing«, *http://bits.blogs. nytimes.com/2008/11/06/zuckerbergs-law-of-information-sharing/?_php=true&_ type=blogs&_r=0* (6.11.2008)
2 CISCO, *http://newsroom.cisco.com/feature-content?type=webcontent&articleId= 1208342* (29.7.2013)
3 General Public License, *www.gnu.org/copyleft/gpl.html*
4 Creative Commons, *www.creativecommons.org*
5 Marcel Weiss, »FAZ und Süddeutsche sind die Verlage, die gegen Commentarist vorgehen«, *www.neunetz.com/2011/02/15/faz-und-sueddeutsche-sind-die-verlage-die-gegen-commentarist-vorgehen/* (15.2.2011).
6 Seit 2003 wächst der Markt für digital und datenträgerfrei herunterladbare Musik kontinuierlich und hat 2006 den Markt der CDs eingeholt. Es wurden 660 Millionen Einzeltracks heruntergeladen – aber nur 155,5 Millionen Alben, *www.people.hbs.edu/aelberse/papers/Elberse_2010.pdf*

Kapitel 4 | Aufstieg der Plattformen

Der Kontrollverlust bedroht die herrschenden Ordnungen. Es wäre jedoch naiv zu glauben, dass er nicht auch eine neue Ordnung befördert. Die Utopie eines reinen Ende-zu-Ende-Regimes denkt die materiellen Grundlagen ihrer Möglichkeit nicht mit. Bestehende Hierarchien lösen sich auf und werden durch heterarchische – gleichberechtigte, horizontale und kurzlebige – Netzwerkstrukturen ersetzt. Gleichzeitig beobachten wir jedoch eine neue Konzentration und Zentralisierung von Macht, an der die Query ebenfalls mitwirkt: den Aufstieg der Plattformen.

Was ist eine Plattform?

Plattformen finden sich in vielen Gestalten. Abgesehen vom unaufhaltsamen Aufstieg der Social Networks – zunächst Friendster und Myspace, schließlich das weltweit erfolgreiche Facebook – sind bekannte Beispiele für Plattformen Twitter, Instagram, AirBnB, MyTaxi und Car2Go. Doch die Plattform gab es lange vor diesen Diensten: Das Internet selbst ist eine Plattform, genauso wie das sich darauf abspielende World Wide Web. Jedes Betriebssystem bildet eine Plattform. Der Begriff lässt sich aber durchaus ins Nichtdigitale erweitern: Sendefrequenzen sowie die Gesamtheit aller Zeitungskioske oder aller Telefonprovider können als Plattformen bezeichnet werden. Und wenn wir schon dabei sind – warum dann nicht auch der öffentliche Nahverkehr, den Markt oder gleich die öffentliche Ordnung?
Wie sich zeigen wird, werden außerdem Dinge, die bislang keine Plattform waren, zur Plattform. Plattformen entstehen dort, wo vorher Institutionen ihren Ordnungsanspruch erhoben. Die Plattform ist das dominierende Ordnungsprinzip der Zukunft und der neue Ort konzentrierter Macht.

Plattform als Institution

Die Institution ist nicht tot – sie hat sich nur verwandelt. Mitfahr-Apps ersetzen die Taxizentralen, indem sie das Problem der Koordination von Personen und Transportmittel über eine Plattform lösen.

Twitter-Hashtags ersetzen Sondersendungen zu Ereignissen, indem sie Information und Menschen mithilfe einer Plattform zusammenbringen. Facebook ersetzt den Verein, den Club, den Stammtisch, die Brieffreundschaft etc., indem es ermöglicht, soziale Beziehungen über eine Online-Plattform zu pflegen. Website und App der Bahn ersetzen den Ticketschalter, indem sie Bahnticket und Passagier mithilfe einer Plattform verknüpfen.

Der Unterschied zwischen der klassischen Institution, wie wir sie im letzten Kapitel besprochen haben, und der Plattform ist der Sitz der Kontrolle. Während die klassischen Institutionen versuchen, das jeweilige »Problem« direkt und in Vertretung für ihre Klienten zu lösen, stellt die Plattform ihren Teilnehmerinnen die dafür nötige Infrastruktur zur Verfügung. Es verhält sich ein bisschen wie mit verschiedenen Fortbewegungsmitteln.

Die Problemlösung mittels der klassischen Institution ist wie Zugfahren: Der Zug fährt eine festgelegte Strecke auf Schienen. Die kann ich in Erfahrung bringen, aber nicht abändern. Der Zug fährt nicht genau dann, wenn ich ihn brauche, sondern zu bestimmten Zeiten, nach denen ich mich richten muss. Wenn mein Ziel nicht zufällig ein anderer Bahnhof ist, bringt er mich auch nicht genau dorthin, wo ich hinwill. Ich kann damit ein gutes Stück in die richtige Richtung fahren; ab einem bestimmten Punkt muss ich mich um neue Transportmittel kümmern. Problemlösung via Plattform funktioniert dagegen eher wie Autofahren. Ich setze mich einfach rein, wann und wo ich will, und fahre direkt zu meinem Ziel – sofern sich dieses am Straßennetz befindet. Der Zug wird zentral gesteuert, das Auto dezentral.

Nun protestiert der eine oder die andere: »Huch? Facebook oder Twitter sind doch nicht dezentral.« Das stimmt. Diese Plattformen sind zentral organisiert. Es gibt zentrale Rechenzentren, auf denen die Server laufen, die unsere Profildaten beherbergen. Doch auf der Plattform agieren die Nutzer autonom, das heißt: Die Ereignisse auf der Plattform organisieren sich nichtsdestotrotz dezentral. Facebook mag ein zentralistischer Großkonzern sein: Alles kommt aus einer Hand, alles ist unter einer Domain erreichbar, 1,5 Milliarden Menschen unter der Kontrolle von Mark Zuckerberg. Doch die Teilnehmer sind Ende-zu-Ende über lose, dezentrale Freundschaftsnetzwerke miteinander verknüpft. Anders als zum Beispiel in einem Forum oder einem Chatraum kommunizieren sie direkt miteinander und nicht in einen Raum hinein. Es gibt auf Facebook keine einheitliche Struktur, die alle zwangsläufig miteinander vereint. Facebook als ein riesiger Chatraum käme der Hölle ziemlich nah. Die dezentrale Netzwerkstruktur sorgt jedoch dafür, dass Facebook-Nutzer mit der Existenz der meisten anderen Facebook-Nutzerinnen nie behelligt werden. Plattformen sind im Grunde Institutionen, die ohne zentrale Kontrolle auskommen. Mit der klassischen Institution hat die Plattform die Aufgabe gemein, der Attraktor zu sein, der Menschen, Interessen und Wissen zum gegenseitigen Austausch versammelt. Darum teilen Plattform und klassische Institution auch einige Eigenschaften: Konsistenz, Verlässlichkeit und den Hang zu Standardisierungen.

Die Konsistenz spielt für die Plattform wie für die klassische Institution eine zentrale Rolle. Jede Plattform muss für ihre Nutzung Schnittstellen zur Verfügung stellen: Oberflächen, Formulare, Programmierschnittstellen. Würden sich diese Schnittstellen in ihrer Art und Benutzung täglich ändern, würde die Attraktivität für Nutzer und Entwicklerinnen sinken. Das regelhafte Verhalten der klassischen Institution stellt Inseln der Berechenbarkeit im Meer der Kontingenz her. Eingeschränkt gilt das auch für die Plattform. Sie ist darauf angewiesen, dass die Nutzer Vertrauen in ihre Konsistenz gewinnen. Eine Plattform kann sich nur dann etablieren, wenn die Teilnehmerinnen sich nicht ständig Sorgen darum machen müssen, ob sie verfügbar ist oder nicht.

Eine klassische Institution muss, um ein Problem zu bearbeiten, zunächst seine Komplexität auf wenige Standardfälle herunterbrechen. Uns begegnet diese Standardisierung zum Beispiel in Form von Formularen, die wir ausfüllen sollen. Auch die Plattform arbeitet mit und durch Standards. Das Internet zum Beispiel funktioniert nur, weil man sich auf bestimmte Protokollstandards geeinigt hat. Auch für die Nutzung vieler Dienste müssen wir deshalb standardisierte Formulare ausfüllen. Doch die Plattform bietet ein viel differenzierteres Instrumentarium an als die Institution, die einfach immer nach Schema F funktioniert. Die Ergebnisse der Institution waren so lange gut genug, wie es nichts Besseres gab.

Netzwerk

Bereits 1996 hatte Manuel Castells in seinem Buch *The Information Age: Economy, Society, and Culture* darauf aufmerksam gemacht, dass das Netzwerk das Strukturparadigma des Informationszeitalters sei und prägte den Begriff der »Netzwerkgesellschaft«. Netzwerke sind für ihn kein neues Phänomen, sondern schon immer vorhanden. Mit dem Aufkommen der elektronischen Kommunikationsmedien haben sich die Voraussetzungen der Vernetzung aber so stark verändert, dass sie die hierarchischen Strukturen abzulösen beginnen. Das Prinzip Netzwerk ist allgegenwärtig, diese Beobachtung ist banal. Jede Beziehung lässt sich als Netzwerkstruktur darstellen und analysieren.

Vieles, was Castells für das Netzwerk beobachtet, gilt ebenso für die Plattform – bezogen auf die Form der Macht, wie sie von Plattformen ausgeübt wird. Nach Castells geschieht das unter anderem durch Inklusion und Exklusion. Zugang zu einem Netzwerk zu haben, ist eine positive Freiheit (Freiheit zu etwas), in Abgrenzung zur negativen Freiheit (Freiheit von etwas – zum Beispiel von Zwang). Der Zugang beinhaltet aber von Anfang an, dass jemand die Macht hat, diesen Zugang wieder versperren zu können. Diese implizite Macht ist leicht zu unterschätzen, da der Zugang zu Ressourcen schnell selbstverständlich scheint; wer einmal unfreiwillig ein paar Tage lang auf Internet verzichten musste, hat sie am eigenen Leib gespürt. Die Plattform ist die Struktur des Netzwerkes, seine Infrastruktur und gleichzeitig das, was sie hervorbringt.

1. *Die Plattform als Infrastruktur des Netzwerks:* Auch wenn die vernetzende Technologie heute quasi körperlos erscheint, hat das Netzwerk materielle Grundlagen. Für das Internet müssen Rechenpower, Datenleitungen, Rechenzentren bereitgestellt werden. Diese materiellen Grundlagen bilden die Plattform für das Netzwerk Internet, das selbst nur eine Sammlung von Softwareprotokollen ist, die wiederum Grundlage für weitere Netzwerke sind.

2. *Das Netzwerk als Infrastruktur der Plattform:* Sind ein oder mehrere Netzwerke vorhanden, bilden sich mit der Zeit unweigerlich neue Netzwerke, die sich dann gegen andere durchsetzen. Was wir heute so selbstverständlich Internet nennen, als hätte es nie etwas anderes gegeben, hat sich beispielsweise gegen andere bestehende Netzwerk-Systeme durchgesetzt (in Deutschland gegen BTX und Mailboxen, in Frankreich gegen Minitel). Und innerhalb des Internets (das neben dem World Wide Web, das wir mit unseren Browsern durchstöbern, auch aus E-Mail, FTP, Usenet, Internet-Telefonie etc. besteht) ergeben sich Konzentrationserscheinungen.

Das Internet ist dezentral aufgebaut. Viele Menschen haben allerdings eine falsche Vorstellung davon, was Dezentralität bedeutet. Sie stellen sich vor, dass die Knoten gleichmäßig miteinander vernetzt sind. Was sie sich vorstellen, heißt »Mesh-Netzwerk«. Netze entwickeln sich aber natürlicherweise »skalenfrei«. Skalenfrei ist ein Netz, wenn die Anzahl der Verbindungen nach einem Potenzgesetz so verteilt ist, dass wenige Knoten sehr viele Verbindungen, die meisten der Knoten aber nur eine geringe Anzahl an Verbindungen aufweisen. Das heißt, es bilden sich wenige, gut vernetzte Zentren heraus, auch »Hubs« genannt.

Dass sich Netze natürlicherweise skalenfrei organisieren, hat einen ökonomischen Grund: Wenn eine Nachricht von Knoten A zu Knoten B das Netzwerk durchqueren muss, will sie möglichst wenige Verbindungspunkte (Hops) durchlaufen. Das geht besser, wenn es zentrale Mittler (Hubs) gibt, die mit vielen Knoten verbunden sind. Wäre die Anzahl der Verbindungen zwischen den Knoten gleich verteilt, würde die Nachricht viel mehr Hops für ihre Distribution benötigen. (Wie paketvermittelte Netzwerktechnik genau funktioniert, haben wir in Kapitel 2 schon besprochen.)

Durch diese Konzentration auf (verhältnismäßig) wenige Hubs entstehen die eigentlichen Strukturen in Netzwerken, und ihnen sollte unsere Aufmerksamkeit gehören: Es gibt *eine* dominierende Suchmaschine, wir sind fast alle auf dem *einen* dominierenden Social

Network unterwegs, und wir bestellen fast alle bei dem größten Online-Versandhaus. Plattformen sind Ergebnisse dieser Verklumpungseffekte.

Netzwerke basieren auf Plattformen, und Plattformen bilden sich in Netzwerken. Dieses paradoxe, rekursive Verhältnis lässt sich nicht auflösen, nur beschreiben. Plattformen sind der Plattform ihre Infrastruktur.

Infrastruktur

»Public Callings«[1] werden Unternehmen in Branchen genannt, die einerseits für das Funktionieren eines Gemeinwesens von außerordentlicher Bedeutung sind und andererseits bestimmte homogene Eigenschaften aufweisen. Die Branchen sind: Telekommunikation, Bankwesen, Energie und Transport. All diese Branchen stellen Infrastrukturen bereit, die entweder reine Kommunikation (auch Geld ist ein Kommunikationsmittel) oder sonstigen Austausch (zum Beispiel von Gütern oder Energie) ermöglichen. Plattformen sind Infrastrukturen, auf denen kommunikativer und somit gesellschaftlicher Austausch basiert. Aus der Infrastruktureigenschaft der Plattform ergeben sich einige ökonomische Effekte, die auch bei Schienennetzen, Telefonleitungen oder Mobilfunknetzen zu beobachten sind: Skaleneffekte und die Neigung zu »natürlichen Monopolen«.

Skaleneffekte ergeben sich aus der Tatsache, dass der Preis pro produziertem Gut sinkt, wenn man mehr davon herstellt. Die anfangs getätigten Investitionen für Maschinen, Gebäude, Forschung und Entwicklung etc. verteilen sich auf mehr Produkte, und mit steigender Stückzahl steigt die Lernkurve – Arbeitsschritte werden mit Übung schneller, Fehler werden registriert und vermieden; zudem gibt es gibt immer wieder Gelegenheiten zur Rationalisierung und Optimierung von Abläufen. (Google beispielsweise betreibt seine Rechenzentren drei bis vier mal energieeffizienter als herkömmliche Rechenzentren. Datenhaltung hat bei Google einfach einen derart hohen Stellenwert, dass das Unternehmen viel Aufwand in Forschung und Entwicklung von solchen Problemen stecken kann.) Skaleneffekte werden auch als »Positives Feedback« bezeichnet. Das funktioniert

wie beim Mikrofon, wenn es einen kaum wahrnehmbaren Ton auf-
nimmt, dieser über eine Anlage verstärkt wird und von dort sofort
wieder ins Mikrofon gelangt usw. Das geht ein paar Runden unbemerkt, bis ein schriller, sich ständig erhöhender Ton aus der Anlage
fiept. Genau so, sich selbst immer weiter verstärkend, wirkt der Skaleneffekt. Je größer die Stückzahlen, die ein Unternehmen produziert,
desto günstiger die Ware. Je günstiger die Ware, desto mehr Stückzahlen werden gekauft. Und so weiter.
Skaleneffekte sind einer der Gründe für »natürliche Monopole«.
Wenn die Struktur einer Marktsituation dergestalt ist, dass die Investitionskosten für eine Infrastruktur extrem höher sind als die Kosten
für ihren Betrieb, begünstigt das die Entstehung von Monopolen. In
der Wirtschaftswissenschaft spricht man dann von einem natürlichen
Monopol. Eine Glasfaserleitung zu verlegen kostet sehr viel Geld.
Liegt sie aber erstmal, sind die Betriebskosten fast vernachlässigbar.
Der Preis, zu dem die Nutzung der Glasfaserleitung angeboten werden kann, berechnet sich also aus den Investitionen für die Infrastruktur, geteilt durch die Anzahl der Kunden. Wenn nun ein zweites
Unternehmen ebenfalls Glasfaserleitungen anbietet und wiederum
enorm viel Geld in Infrastruktur investiert, gibt es zwei Anbieterinnen,
die sich aber die Kunden teilen müssen. Da insgesamt doppelt so
viele Mittel aufgewendet wurden, während die Anzahl der Kundinnen gleich geblieben ist, steigt der Preis unnötig. In dieser Situation
ist ein Monopol das gesellschaftlich Sinnvollste.
Skaleneffekte und der Hang zu natürlichen Monopolen sind zwei
der Gründe für die Konzentrationserscheinungen, die Plattformen
hervorbringen. Aber es sind nicht die einzigen und nicht einmal die
wichtigsten.

Netzwerkeffekt

Der wichtigste Grund für die Entstehung und das Wachstum von
Plattformen sind die sogenannten Netzwerkeffekte. Die lassen sich
bereits an einem Vorläufer und noch lebenden Verwandten der
Plattformen studieren: dem Markt. Wie auf der Plattform begegnen
sich auf einem Markt Individuen oder andere Entitäten, um sich aus-

zutauschen. Der wesentliche Unterschied zum Markt ist aber, dass die Plattform nicht (nur) dem Güteraustausch dient, sondern alle möglichen Formen von Kommunikation miteinander verknüpft.

Auch die Marktteilnehmer brauchten immer schon eine Infrastruktur für ihren Handel. Der Marktplatz im Dorf, die rechtsdurchsetzende Instanz des Staates, die Ehre des Kaufmanns, das Geld etc. bilden die Grundlagen, auf denen Handel erst stattfinden kann. Eine weitere, sehr wesentliche Grundlage des Marktes sind die Marktteilnehmerinnen. Ein Obstverkäufer sucht Obstinteressentinnen, jemand, der Fisch einkaufen will, hätte gerne eine Auswahl an Fischständen. Darum wurde schon in frühen Städten ein zentral gelegener Markt zum sozialen Mittelpunkt. Im Laufe der Jahrhunderte bildeten sich regionenübergreifende Handelszentren aus, meist nach Warenart differenziert. Je weiter Transport und Kommunikation voranschritten und je mehr Hindernisse – wie Grenzen und Zölle – abgebaut wurden, desto weitreichender konnte die Konzentration und Differenzierung von Handelszentren geschehen.

Bei der Plattform *ist* das transportierte Gut die Kommunikation, und sie kann heute weitgehend unbeeindruckt von geografischen Gegebenheiten frei fließen. Anders als die frühen Märkte differenzieren sich Plattformen deswegen nicht geografisch, sondern funktional und thematisch.

Wenn der Nutzen eines Netzwerkes für die Teilnehmer umso größer ist, je mehr daran teilnehmen, wirkt der Netzwerkeffekt. Wie auf dem Markt, wo sich mit jeder zusätzlichen Marktteilnehmerin die Chance erhöht, einen komplementären Handelspartner zu finden, gilt auch hier: Die Chance, jemanden zu finden, der dieselben Dinge mag, dieselben Interessen und Vorlieben hat, oder bereit ist, sich mit mir zu politischen Themen zu vernetzen, erhöht sich in dem Maß, in dem das Netzwerk wächst. Der Nutzen eines Netzwerkes gehorcht nach Robert Metcalfe der Formel: $n (n - 1) / 2$. Das heißt, er ist proportional zur Anzahl der Teilnehmerinnen im Quadrat.[2]

Wenn ich der einzige Mensch mit Faxgerät auf der Welt bin, ist der Nutzen dieses Faxgeräts gleich Null. Er erhöht sich dramatisch, wenn es einen zweiten Teilnehmer mit Faxgerät gibt. Bei fünf Teilnehmerinnen sind im Netzwerk 10 Zweierverbindungen möglich, bei zwölf bereits 66. Je mehr Faxgeräte es gibt, desto mehr Chancen habe ich, mein Faxgerät sinnvoll einzusetzen.

In ihrem Buch *Information Rules – A Strategic Guide to the Network Economy* sprechen die Autoren Carl Shapiro und Hal R. Varian im Falle der Netzwerkeffekte ebenfalls von einem positiven Feedback. Das ist zunächst eine recht banale Erkenntnis, kann aber auf der Makroebene zu extremen wirtschaftlichen Verwerfungen führen. Wenn die Netzwerkeffekte und die Skaleneffekte der Angebotsseite zusammentreffen, entsteht das, was Shapiro und Varian einen »Double Whammy« nennen – ein Doppelschlag. Dann entstehen Kräfte, die anders wirken, als wir es kennen. Der Double Whammy ist charakteristisch für Unternehmen in der Kommunikationstechnologiebranche – also für Plattformanbieter.

Ein gutes Beispiel dafür, wie Netzwerkeffekte auf der Makroebene wirken, findet sich in dem Buch *The Master Switch* von Tim Wu: Als AT&T in den 1920ern (noch als Tochterfirma von Bell Systems) die Überlandleitungen in den USA verlegte, brach ein Wirtschaftskrieg aus. Wie alle Provider versorgte AT&T zunächst nur die Ballungsgebiete, da sich dort mit relativ wenig Aufwand sehr viele Haushalte vernetzen ließen. An der Peripherie aber, wo es sich nicht wirklich rechnete, Kabel zu verlegen, entstanden – aus der Ungeduld, endlich auch zu telefonieren zu können – genossenschaftliche Bauerninitiativen, die zwischen den Höfen selbstständig Telefondrähte installierten. Aus den Genossenschaften wurden mit der Zeit kleine, regionale Telefonprovider – natürlich zum Missfallen der AT&T, die versuchte, diese aufzukaufen oder mit Tricks aus dem Geschäft zu drängen.

Die US-Regulierungsbehörde FCC verdonnerte die Streitparteien schließlich zur Kooperation – und etwas Besseres hätte AT&T nicht passieren können. In den Vertragsverhandlungen waren die kleinen, lokalen Provider dem Giganten komplett ausgeliefert. Nicht, weil AT&T geschickter verhandelt oder mehr Anwälte in Stellung gebracht hätte, sondern weil für kleine Anbieter der Nutzen, sich einem großen anzuschließen, einfach viel größer ist als umgekehrt. An das AT&T-Netz angeschlossen zu werden, war ein Angebot, das die Kleinen nicht ablehnen konnten. So verloren die kleinen Plattformen ihre Eigenständigkeit und wurden von der größeren absorbiert. Mit dem Netzwerkeffekt verhält es sich wie mit der Gravitation. 2006 wurde von einer eigens dafür einberufenen Kommission der Begriff »Planet« neu gefasst. Pluto, jahrzehntelang das kleine, abseitige Nesthäkchen in unserem Sonnensystem, wurde von heute auf morgen der Planetenstatus entzogen. Der entscheidende Satz dazu in der neuen Planetendefinition lautet: »[Ein Planet ist ein Objekt, das] das dominierende Objekt seiner Umlaufbahn ist, das heißt, diese über die Zeit durch sein Gravitationsfeld von weiteren Objekten ›geräumt‹ hat.«[3] Pluto wurde der Planetenstatus aberkannt, weil sich in seiner Umlaufbahn teilweise größere Gesteinsbrocken als er selbst finden. Pluto hatte im Gegensatz zu AT&T seine Umlaufbahn nicht geräumt, sein Gravitationsfeld wirkte nicht stark genug.

Facebook dagegen räumt die Umlaufbahn von anderen Social Networks frei, ebay von anderen Auktionsplattformen, Amazon von anderen Onlineversandhäusern. Der Netzwerkeffekt zeigt sich dabei als eine Art »soziale Gravitation«, darauf basierend, dass ein Netzwerk umso mehr Nutzen stiftet, je größer es ist. Das ist der Hauptgrund für die Konzentration und Monopolisierung im Internet. Für Plattformen gilt: *The winner takes it all!*

Netzwerkeffekte treten häufig in Form von zweiseitigen Märkten auf. Zweiseitige Märkte entstehen, wenn zwei komplementäre Interessensgruppen sich über eine Plattform austauschen, wie zum Beispiel Entwickler und Nutzer von Apps auf einem bestimmten Betriebssystem. Das Betriebssystem von Apples iPhone, iPad und iPod nennt sich iOS. Es beinhaltet einen sogenannten Appstore, in dem die Programme (Apps) von externen Entwicklern angeboten werden. Die Attraktivität der iOS-Plattform für die Nutzerinnen ergibt sich zu einem Gutteil aus den vielen angebotenen Apps. Die Beliebtheit der iOS-Plattform auf Nutzerseite eröffnet wiederum App-Entwicklerinnen einen attraktiven Markt. Beide Seiten des Marktes wirken als Positives Feedback aufeinander. Die Netzwerkeffekte sind die wichtigste Eigenschaft von Plattformen und verleihen ihnen ihre stetig wachsende Relevanz.

Iteration

Nicht nur Apps und Nutzerinnen generieren Positives Feedback, sondern um Plattformen herum entwickelt sich oft ein ganzer Zoo an zusätzlichen Drittangeboten: Zubehör, externe Clouddienste, Shops, Experten, Blogs zum Thema, ganze Fankulturen etc. All diese Erscheinungen wirken nutzenstiftend auf die jeweilige Plattform zurück. Es sind indirekte Netzwerkeffekte, die einerseits den Nutzen von Plattformen erhöhen, aber eben auch zum »Lock-in« führen, also es den Kundinnen schwer machen, eine Plattform zu wechseln. Oft wird von Plattformen deswegen als »Ökosystemen« gesprochen. So werden zum Beispiel die iOS-Plattform und die Android-Plattform (die zwei dominierenden Smartphone-Betriebssysteme) als »konkurrierende Ökosysteme« bezeichnet.

Es lohnt sich, die Ökosystem-Analogie weiter zu denken: Kevin Kelly war der erste, der 1999 in seinem Buch *Out of Control* auf die enge Verwandschaft unserer technischen Systeme mit Ökosystemen hingewiesen hat. Zunächst erläutert er dazu das Vorgehen der Wissenschaftler bei den Experimenten mit den künstlich hergestellten, in sich geschlossenen Ökosystemen Biosphere 1 und Biosphere 2, in denen getestet werden sollte, inwieweit und unter welchen Bedingungen hermetisch in sich abgeschlossene Ökosysteme lebensfähig sind: Nachdem sie eine stabile Bakterienkultur angelegt hatten, fügten sie nach und nach kleine Pflanzen und dann Insekten hinzu. Erst als sich dieses Verhältnis stabilisiert hatte, fingen sie an, größere Pflanzen und kleine Säugetiere und Reptilien auszusetzen. Erst ganz am Schluss durften Menschen versuchen, in den abgeschotteten Biosphären zu leben.

Ökosysteme sind vertikal aufgebaut. Kevin Kelly zeigt, wie dasselbe Prinzip bei einem insektenartigen Roboter greift, den der Künstler Ron Brooks baute: Zuerst versah Brooks die einzelnen »Beine« mit einer eigenen, sehr einfachen Intelligenz. Jedes Bein orientiert sich lediglich an dem jeweils davor liegenden Bein und an der Umgebung. Der zentrale Computer in dem Roboter dagegen weiß nicht, wie das Bein bewegt wird. Er sagt ihm einfach: Beweg dich in diese Richtung. Daraufhin fängt das Bein an, und die anderen folgen ihm. Beinsteuerung und Insektsteuerung sind zwei verschiedene, ineinandergreifende Plattformen. Dieses Prinzip, »Iteration« genannt, funktioniert nach einfachen Vorgaben:

1. Löse die einfachen Aufgaben zuerst.
2. Bring die Lösungen reibungslos zum Funktionieren.
3. Ziehe eine neue Schicht über das Resultat.
4. Ändere die untere Schicht nicht mehr ab.
5. Versuche auch die darüberliegende Schicht so reibungslos und einfach wie möglich zu gestalten.
6. Iteriere! (Springe zu 1.)

Das Internet funktioniert nach dem gleichen Prinzip. Die Schichten, aus denen es aufgebaut ist, heißen »Layer«. Die Basis ist der »Link-Layer«. Das sind Protokolle wie DSL, ISDN oder X.25; sie sorgen dafür, dass die Geräte überhaupt miteinander kommunizieren können. Der darüber liegende »Internet-Layer« muss nicht wissen, wie diese Standards im Detail funktionieren, als Grundlage für das Internet-Protokoll (IP) ist nur wichtig, dass sie es tun. Dieses geht nämlich davon aus, dass die Datenleitung schon da ist, und kümmert sich nur um die Zustellung von Datenpaketen. Egal, was man ihm hinwirft, IP sendet es weiter, bis es bei der Zieladresse angekommen ist. Dem »Transport-Layer« wiederum ist egal, wie die Datenpakete versendet werden. Das Transport Control Protocol (TCP) weiß nur, ob die Datenpakete ankommen oder nicht. Wenn sie nicht ankommen, sendet TCP sie eben so lange neu, bis sie ankommen. Darüber liegt wiederum der »Application-Layer«, die Anwendungsschicht. Das ist die Schicht, die für uns sichtbar ist und mit der wir über die Benutzeroberfläche interagieren, indem wir zum Beispiel E-Mail oder das Web nutzen. Dem Browser ist es egal, wie die darunterliegenden Daten adressiert, kontrolliert und verbunden werden. Er verlässt sich darauf, dass TCP/IP das schon irgendwie regelt, und kümmert sich nur darum, dass die Website vom Webserver heruntergeladen wird.

Das Modell aus Link-, Internet-, Transport- und Application-Layer ließe sich noch weiter ausdifferenzieren: Auf dem Layer des Webs laufen

Facebook und Twitter. Auf Twitter dienen Hashtags zum gegenseitigen Austausch. Plattform arbeitet auf Plattform arbeitet auf Plattform. Plattformen entwickeln sich vertikal fort – sie iterieren.

Emergenz

Ein Kennzeichen von Plattformen ist es, dass auf ihrer Grundlage durch die immer wieder vollzogenen Iterationen Neues entsteht. Der Schritt der Iteration führt oft zu»Emergenzphänomen«, worunter die spontane Hervorbringung von Strukturen infolge des Zusammenspiels darunterliegender Elemente verstanden wird. Die Emergenzphänomene bilden meist nicht sofort eine neue Plattform (oder ein Layer) aus, sondern sind einfach anschlussfähig für unvorhergesehene Verknüpfungen aller Art. Sie sind der notwendige Beginn jeder neuen Plattformschicht. Emergenzphänomene treten am wahrscheinlichsten dann auf, wenn eine Plattform eine gewisse Verbreitung erreicht hat. Es gibt viele Beispiele, wie Technologie durch ihre allgegenwärtige Verbreitung das Entstehen neuer Technologien oder Nutzungsweisen provoziert. An zwei Beispielen lässt sich das gut nachvollziehen:

WWW: Tim Berners-Lee erfand das World Wide Web zu genau dem Zeitpunkt, als das Internet gerade zur kommerziellen Nutzung freigegeben wurde; TCP/IP war vorher dem Militär und den Universitäten vorbehalten gewesen. Schließlich hatten sich die ersten ISPs gegründet, und die ersten Privathaushalte waren mit Internetzugängen ausgestattet worden. Berners-Lee wusste also, dass er sich auf einen Standard stützen konnte, der im Aufschwung begriffen war, und entwickelte den ersten Webserver darum auf der Grundlage von TCP/IP. Dass mit seiner Entwicklung gleichzeitig der Sprung der Plattform Internet (= Basistechnologie) in die Konsumentenhaushalte gelang, trug viel zum Erfolg der Plattform WWW (= neue Technologie) bei.

Podcast: Der Podcast wurde eigentlich schon 2000 erfunden. Die Technik, Audiodateien per Feed im Internet zu verteilen, ist nicht gerade Raketenwissenschaft. Aber erst als Apple seinen iPod herausbrachte, konnten sich MP3-Dateien ein größeres Publikum erschließen. Podcasts werden unterwegs konsumiert, und Apple lieferte die Hardware dazu. Die weite Verbreitung der relativ homogenen Abspielgeräte war der Durchbruch für das, was erst ab diesem Zeitpunkt ein »Medienformat« genannt werden konnte; daher auch der Name »Podcast« – eine Mischung aus iPod und *broadcast*. Es dauerte noch bis 2005, bis Apple selbst den Trend erkannte und eine eigene Podcast-Verwaltung in sein Musikprogramm iTunes integrierte. Seitdem hat sich hier eine vielfältige kulturelle Nische etabliert, nicht zuletzt durch die massenhafte Verbreitung von Smartphones, die ebenfalls auf Apples Betriebssystem iOS laufen. Ohne die Verbreitung der Basistechnologie iPod als Plattform wäre diese Entwicklung aber nicht denkbar gewesen.

Es gibt noch viele andere Geschichten, die die Bedeutung der ubiquitären Verbreitung von Basistechnologien illustrieren: wie sich DSL gegen Glasfaser durchsetzte, weil es auf der Kupferkabeltechnologie aufbaute, die als Telefonkabel schon überall verlegt war; wie die breite Marktdurchdringung von Facebook das neue Segment »Social Gaming« hervorbrachte, also Spiele, die im Zusammenspiel mit dem eigenen Freundesnetzwerk funktionieren; oder wie die iOS-Plattform (iPhone, iPad) durch den AppStore ganz neue Geschäftsmodelle in Sachen Softwareentwickung entstehen ließ – die sogenannten Apps. Nicht zu vergessen die vielen Hundert kleinen und großen Dienste, die auf der Programmierschnittstelle von Twitter oder Google Maps aufbauen.

Aber auch kulturelle Praktiken und sprachliche Idiome können Emergenzphänomene sein, wie die Abkürzungen oder Emojis bei SMS und die Hashtags auf Twitter zeigen. Oder einfach ein anderes soziales Verhalten. Bevor nicht fast jeder ein Handy hatte, wurden Verabredungen völlig anders getroffen. Sich für eine ungefähre Uhrzeit an einem nur ungefähr bestimmten Ort zu verabreden, war nicht denkbar ohne Kommunikationsgerät, das jeder ständig mit sich führt.

Disruption
Disruption bedeutet nach dem Ökonomen Clayton Christensen, dass ein bestimmter Entwicklungspfad von Produktarten beendet ist und durch ein neuartiges Konzept ersetzt wird. Mit dieser Beendigung

des Entwicklungspfads geht nicht selten der Abstieg der betreffenden Firmen einher und oft sogar der ganzer Branchen. Als Facebook im Februar 2014 für 19 Milliarden Dollar den Smartphone-Messenger WhatsApp kaufte, war das keine Investition im klassischen Sinn. Viele fragten sich, was an einer recht einfach gestrickten App einer winzigen Firma so viel wert sein konnte. Aber Facebook kaufte nicht WhatsApp, sondern sich seine Zukunft frei.

Mit WhatsApp ist nicht viel anderes möglich als chatten. Zum Chatten ist der Dienst aber außerordentlich beliebt. Besonders Kinder und Jugendliche tummeln sich auf WhatsApp, um sich mit ihren Freunden auszutauschen. In Deutschland sind laut *Bravo*-Trendstudie unter den Jugendlichen zwischen 12 und 19 Jahren 82 Prozent der Jungen und 92 Prozent der Mädchen auf Facebook aktiv, doch danach kommt schon WhatsApp mit 81 Prozent der Mädchen und 59 Prozent der Jungen.[4] In der Nutzungshäufigkeit ist WhatsApp sogar das beliebteste Netzwerk. Auch Facebook hat eine Chatfunktion. Die Jugendlichen geben jedoch an, dass ihnen Facebook zu kompliziert sei. Sie wollen ja nur mit ihren Freunden in Kontakt bleiben. Funktionen wie Posts, Events, Sites und Gruppen stören nur, wenn nichts gebraucht wird als ein Raum, um sich ungestört auszutauschen. Als WhatsApp mit seiner Popularität ausgerechnet in der wichtigsten Zielgruppe von Facebook enorme Netzwerkeffekte aufbaute, handelte Mark Zuckerberg. Er wollte mit Facebook nicht so enden wie der einstige Marktführer MySpace – den Facebook im September 2009 in Sachen Reichweite überholte und zu dem machte, was er heute ist: Ein Nischendienst, für den sich kaum jemand interessiert.

»Wenn ich meine Kunden gefragt hätte, was sie für ein Produkt haben wollen, hätten sie gesagt: schnellere Pferde«, soll Henry Ford gesagt haben, der Erfinder der Fließbandarbeit, der als erster das Automobil zu einem Massenprodukt machte. Völlig unabhängig davon, ob der Ausspruch tatsächlich von ihm stammt, illustriert er das sogenannte *Innovator's Dilemma* sehr gut. Einerseits richtet sich das gesamte Handeln und Denken einer Firma auf die bestmögliche Befriedigung der Wünsche ihrer Kundinnen. Andererseits kann genau darin eine Falle liegen – eben dann, wenn eine Innovation möglich ist, die so anders ist, dass sie gar nicht im eigenen Markt verortet wird und nicht auf den bestehenden Kundenkreis zugeschnitten scheint. Neue Erfindungen haben zu Anfang noch keinen Markt und keine Nachfrage, denn niemand weiß, was die Innovation kann und welche Zwecke sie erfüllt. Werden die Leute gefragt, was sie sich wünschen, orientieren sie sich an dem Bekannten. Sie wollen dasselbe, was sie bereits haben, in besser, schneller und billiger: Sie wollen Pferde, nur halt schneller. Innovationen, die das befriedigen, nennt Christensen *Sustainable Innovations*.

Schnellere Pferde wären so eine »nachhaltige Innovation« gewesen. Das Automobil ist dagegen eine »disruptive Innovation«, die die gesamte Branche der Kutschen praktisch ausgelöscht hat. Der traditionsreiche Brockhaus Verlag konnte sich nicht mehr lange halten, nachdem die Wikipedia gezeigt hatte, dass Nachschlagewissen kein Papier und vor allem keinen Preis braucht. Die digitale verdrängte letztendlich auch im Profibereich die analoge Fotografie. Dasselbe erlebten die Digitalkamera-Hersteller nur kurze Zeit später am eigenen Leib, als zumindest der Bedarf für spezielle Kamera-Hardware im Privatkonsumentenbereich praktisch trockengelegt wurde durch die 5-und-mehr-Megapixel-Kamera, die heute in jedes Smartphone integriert ist.

Plattformen agieren gegenüber anderen Plattformen häufig disruptiv, und das kann manchmal sehr schnell gehen, was wiederum mit dem Netzwerkeffekt zu tun hat: Positives Feedback bedeutet eben nicht nur, dass eine große Plattform stetig wächst, sondern mehr vom Gleichen: Wachstums- und auch Schrumpfungsprozesse werden beschleunigt. Sollte Facebook also eines Tages ein Abwärtstrend ereilen, wird sich dieser genauso beschleunigen, wie es auch beim Wachstum der Fall war. Plattformen öffnen und schließen sich. Plattformen entstehen auf Plattformen, und Plattformen werden von Plattformen verdrängt. Plattformen sind Ökosysteme in einem größeren Ökosystem, in dem ein ständiges Werden, Weiterentwickeln und Vergehen herrscht. *Trial and Error*, Iteration und Auslöschung. Wir müssen lernen, diese komplexe Biosphäre zu verstehen, die wir geschaffen haben, denn wir werden uns darin einrichten müssen.

Fassen wir zwischendurch zusammen:

Plattformen sind intern homogene, institutionelle Infrastrukturen zum gegenseitigen Austausch, die sowohl Netzwerkeffekte als auch Emergenzphänomene hervorbringen.

Die Netzwerkeffekte, die Plattformen ausbilden, führen zu einem Positiven Feedback und lassen sie immer weiter wachsen. Die ebenfalls darin entstehenden Emergenzphänomene können dazu führen, dass sie sich iterativ, vertikal weiterentwickeln und einer neuen Plattform als Plattform dienen. Plattformen vereinen viele Eigenschaften, die keineswegs neu sind. Neu sind vor allem ihr Bedeutungszuwachs und ihre Allgegenwärtigkeit. Und neu sind auch die enormen Netzwerkeffekte, die diese Plattformen akkumulieren. Es stellt sich die Frage, worin der Grund dafür liegt – und bei der Betrachtung dieser Frage zeigt sich, dass die drei Treiber des Kontrollverlusts eine Menge damit zu tun haben.

Alles wird zur Plattform

Plattformen sind das dominierende Organisationsparadigma des Kontrollverlusts und gleichzeitig die Schnittstelle, durch die der Kontrollverlust auf die physische Welt zurückwirkt. Der erste Treiber des Kontrollverlusts – die Verdatung der Welt durch die Allgegenwart von Sensoren und das Aufschreibesystem U – verwandelt alles, womit er in Berührung kommt, zur Plattform. In Kapitel 3 hatten wir gezeigt, dass die Weltverdatung vor allem einen zusätzlichen, immateriellen Layer aus Daten über die Welt zieht, für dessen Güter keine Rivalität gilt. Jedes digitale Gut kann von jeder genutzt werden, ohne dass jemand dadurch Nachteile erfährt.

In der physischen Welt sind die Gegenstände weiterhin rivalisierend. Um mit diesem Umstand umzugehen, wurde das Konzept Eigentum erfunden. Im Gegensatz zum Besitz, der eine direkte Beziehung anzeigt, ist das Eigentum virtuell.»Eigentum ist die rechtliche Herrschaft über eine Sache. Besitz ist die tatsächliche Herrschaft über die Sache«[5], schreiben Gunnar Heinsohn und Otto Steiger in *Eigentum,*

Zins und Geld. Jemand anders kann sich im Besitz meines Autos befinden. Wenn ich aber Eigentümer des Auto bin, kann ich zum Beispiel von der Polizei durchsetzen lassen, dass es wieder in meinen Besitz zurückgeht. Eigentum ist selbst ein virtueller Metadaten-Layer, den wir über die Welt gelegt haben und in dem wir die Eigentümer vermerken.

Zu diesem Layer fügt nun der erste Treiber des Kontrollverlusts eine weitere Datenschicht hinzu, und das wirkt wiederum auf den ersten Layer zurück: Die Verdatung der Welt hebt das Eigentum nicht auf, aber sie bietet eine neue Schnittstelle an, welche die Rivalität der Dinge verringert und dadurch die Modi ihrer Nutzung verändert.

Bereits zur Jahrtausendwende machte Jeremy Rifkin in seinem Buch *Access* Furore mit der These, das Eigentum sei im Verschwinden. Er behauptet nicht, dass es kein oder weniger Eigentum gebe. Doch lasse sich die Beobachtung machen, dass Eigentum im täglichen Leben eine immer geringere Rolle spielt. Über den Einsatz von Ressourcen entscheidet im Alltag vermehrt nicht mehr das Eigentum, sondern der Zugang.

In den Städten weicht etwa die Notwendigkeit, ein eigenes Auto zu besitzen, den vielen Car-Sharing-Diensten, die jederzeit zur Verfügung stehen, wann immer eine kleine Strecke zu überwinden ist. Auf der Smartphone-App wird das nächstgelegene Auto angezeigt, und mit einem Klick ist es gemietet und die Tür entriegelt. Dafür ist lediglich eine Registrierung bei den entsprechenden Plattformen nötig. Wer in einer fremden Stadt übernachten möchte, ist nicht mehr auf Hotels und Pensionen angewiesen, sondern hat durch AirBnB – auch kurzfristig – ein zusätzliches großes Angebot: Eine App zeigt die in der gewünschten Gegend liegenden freien Appartments an; die ganze Stadt verwandelt sich zum potenziellen Hotel, zugänglich über eine Plattform. Zum Arbeiten begeben sich heute viele Freiberufler in einen Coworking-Space. Dort gibt es einen Schreibtisch (jeden Tag einen anderen), Strom und Internet – also alles, was die freischaffende Kreative heute so braucht. Nur den Laptop muss sie selbst mitbringen. Bezahlt wird per Mitgliedschaft oder tage- oder stundenweise. Wer braucht noch ein festes Büro, wenn er eine Plattform nutzen kann?

Aus unserer Plattensammlung wurde erst eine CD-Sammlung, dann eine MP3-Sammlung, dann ein Streaming-Abo bei Spotify. Spotify bietet mir Zugang zu beinahe aller Musik, die ich hören will, ohne dass ich sie auf meiner Festplatte speichern muss. Wer speichert heute noch irgendwas? Wenn ich einen Film nochmal ansehen will, kann ich ihn mir ein zweites Mal streamen. Und wenn wir etwas speichern, speichern wir es nicht mehr auf der eigenen Festplatte, sondern in der Cloud. Dienste wie Dropbox oder Google Drive erlauben es mir, Dinge im Internet abzuspeichern und trotzdem von überall darauf zugreifen zu können. Speichern als Plattform. Die Verdatung der Welt verändert unsere Beziehung zu den Dingen, weil wir schneller, individueller und gezielter darauf zugreifen können. Es gab schon vorher die Möglichkeit, Wohnraum anzumieten, und auch ein Auto konnte vor dem Internet für Geld ausgeliehen werden. Aber außer Geld kostete es noch einiges an Aufwand für die Suche, vielleicht musste verhandelt und am Ende ein komplizierter Vertrag abgeschlossen werden. All das erhöhte die Transaktionskosten entscheidend.

Die Digitalisierung der Welt lagert diese Transaktionskosten in die Query aus. Ein Klick auf die App, und sie verbindet die Person mitsamt Positionsdaten, Kundendaten und gespeicherten Präferenzen mit dem nächstgelegenen Carsharing-Auto, der AirBnB-Wohnung, deren Spezifikationen und Preisen. Die unsichtbare Schicht aus Daten, die die Dinge und die Menschen umgibt, lässt sich schnell, unkompliziert und zu geringen Transaktionskosten arrangieren. Modelle des Tauschens und des Teilens werden direkt und günstig realisierbar, und parallel dazu verändern sich unsere Lebenssituationen, Beziehungen und Aufenthaltsorte so rasant, dass sich jede Bindung an Gegenstände für manche schon wie Ballast anfühlt.

Die »Shareconomy«, wie das Phänomen auch genannt wird, ist in Wirklichkeit die Plattformwerdung des Eigentums. Auch das Eigentum war schon immer ein virtueller Layer über den Dingen. Beim Grundbuch handelt es sich um nichts anderes als um Metadaten einer Kulturlandschaft. Das Eigentum verschwindet nicht – es wird iteriert. Der Eigentums-Layer bildet die Plattform für einen neuen funktionalen Layer. Das Konzept Eigentum wird überformt, indem es in dieser auf der Welt liegenden Datenschicht abstrahiert und seine Nutzung als Zugang neu organisiert wird. Wem das Auto, die Wohnung, der Schreibtisch etc. gehört, spielt bei der Nutzung keine Rolle mehr. Es geht nur noch um den Zugang zu der Plattform.

Kapitalismus vs. kollaboratives Gemeinwesen

Jedes gesharete Auto hat dennoch weiterhin einen Eigentümer, und dieser Eigentümer steigert seine Rendite durch die kurzfristigen Leihmodelle erheblich. Die Kurzfristigkeit reduziert einerseits die Kosten für die einzelne Benutzung, aber erhöht gleichzeitig die Kapitalrendite. Ein Carsharing-Auto kostet über 24 Stunden gesehen mehr als ein Mietwagen, ein Mietwagen über 12 Monate mehr als eigenes Auto. Eine AirBnB-Wohnung kostet über einen Monat gesehen deutlich mehr als eine normale Wohnung. Eigentum wird für die Eigentümerin wirtschaftlicher durch die erhöhte und kurzfristige Nutzbarkeit.

Jeremy Rifkin sieht dagegen ein neues wirtschaftliches Paradigma am Horizont erscheinen. In seinem Buch *The Zero Marginal Cost Society* beschwört er das Ende des Kapitalismus. Durch das *Internet of Things*, erneuerbare Energien, 3-D-Drucker und die Sharing Economy gingen die Grenzkosten zur Nutzung von Energie, Information, Transport und Gegenständen langfristig gegen Null. Unter diesen Umständen werde die kapitalistische Marktordnung früher oder später kollabieren und durch eine kollaborative Gemeinwesen-Ökonomie ersetzt. Monetäres Kapital werde von sozialem Kapital ersetzt werden, zentrale Strukturen von dezentralen etc.

Keine Frage, die von Rifkin aufgezählten Entwicklungen bringen Vorteile, Flexibilität und sparen Kosten. Vielleicht wird mit dem *Internet of Things* und dem Trend zu erneuerbaren Energien auch der Klimawandel eingedämmt. Doch so wünschenswert sich diese Utopie auch liest, lässt sich bezüglich des Kapitalismus derzeit eher das Gegenteil beobachten. Mit den Plattformen entstehen ungekannte Konzentrationserscheinungen, die die neuen Möglichkeiten des Internets bündeln und nicht selten quasi-monopolisieren. Die wichtigsten Akteure sind in allererster Linie kapitalistische Unternehmen enormer Größenordnung, und sie verdienen nicht schlecht an der angeblich »kollaborativen Gemeinwesenökonomie«. Das gilt auch für das von Rifkin als so zentral angesehene *Internet of Things*.

Internet der Dinge

Mit dem *Internet of Things* werden unsere Dinge auch auf andere Weise zur Plattform. Sie werden auf die eine oder andere Weise Daten austauschen, sich synchronisieren und mit den Menschen kommunizieren und interagieren. Bestimmte Geräte werden nur mit bestimmten anderen Geräten kommunizieren können, und die Netzwerkeffekte werden dafür sorgen, dass sich nur wenige Hersteller am Markt durchsetzen können. Wenn wir Glück haben, wird es offene Standards geben, über die Geräte unterschiedlicher Herkunft miteinander kompatibel sind. Aber diese Hoffnung ist eher gering. In dem frühen Stadium des *Internet of Things*, in dem wir uns befinden, bilden sich derzeit zwei parallele Paradigmen heraus: Google verfolgt einen cloud-zentrierten Ansatz. Sein Handy-Betriebssystem Android ist jetzt schon in vielen Dingen verbaut: Autos, Fernseher, Kühlschränke. Sie alle sollen über das Internet mit Googles zentralen Servern reden, wo die Daten zusammengeführt werden und die Geräte zentral einsehbar und steuerbar sind. Der Nutzer greift mit einer Smartphone-App darauf zu. Auch bei Apple wird das Smartphone die Schaltzentrale des *Internet of Things* sein. Im Gegensatz zu der Lösung, die Google auf seiner Entwicklerkonferenz I/O vorgestellt hat[6], sollen die Daten bei Apple aber nicht über zentrale Server zusammenkommen, sondern die Geräte sollen sich untereinander direkt austauschen. Das Thermostat spricht mit der Heizung, beide sprechen wiederum mit dem Smartphone, und vielleicht synchronisieren sie sich noch mit dem Homeserver.

Ob wir uns für Apples Lösung entscheiden (die durch den Verzicht auf einen zentralen Server etwas privatsphäreschonender ausfällt) oder für Googles Ansatz (der über die Auswertung des Gesamtnutzerverhaltens wahrscheinlich hilfreiche Tipps, aber auch lästige Werbung generieren kann): So oder so müssen wir davon ausgehen, dass wir uns wieder für eine der Plattformen entscheiden werden müssen. Denn die beiden Systeme werden miteinander höchstwahrscheinlich wenig kompatibel sein.

Die Entfesselung der Netzwerkeffekte

Der Hauptgrund für den plötzlichen Erfolg des Plattformmodells ist der zweite Treiber des Kontrollverlusts: Die Kopiermaschine Internet lässt Kommunikation fast kostenlos werden und hebt so die letzten Beschränkungen der Netzwerkeffekte auf. Schon lange vor dem Internet gab es Organisationen, auf die die Plattform-Definition zugetroffen hätte. Der Markt, die Sprache, Währungen, das Straßennetz, das Telefonnetz – das alles sind wichtige Plattformen. Doch sie sind mehr Infrastruktur als Akteure, mehr Hilfsmittel im Hintergrund als Strukturparadigma. Was hat sich jetzt geändert, dass Plattformen eine so zentrale neue Rolle zukommt?

Die Kommunikationskosten für die Vernetzung steigen in der physischen Welt ab einer bestimmten Netzwerkgröße schneller, als der Netzwerkeffekt zusätzlichen Nutzen generiert. Denn neben dem Positiven Feedback gibt es noch das Negative Feedback, das wie eine Gegenkraft wirkt. Wenn ich zum Beispiel viel Sport treibe, werde ich mit der Zeit immer besser (Positives Feedback). Ab einer bestimmten Anzahl von Trainingsstunden aber stellt sich auch Negatives Feedback ein, nämlich die Erschöpfung. In der physischen Welt wird das Positive Feedback der Netzwerkeffekte irgendwann vom Negativen Feedback eingeholt. Das liegt zum Beispiel an so banalen Dingen wie der räumlichen Entfernung. Der Nutzen einer Sprache wird zwar immer größer, je mehr Menschen sie sprechen, doch kann er sich nicht auswirken, wenn es allzu aufwendig ist, mit diesen Menschen in Kontakt zu treten. Dasselbe gilt für Märkte: Dass ich mit der ganzen Welt Handel treiben kann, bleibt Theorie, wenn ich dafür enorm viel Aufwand investieren muss – der lohnt sich nur in Ausnahmefällen.

Wir haben uns längst daran gewöhnt, doch im Grunde ist es eine Revolution: Die abgebauten Barrieren führen zu mehr und grenzenloser Kommunikation. Dem Internet ist es beinahe egal, wo sich jemand aufhält: Geografische Grenzen spielen kaum mehr eine Rolle. Auf einmal gibt es ein Medium, bei dem jede Nutzerin mit dem Nutzer fast ohne Kosten in Kontakt treten kann. Für Plattformen bedeutet das, dass sie bereits früh anfangen, sich international auszurichten. Zwar werden die meisten erfolgreichen Plattformen zuerst in ihren Heimatmärkten populär, doch neue Startups bereiten sich heute sofort auf den internationalen Markt vor. Die Kommunikationskosten sinken mit zunehmender Effizienz der Kommunikationstechnologien immer weiter. Das Negative Feedback wird dadurch geringer, und der Wirkungsradius der Netzwerkeffekte vergrößert sich; Märkte und Sprachen erschließen neues Potenzial.

Die Kopiermaschine Internet entfesselt die Netzwerkeffekte vollends. Facebook und Google kommen gerade erst an die Grenzen ihres Wachstums. Jeweils etwa die Hälfte aller Internetnutzerinnen der Welt tummeln sich auf Facebook und Google. Um weiter zu wachsen, bleibt den Plattformen nichts anderes übrig, als mehr Menschen zu Internetnutzerinnen zu machen. Facebook forscht darum an Satelliten und Drohnen, über die sich noch mehr Menschen an das Internet anschließen lassen würden; bei Google sollen für strukturschwache Gegenden Heliumballons als Internet-Access-Points dienen. Am Schluss wird das Wachstum der beiden nur noch von der Weltbevölkerung selbst begrenzt werden. Der Aufstieg der Plattform als dominante Organisationstruktur ist die logische Folge des Kollapses der Kommunikationskosten durch den zweiten Treiber des Kontrollverlusts.

Plattform und Query

Der dritte Treiber des Kontrollverlusts – die Verknüpfbarkeit der Daten durch die Query – hat ebenfalls wesentlichen Anteil am Aufstieg der Plattformen. Neben dem Negativen Feedback der Kommunikationskosten wirkt auf die Plattformen auch dasjenige der Komplexität von großen Gruppen. Unternehmen haben schon immer dieses Problem, weswegen sie trotz steigender Skaleneffekte irgendwann nicht mehr weiterwachsen können. Ab einer bestimmten Größe sind diese organisatorisch nicht mehr sinnvoll zu bewältigen. Das lässt sich tagtäglich auch im Kleinen beobachten: Die Produktivität von Teams oder von Meetings nimmt ab einer bestimmten Gruppengröße rapide ab. Das gilt auch für Plattformen. In den 1980er-Jahren, als vor dem Internet noch per Modem anwählbare Mailboxen das vorherrschende digitale Kommunikationsmedium waren, ließ sich dieser Effekt genauso beobachten wie in den Foren und Chatrooms der 1990er-Jahre. Sie alle waren nach dem Raumprinzip strukturiert. Alle Anwesenden »sprachen« mit allen anderen Anwesenden. Ab einer bestimmten Größe zerfielen die Gemeinschaften oder schotteten sich gegen neue Teilnehmer ab.

Da die Query, wie im vorigen Kapitel gezeigt, Komplexität »aufsaugt«, ist sie die entscheidende Zutat, die für den organisatorischen Mehrwert von Plattformen sorgt: Sie bringt das Negative Feedback der Überkomplexität, die aus einer immer weiter wachsenden, vielfältig verschränkten Gruppe entsteht, zum Verstummen. Mithilfe der Query kann die Kommunikation aus den Räumen befreit und dezentral organisiert werden. Anstatt dass alle in einen gemeinsamen Raum hineinkommunizieren, kann die Query individuelle Verknüpfungen abbilden. Statt eines Raumes und einer Gruppe in diesem Raum gibt es nur noch das Netzwerk. Statt aller Mitteilungen der Gruppe lese ich nur noch die Mitteilungen derjenigen, die sich im meinem eigenen Netzwerk befinden.

Plattformen wie Facebook oder Twitter bilden die Netzwerkstrukturen in sich selbst mithilfe der Query ab – jede Verknüpfung ist ein Datenbankeintrag, jede Freundschaft eine Query. Die Query dient als Newsstream bei Twitter, Facebook und RSS, sie ermöglicht die Suche nach Personen und Accounts oder Inhalten. Sie ermöglicht das Arbeiten mit Hashtags, und Konzepte wie Carsharing oder AirBnB sind ohne Query gar nicht denkbar. Querys schaffen es, Netzwerkeffekte noch besser auszuschöpfen, indem sie die Verknüpfung zwischen den Personen wahrscheinlicher machen (zum Beispiel durch eine ausgefeilte Suche oder spontane Organisation), bestehende Verknüpfungen noch nützlicher machen (zum Beispiel durch einen Newsfeed) und das Negative Feedback der Komplexität reduzieren.

Wissen als Plattform

Netzwerkeffekte können nicht nur zwischen Personen auftreten, sondern Datenmengen können durch entsprechende Querys ebenfalls

Netzwerkeffekte hervorrufen. Diese zielen aber nicht in erster Linie auf Menschen, um sie an der Teilnahme am Netzwerk zu bewegen, sondern machen es attraktiv, weitere Daten anzuschließen. Wir kennen das schon: Durch mächtige Query-Technologien wie die von Google wird es überhaupt attraktiv, im Web zu publizieren; ohne sie würden die Inhalte gar nicht gefunden. Dieser Effekt machte auch die Wikipedia groß. Natürlich lebt die Wikipedia von der Mitarbeit von Freiwilligen, also von der Vernetzung von Personen. Was aber im Vordergrund steht, ist die Vernetzung des Wissens und der Expertise dieser Personen. Je mehr Informationen in einem Wiki (so heißt die kollaborative Software, auf der auch die Wikipedia basiert) bereits versammelt sind, desto attraktiver ist es für Menschen, eigenes Wissen an das vorhandene Wissen anzuschließen. Sei es, dass sie einen Artikel korrigieren, eine Lücke schließen oder ein ganzes Set von Wissen andocken. Das liegt daran, dass Wissen selbst eine Netzwerkstruktur ist. Wissen ist verknüpfte Information. Je größer das Netzwerk aus Informationen, desto mehr Anschlussstellen für weiteres Wissen bringt es hervor.

In der Wissenschaft ist dieser Effekt schon sehr lange bekannt. Wissenschaftlerin A zum Beispiel hat einen riesigen Haufen Rohdaten über eine Supernova-Beobachtung vom Hubble-Teleskop. Wissenschaftler B, C und D haben dasselbe Phänomen beobachtet, allerdings von ihren Bodenstationen aus, weswegen ihnen jeweils weniger Daten zur Verfügung stehen. Allen Wissenschaftlerinnen nutzt es aber, die Daten zusammenzuführen und – eine entsprechende Querytechnologie vorausgesetzt – Verknüpfungen zwischen ihnen herzustellen. Die Query könnte durch die Zusammenführung der Daten Beobachtungslücken schließen, Anomalien verifizieren oder Kontraste erhöhen. Allerdings profitieren die Wissenschaftler B, C und D um ein Vielfaches mehr davon, die Daten mit A zusammenzuführen, als umgekehrt Wissenschaftlerin A. A hat bei Weitem die meisten und besten Daten und bietet damit die größten Netzwerkeffekte. A hat ihrerseits ein Interesse an den Daten von B, C und D – nur ein vergleichsweise geringeres. Die Query schafft, indem sie in ihren Anfragen Daten miteinander verknüpft, innerhalb der Datenmenge Netzwerke, steigert so den Nutzen der Daten und setzt Anreize, weitere Daten anzuschließen. Kurz: Wissen generiert Netzwerkeffekte.

Das zeigt sich auch bei der Inhalte-Industrie. Nach dem Napster-Schock hatte die Musikbranche große Probleme, mit legalen Angeboten auf die illegalen Filesharing-Angebote zu reagieren. Interessanterweise war das aber gar nicht in erster Linie eine Preisfrage (Nutzer sind durchaus bereit, Geld zu bezahlen), sondern das Problem lag darin, dass die Labels und Verlage zunächst jeweils eigene Angebote zum Musikkauf ins Netz stellten. Die Kunden aber wollen sich nicht einen Nutzer-Zugang für Universal, einen für Time-Warner und für jedes Lieblingslabel noch einen weiteren einrichten, um die Musik zu hören, die sie hören wollen. Es war den meisten Kundinnen völlig egal, von welchem Label oder Verlag ein Song produziert wurde. Nur eine Query, die aus dem Vollen schöpft – aus einem zumindest annähernd vollständigen Katalog –, schafft es, die Transaktionskosten für Musikkonsum auf ein handhabbares Maß zu reduzieren, sodass sich Nutzen einstellt. Erst Apple löste das Problem, indem es mit iTunes einen allgemeinen, label- und verlagsübergreifenden Musikshop bereitstellte und der Musikbranche dafür allerdings seine Konditionen aufzwängte. Die Herausforderung war in dem Fall also weniger die Query-Technologie an sich, sondern die Bereitstellung eines möglichst vollständigen Datensets.

Dasselbe passiert derzeit mit der Bewegtbild-Branche. Während in den USA Netflix und Hulu erfolgreich die Rolle einer Art iTunes für Bewegtbild einnehmen, ist in Deutschland immer noch kein Anbieter in Sicht, der einen annähernd vollständigen Katalog für Serien und Filme anbietet. Darum ist es hierzulande immer noch am attraktivsten, illegale Angebote zu nutzen – nicht in erster Linie, weil sie umsonst sind, sondern weil ihre Query auf einen kompletteren Katalog zugreift als die aller anderen Anbieter. Die Leute gehen dorthin, wo die Query auf der größtmöglichen Datenbasis operiert.

Und genau das gilt auch für Geheimdienste. Das Wissen der Geheimdienste bildet massive Netzwerkeffekte aus, und das ist einer der strukturellen Gründe für unsere heutige Situation. In seinem Paper

»Privacy versus government surveillance: where network effects meet public choice« vertritt der britische Sicherheitsforscher Ross Anderson die These, dass die Netzwerkeffekte der NSA-Datensammlung derart groß sind, dass sich die Geheimdienste anderer Länder dem Sog gar nicht entziehen können.[7] Angefangen hat es mit dem Five-Eyes-Abkommen zwischen Kanada, Großbritannien, Australien, USA und Neuseeland. Da es für Auslandsgeheimdienste in den meisten Demokratien verboten ist, ihre eigene Bevölkerung auszuspähen, haben sich die Dienste zu einer Art Ringtausch zusammengeschlossen: »Ihr überwacht unsere Bevölkerung und wir eure.« Die Daten tauschen die Dienste dann bei Bedarf.

Wir wissen seit Snowden, dass solche Verbindungen weit über die Five Eyes hinausreichen. Der deutsche BND, der französische DGSE, die Geheimdienste der Türkei, Indiens, Schwedens und einer unbekannten Anzahl weiterer Partner tauschen in großem Umfang Daten mit der NSA. Die Erkenntnis drängt sich auf: Auch Geheimdienste sind eine Plattform. Die alles verknüpfende Querytechnologie xKey-Score verbindet sie schließlich zum alles sehenden Orakel – ein Orakel, bei dem wieder gilt: Die Kleinen profitieren von den Großen deutlich mehr als umgekehrt. Ein Geheimdienst, der nicht mit der NSA Daten tauscht, ist nach heutigen Maßstäben schlicht blind. Das erklärt auch, warum ein Dienst wie der BND bereit ist, alles zu tun, um wertvolle Daten für die NSA bereitzustellen.

Ross Anderson geht noch weiter und stellt die These auf, dass auch die Strafermittlungsbehörden dem Sog der Netzwerkeffekte des Wissens nicht lange werden standhalten können. Strafermittlungsbehörden und Geheimdienste werden verschmelzen, so seine Voraussage. Ein Vorbote dessen sei das PRISM-Programm. PRISM ist eigentlich der NSA-interne Name für eine Schnittstelle, die die amerikanische Bundespolizei FBI (Federal Bureau of Investigation) zu den Internetdiensten unterhalte. Die NSA greift also direkt über das FBI auf die Daten der Internetdienste zu. Diese Verschmelzung von Geheimdiensten und Polizei macht angesichts des ähnlichen Anforderungsprofils für Datenabfragen technisch und ökonomisch Sinn, ist aber unter dem Aspekt von Menschen- und Bürgerrechten hochproblematisch. Nicht ohne Grund sehen fast alle demokratischen Regierungen eine klare Grenze zwischen Geheimdienst und Polizei vor. Die NSA ist das Schwarze Loch im Zentrum der Geheimdienstgalaxie. Ihre Datengravitation zieht die Daten aller anderen Geheimdienste an, und kein Geheimdienst kann sich dem widersetzen. Sie haben im Grunde dasselbe Problem wie wir. Der BND ist von der NSA und ihrem Zugang zu XKeyScore ebenso abhängig wie wir von Facebook.

---

1 Der Begriff geht zurück auf ein wissenschaftliches Papier zur Regulierung von Infrastrukturanbietern von 1904: Bruce Wyman, »The Law of the Public Callings as a Solution of the Trust Problem« *https://archive.org/details/jstor-1323312* (10.1.1904)

2 Es gibt auch Überlegungen, die Metcalfes Law für falsch oder unvollständig halten. Etwa: Bob Briscoe, »Metcalfes Law is Wrong«, *www.cse.unr. edu/~yuksem/teaching/nae/reading/2006-briscoe-metcalfes.pdf* (Juli 2006)

3 International Astronomical Union, »iau0603 – *News Release*« *www.iau.org/ news/pressreleases/detail/iau0603/* (2006)

4 *BRAVO*, »BRAVO TrendMonitor«, *www.baueradvertising.de/jugend-bravo-detrendbarometer/* (2014)

5 Gunnar Heinsohn, Otto Steiger, *Eigentum, Zins und Geld*, S. 100

6 Benjamin Ball, »Google I/O 2014: Android Meets the Internet of Things with Android Wear, Android Auto, and Google Fit«, *http://java.dzone.com/articles/ google-io-2014-and-internet* (26.6.2014)

7 Ross Anderson, »Privacy versus government surveillance: where network effects meet public choice«, *http://weis2014.econinfosec.org/papers/Anderson-WEIS2014.pdf* (May 2014)

Kapitel 5 | Infrastruktur und Kontrolle

Das Zusammenspiel von Kontrollverlust und Netzwerkeffekten hat zu der weiten Verbreitung und dem ungebremsten Wachstum von Plattformen geführt. Doch auch wenn diese dem Kontrollverlust robuster gegenüberstehen als die klassischen Institutionen, sind doch auch einige von ihnen bedroht. Hier wird es wichtig, an die Unterscheidung zwischen offenen, dezentralen Plattformen – wie das Internet oder das World Wide Web – und denen, die zentral und geschlossen auftreten – wie Facebook und Twitter – zu erinnern. Die zweite Gruppe bündelt ihre Rechenkapazitäten und steuert einige Prozesse zentral: Bei Facebook kann ich nur mitmachen, wenn ich mich dort anmelde und einlogge. Das Internet dagegen ist offen: Sobald ich mich mit ihm verbinde, ist mein Rechner ein Teil davon, ein weiterer Knoten im riesigen Netz aus Knoten. Auch eine Website kann ich auf diese Weise einfach so ins Internet stellen. Es gibt keine zentrale Instanz, die mich davon abhalten kann. Bei Facebook hingegen kann ich rausfliegen, wenn ich die AGBs verletze oder aus irgendwelchen anderen Gründen. Zentralistisch organisierte Plattformen üben Kontrolle über ihre Nutzer aus, dezentrale nicht. Zentralistische Plattformen müssen ein Mindestmaß an zentraler Kontrolle durchsetzen, weil das ihr Geschäftsmodell verlangt. Und genau hier sind sie durch den Kontrollverlust angreifbar.

Diesem Streben der Plattformen nach mehr zentraler Kontrolle stehen viele Internetnutzerinnen kritisch gegenüber. Sie sehen in der dadurch entstehenden Machtkonzentration ein Problem und kritisieren zum Beispiel die zunehmende Geschlossenheit von Twitter und die personalisierte Suche bei Google. Von netzpolitischen Aktivistinnen werden gerne dezentrale und offene Ansätze als Alternative beschworen, doch die meisten dieser Projekte kommen gegen die Marktmacht und die Netzwerkeffekte der zentralistischen Plattformen nicht an. Gleichzeitig wird von den Nutzern mehr Geschlossenheit und zentrale Kontrolle durch die Plattformbetreiber eingefordert, etwa, wenn es darum geht, Privatsphäre zu gewährleisten oder Trolle und andere Störer zu entfernen. Hier zeigt sich ein zentraler

Widerspruch in den Zielsetzungen. Infrastruktur und ihre Kontrolle werfen die entscheidenden machtpolitischen Fragestellungen der Zukunft auf.

Kultur und Kontrolle

Der erste Treiber des Kontrollverlusts – die Verdatung der Welt – hat alles der Digitalisierung anheimgegeben und so zur Plattform gemacht. Sobald aber etwas zur Plattform wird, ist nicht mehr das Prinzip Eigentum entscheidend, sondern der Zugang. Die Kontrolle des Zugangs ist seitdem Schauplatz der ökonomischen Grabenkämpfe in der digitalisierten Welt geworden. Als erstes traf es die Rechteverwertungsinstitutionen – genauer: die Musikindustrie. Wo der Markt für digitale Musik zu einem Plattformmarkt geworden ist, haben die Rechteverwerter (aus ihrer Sicht) die Wahl zwischen Pest und Cholera.

iTunes ist die Pest. Zunächst war die Musikindustrie allzu vorsichtig beim Übertragen von Rechten an den Onlinemarkt. Bestehende Plattformen wie MP3.com und Napster wurden entweder gleich aus dem Netz geklagt, oder sie versuchten es auf legalem Weg; dann verwehrten die Musikverlage ihnen die Nutzungsrechte an ihren Katalogen. Erst das Verhandlungsgeschick von Steve Jobs konnte eine kritische Masse an Musikverlagen dazu bewegen, Apples iTunes Store zu befüllen. Es entwickelte sich ein zweiseitiger Markt, bei dem die Kunden dort einkaufen, wo sie die größte Auswahl finden und die Labels nur dort Deals abschließen, wo die meisten Kundinnen sitzen: iTunes. iTunes hat die Musikindustrie gerettet – aber zu welchem Preis? Es hat die Verlage über Jahre komplett abhängig gemacht von Apple, das von dem Moment an Preise (99 Cent pro Song) diktieren und Vertriebsstrategien (wie später zum Beispiel der Verzicht auf Kopierschutzmaßnahmen) vorschreiben konnte.

Spotify ist die Cholera. Die Streamingplattform bietet ihren Kundinnen zwei Nutzungsarten: Entweder sie bekommen Werbung in ihren Musikstream eingeblendet, oder sie bezahlen einen monatlichen Betrag von knapp 10 Euro. Diesmal ließen die Musikverlage kein Monopol entstehen, sondern gingen sehr viel großzügiger mit den Lizenzen um, und sorgten so für ein Mindestmaß an Wettbewerb: Simfy oder Rdio bieten einen ähnlichen Service an und haben dasselbe, von der Rechteindustrie vorgegebene Preismodell, die auch finanziell an vielen dieser Start-ups beteiligt sind. Das heißt, Musikstreaming ist jetzt schon komplett gratis oder ohne Werbung für circa 9-10 Euro im Monat zu haben.

Dasselbe droht nun der Buchbranche. Amazon hat angekündigt, eine Buch-Flatrate einzuführen. In den USA haben die Kunden des Konzerns die Möglichkeit, für 10 Dollar im Monat einen Flatrate-Zugang zu etwa 600.000 E-Books zu bekommen. Die Vormachtstellung von Amazon macht nicht nur den anderen Buchhändlern, sondern auch den Verlagen zu schaffen. Mit dieser Entwicklung würde ihre Abhängigkeit von Amazon endgültig zementiert, und die Preise für E-Books würden in den Keller sinken. Egal, wie kräftig die Verlage derzeit die Trommel gegen den Konzern rühren, flankiert von Solidarisierungsbekundungen namhafter Autorinnen: Angesichts der Marktmacht von Amazon wird ihnen wenig anderes übrig bleiben als mitzuspielen. Die Buch-Flatrate wird kommen, so wie die Musik- und News-Flatrate längst da ist, und die Film-Flatrate schon so halb. Kultur wird zur Plattform, und nur noch die Kontrolle des Zugangs hält sie davon ab, direkt auf null Euro – also den gegenwärtig möglichen Grenzkosten ihrer Vervielfältigung – zu sinken. Aber wie lange bleibt das so?

Der Kampf um den Nutzerzugang
Nur wer den Nutzerzugang kontrolliert, kann Geld verdienen – das gilt für alle Plattformen. Der zweite Treiber des Kontrollverlusts hat nicht nur das ungebremste Wachstum der Plattformen zu verantworten, sondern bringt diese in eine ähnliche Lage wie die Inhalte-Industrie. Die gesunkenen Grenzkosten für Informationsvermittlung auf nahezu Null sorgen dafür, dass sie nicht mehr als eben diese Grenzkosten für ihre Services verlangen können – null Euro. Doch dann würden ihre Investoren auf ihren Investitionen sitzen bleiben. Darum kehren die Plattformen wie die Inhalte-Industrie immer mehr zurück zur zentralen Kontrolle.

In den Anfangstagen von Twitter bejubelten Nutzerinnen und Kommentatoren die Offenheit der Plattform als zentralen Erfolgsfaktor des Dienstes. Die Programmierschnittstellen, die alle Funktionen zum In- wie Output umfassten und für alle zur freien Verfügung standen, eröffneten recht schnell einen zweiseitigen Markt. Sie zogen Entwicklerinnen an, die externe Dienste und Clients für allerlei Geräte und Betriebssysteme schufen, was die Plattform wiederum attraktiver für die Nutzer machte. Das Timing des Starts – ungefähr zeitgleich mit dem Smartphone – machte Twitter schnell auf allen mobilen Geräten verfügbar und zum ersten erfolgreichen mobilen Internetdienst. Zudem boten externe Dienstleisterinnen Analyse-Tools und zusätzliche Features für den Dienst an, sodass er diese nicht selbst entwickeln musste. Twitter wurde dadurch wiederum attraktiver für die Nutzer usw.

Diese Entscheidung zur Offenheit in der Anfangsphase ließ ein Ökosystem für die Nutzerinnen entstehen, durch welches der Dienst selbst komplett in den Hintergrund trat. Twitter-Nutzer können eine Software lokal auf dem Smartphone oder dem Rechner installieren, die die Tweets auf einer eigenen Oberfläche anzeigt – eine sogenannte Clientsoftware. Es ist das passiert, was erfolgreichen Plattformen immer passiert: Iteration. Eine Schicht (die Clients) entsteht über der eigentlichen Schicht (Twitter als Dienst). Genauso wenig, wie wir uns über die Mailserver-Struktur Gedanken machen, wenn wir E-Mails senden, denken wir an Twitter, wenn wir einen Tweet absetzen. Twitter ist durch seine Offenheit nach und nach reine Infrastruktur und als solche unsichtbar geworden.

Lange stand die Frage im Raum, wie der Dienst Geld verdienen will. Will er Werbung schalten, dann braucht er den Zugang zu den Nutzerinnen. Doch die sitzen oft nicht vor der Twitter-Website, sondern dank der Programmierschnittstelle vor ihrer Clientsoftware (zum Beispiel einer iPhone-App) eines Drittanbieters. Klassische Banner auf der Website erreichen sie nicht, weil sie keine Website aufrufen müssen, um Tweets lesen und absetzen zu können, und selbst wenn jemand ihnen Werbung per Tweet unterschieben wollte, könnte eine gute Clientsoftware sie einfach ausblenden. Und während in all der Zeit allerlei Unternehmen durch Twitter Geld verdienten – die Twitterclient-Anbieter nahmen meistens Geld –, stellte Twitter mit einem Mal fest, dass es sich durch seine Offenheit selbst um diese Möglichkeit gebracht hatte.

Offenheit und Kontrolle – zwischen diesen beiden Polen muss jede Plattform ihre Balance finden. Facebook hat immer die Kontrolle über die Plattform behalten, auch weil es seine Clients immer selbst entwickelt. Google kann durch die Integration von Werbeanzeigen mitten unter den Suchergebnissen kaum verlieren. Das Unternehmen hat viel dafür getan, nicht nur die beste Suche anzubieten, sondern auch die Nutzerinteraktion kontrollieren zu können: das Design einer minimalistisch, funktional gestalteten Benutzeroberfläche von Anfang an; die Investition beträchtlicher Summen in die Implementierung von Google als Hauptsuchfunktion bei den Browsern Firefox und Safari; die Schaffung eigener attraktiver Interfaces durch die Entwicklung des Android-Betriebssystems für Smartphones und des Chrome-Browsers etc.

Doch auch Google könnte im nächsten Iterationsschritt schnell die Kontrolle zumindest auf der iOS-Plattform verlieren. Als Apple 2011 den Sprachassistenten Siri herausbrachte, war das ein gefährliches Signal Richtung Google. Siri versteht menschliche Sprache, und vor allem beantwortet Siri Fragen. »Wie wird das Wetter morgen?«, »Wie alt ist Norah Jones?«, »Wie komme ich nach Hause?« Um seinen Anwendern diese Fragen beantworten können, greift Siri im Hintergrund auf das Wissen verschiedener Onlinedienste zurück. Neben der semantischen Wissenssuchmaschine Wolfram Alpha und ein paar anderen Diensten implementiert Siri eben auch Google. Das ist an sich noch nicht bedrohlich. Aber sollte Siri (und ihre Sprachassistentinnen-Schwestern) eines Tages zum bevorzugten Nutzerinterface auf mobilen Geräten werden, würde es sich als neue Plattformschicht über den Zugang zu verschiedenen Onlinediensten legen. Google könnte so die Kontrolle über den Nutzerzugang verlieren und dann eben auch keine Werbung mehr an die Nutzer ausliefern. Zumindest nicht gegen den Willen von Apple.

Es ist das Schicksal jeder erfolgreichen Plattform, dass sich irgendwann ein Iterationsschritt vollzieht und sich eine andere Plattform über ihr positioniert – eine Plattform, die die eigenen Leistungen wiederum in ein größeres Leistungsspektrum integriert und aggregiert und sie somit abstrahiert. Wird diese neue Plattform breit genutzt, kann es sein, dass die darunterliegende Plattform in die Ebene der nur noch funktionalen Infrastruktur durchgereicht wird – wie der Twitterservice. Entscheidend ist die Kontrolle des Zugangs. In der Ökonomie wird neben rivalisierenden und nichtrivalisierenden Gütern auch ein Unterschied gemacht, ob andere von der Nutzung ausgeschlossen werden können oder nicht. Rivalisierende Güter, bei denen das möglich ist, werden »private Güter« genannt – meine Tasse und mein Auto gehören dazu. Rivalisierende Güter, deren Nutzung anderen nicht oder nur schwer verwehrt werden kann, werden »Gemeinschaftsgüter« genannt – zum Beispiel öffentliche Plätze. Nichtrivalisierende Güter, von denen niemand ausgeschlossen werden kann, sind sogenannte »öffentliche Güter«. Das frei empfangbare Fernsehen wird immer gerne als Beispiel angeführt. Und dann gibt es die »Clubgüter«, also die nicht-rivalisierenden Güter, die einen regulierten Zugang haben. Facebook, Spotify und jede Plattform möchten genau das sein – doch sie laufen ständig Gefahr, ein »öffentliches Gut« zu werden, wenn sie die Nutzerkontrolle verlieren. Beim Kampf der Plattformen um die Kontrolle des Nutzerzugangs geht es um diese letzten beiden Kategorien. Bei nichtrivalisierenden Gütern entscheidet über die Einkünfte nicht, wie wertvoll, interessant und nützlich das Gut ist, sondern ob sich der Zugang dazu kontrollieren lässt. Diese Erkenntnis, die die Musik-, Film- und neuerdings auch die Buchbranche machen musste, machen auch die Plattformanbieter. Kein Kassenhäuschen ohne Schranke.

Umgekehrt kämpfen die Nutzerinnen gegen die Kontrollversuche auf Plattformebene. Ein Beispiel ist die Netzneutralität. Wir kaufen den Zugang zum Internet von Internetzugangsprovidern (ISPs), weswegen sie in der privilegierten Position sind, diesen zu kontrollieren. Obwohl sie bereits mit uns, ihren Kunden, Geld verdienen, lässt sich – so ihre Überlegung – doch auch auf der anderen Seite, bei den Diensten, ein zweites Kassenhäuschen aufstellen. Wenn wir Google, Facebook etc. nutzen, müssen deren Daten ja schließlich auch bei uns ankommen. Warum also nicht zu den Diensten gehen und ihnen ein Angebot unterbreiten, das sie nicht ablehnen können? »Schöne Daten haben Sie da. Wäre doch schade, wenn ihnen auf dem Weg zu unseren Kunden etwas passiert?« Damit die Daten schnell und reibungslos zu den eigenen Kundinnen transferiert werden, sollen die Internetdienste also eine besondere Gebühr zahlen; eine Art Maut für die Benutzung einer Überholspur für gut zahlende Datenpakete. Internetaktivisten sehen in diesem Erpressungsversuch eine Gefahr für die Meinungsfreiheit. Bislang wird jedes Datenpaket gleichbehandelt, egal, ob es von einem kleinen Blog oder von Google kommt. Wenn eine Infrastruktur geschaffen ist, um bestimmte Inhalte bevorzugt zu transportieren, fällt diese Neutralität weg. Um das hohe Gut der Netzneutralität zu bewahren, fordern Netzaktivistinnen gesetzliche Regelungen, dass Daten im Internet möglichst gleichzubehandeln seien, egal wo sie herkommen und welcher Art sie auch immer sind.

Aber auf der anderen Seite werden Plattformen auch von den Nutzern dazu gedrängt, regulierend in die Kommunikation ihrer Kundinnen einzugreifen. Wir erwarten – zu Recht –, dass Facebook und Twitter Accounts löschen, wenn sie dafür verwendet werden, Menschen zu belästigen oder gar zu bedrohen. Wir melden rassistische, beleidigende, volksverhetzende Kommentare und erwarten, dass die Plattformen dagegen etwas unternehmen. Wir erwarten, dass Facebook über umfangreiche und dezidierte Privacy-Settings Kontrolle über unsere Daten gegen Dritte durchsetzt – also unsere Privatsphäre schützt. Selbst, wenn Facebook dem zentralen Kontrollansatz entsagen und zur offenen Infrastruktur werden wollte, könnte es das gar nicht. Geschlossenheit ist die Voraussetzung dafür, dass Facebook Privacy-Features anbieten kann. Wir sind uns jedoch selten darüber bewusst, welche Macht wir Plattformen wie Facebook, Google & Co. damit implizit erteilen. Viele der Ansprüche an Plattformen haben ihre Berechtigung – wir müssen uns aber darüber im Klaren sein, wem wir hier quasi hoheitliche Aufgaben zusprechen.

Thomas Hobbes hatte im 17. Jahrhundert die Grundlagen des modernen Staates definiert. Der Mensch sei dem Menschen ein Wolf, war sein Fazit am Ende des chaotischen, Europa verwüstenden Dreißigjährigen Krieges, und darum sei es die Aufgabe des Staates – der allmächtigen mythischen Gestalt Leviathan gleich – eine zentrale Ordnung gewaltsam durchzusetzen. Das Gewaltmonopol des Staates ist seitdem die systemübergreifende Gemeinsamkeit aller Staatsgebilde. Weil eine Menge Macht damit einhergeht, Recht zu schaffen, zu sprechen und durchzusetzen, haben wir Staaten mit »Checks & Balances« ausgestattet, mit Institutionen, die sich gegenseitig kontrollieren und mit der Möglichkeit, die Regierung abzuwählen (in Demokratien zumindest). Mark Zuckerberg können wir nicht abwählen. Wir haben keinen Anspruch auf einen Facebook-Account, den wir einklagen könnten.

Jedes Streben nach Datenkontrolle erhöht die Notwendigkeit zur Zentralisierung und Geschlossenheit der Plattform. Plattformen werden immer mehr Kontrolle implementieren – gegen unsere Interessen, wenn es ihrem Geschäftsmodell nützt, und auf unseren Wunsch hin, weil wir es nicht schaffen, selbst zivilisiert miteinander umzugehen.

Query-Monopole

Wie in Kapitel 4 gezeigt, radikalisiert der dritte Treiber des Kontrollverlusts – die Query – die Netzwerkeffekte, indem er immer neue und immer mehr Verknüpfungen gerade auf zentralisierten Plattformen ermöglicht. Darüber hinaus profitieren diese mit ihren stark standardisierten Daten von der Möglichkeit, sehr komplexe Query-Systeme zu implementieren.

Mit dem wachsenden Web entwickelten sich viele Proto-Query-Technologien, Linklisten und eine hierarchische Kategorisierung wie bei Yahoo! sowie schließlich echte Suchmaschinen wie Altavista. Unter diesen Angeboten hat sich Google in den letzten zehn Jahren als erfolgreichste Query durchgesetzt – nicht zuletzt, weil Google selbst verstanden hat, welchen neuralgischen Ort es mit seiner Suche besetzt. »Das Ziel von Google ist es, die Informationen der Welt zu organisieren und für alle zu jeder Zeit zugänglich und nützlich zu machen«, sagt das Unternehmen über sich selbst.[1] Wir müssen zugeben, dass es dabei ziemlich erfolgreich ist. Diese Symbiose zwischen Web und Google besteht fort, wird aber bedroht von den geschlossenen Plattformen, die zwar auf Webtechnologie und der Query aufsetzen, sich aber für Querys Dritter abgeschottet haben – wie Facebook. Während Websites und Google einen sehr universellen, komplementären Ansatz haben, entwickelten sich soziale Netzwerke als Plattformen mit Query aus einer Hand. Websites haben eine sehr uneinheitliche Struktur – jede Nutzerin kann dort gestalten, wie es ihr passt und Inhalte so bereitstellen, wie sie will. Identitäten dagegen lassen sich leicht formalisieren: Name, Geburtsdatum, Geschlecht, Interessen, Freundschaften etc. Für dieses klar definierbare Set an Daten sind standardisierte Formate möglich, die sich einerseits übersichtlich darstellen lassen und für die sehr gut spezielle Querys entwickelt werden können. Daten und Query aus einer Hand anzubieten, hat zweifellos Vorteile, denn Datenstruktur und Query können perfekt aufeinander abgestimmt werden. Während sich bei Google und dem Web also zwei unabhängige Instanzen koevolutionär verschränkt haben, haben Social Networks diese beiden funktionalen Instanzen gezielt in gegenseitiger Abhängigkeit entwickelt.

Als Mark Zuckerberg Facebook in seiner Zeit als Student in Harvard gründete, sollte die Query darüber Aufschluss geben, wer denn die »heiße Brünette« oder der »süße Typ« im Seminar sind. Dafür braucht es klar definierte und strukturierte Daten: Wer kennt wen? Wer ist in welchem Seminar? Weiblich oder männlich? Universität, Vorlieben, Beziehungsstatus etc. Facebook war von vornherein ein in sich abgeschlossenes Identitätsuniversum. Bis heute zahlt sich das auch als Vorteil für die Nutzer aus. »Facebook Graph Search«, eingeführt im März 2013, aber noch nicht für alle verfügbar gemacht, ist eine hochkomplexe Query-Technologie, mit der jeder das gesamte Facebook-Netzwerk strukturiert durchsuchen kann: »Finde alle männlichen Facebook-Accounts, die ›Axel‹ heißen, in Hamburg wohnen und The Cure mögen«, wäre eine typische Query, die sich dort formulieren ließe. In einem offenen System mit unstrukturierten Daten dieser Größenordnung wäre eine solche Technologie nur sehr schwer realisierbar. Facebook Graph Search ist das XKeyScore der kleinen Leute.

Allerdings hat das geschlossene System auch einen entscheidenden Nachteil für die Nutzerinnen: Niemand anderes kann Facebooks Daten indizieren und so eine alternative Query anbieten. Während Google frei indizierbare Daten durchsucht, die ebenfalls von anderen indizierbar und durchsuchbar sind, basieren Facebooks Query-Systeme auf exklusiven Daten. Ob Facebooks Suchqualität gut oder schlecht ist, ob ihr Newsfeed bewusst manipuliert ist oder neutral – niemand kann es beurteilen, weil kein Vergleich möglich ist.

Twitter startete als besonders offene Infrastruktur. Die Tweets aus verschiedenen Quellen, die ich – wie Blogs – abonniert habe, fließen in einem individuellen Nachrichtenstrom zusammen; alle waren von Anfang an öffentlich einsehbar und von Dritten indizier- und durchsuchbar. Twitter-Accounts waren auch per RSS abonnierbar, also ohne Registrierung zugänglich. Die Programmierschnittstellen, die Twitter anbot, waren für jeden offen. So entwickelten sich schnell Projekte rund um Twitter. Es gab bald eine ganze Menge Twitter-Clients für jedes Betriebssystem oder Gerät und Websites, die Tweets auf verschiedenste Art und Weise statistisch auswerteten. Twitters viele Query-Systeme waren externe Emergenzphänomene seines Ökosystems.

2008 jedoch begann sich das zu ändern. Zunächst kaufte Twitter Summize auf, den ersten Dienst, der eine richtige Twittersuche angeboten hatte. 2010 kaufte Twitter Tweety, die erfolgreichste Twitter-App für iPhone und iPad. Gleichzeitig fing Twitter an, den Zugriff auf seine Programmierschnittstellen einzuschränken und zu reglementieren. Twitter sorgte zunehmend dafür, dass die Tweets außerhalb der Plattform nicht mehr so leicht erreichbar und indizierbar waren. 2012 schließlich wurde die Programmierschnittstelle für viele Anwendungszwecke ganz geschlossen. Ohne Registrierung ist es nicht mehr möglich, Twitter-Apps zu entwickeln, und auch dann ist der Zugriff auf die Daten nur sehr eingeschränkt. 2013 wurde schließlich auch die Unterstützung von RSS abgeschaltet. Twitter, das gerade durch seine extreme Offenheit zum erfolgreichen Ökosystem wurde, entwickelte sich stetig weiter zum geschlossenen Datensilo, das volle Kontrolle über jede Form von Query behalten will. Heute geht es sogar so weit, den von den Nutzerinnen selbst konfigurierten Nachrichtenstrom aufzubrechen und ihnen algorithmisch ausgewählte Tweets in die Timelines zu drücken.

Es gibt gute Gründe, Querys auf der Plattform selbst zu entwickeln. Und es gibt andere gute Gründe, die Plattform offen zu halten für die Querys Dritter. Das geschlossene Facebook ist ein Query-Monopol, zu dem sich auch Twitter immer weiter hinentwickelt. Die Frage der Query-Monopole wird die entscheidende machtpolitische Fragestellung der Zukunft sein.

---

1 Googles Mission Statement, *www.google.com/about/company*

Kapitel 6 | Plattform vs. Staat

Plattformen stellen ein neues Refugium der Macht dar. Wenn wir von der Plattform als dem neuen, dominanten Organisationsparadigma sprechen, müssen wir auch von einem aufkommenden Plattformregime ausgehen. Damit gerät die Plattform in ein immer stärkeres Spannungsverhältnis zum Staat. Eine neue Systemkonkurrenz entsteht, die keine ideologische mehr ist, sondern eine organisatorische.

Plattform und Macht

Plattformen generieren eine spezifische Form von Macht. Die Macht der Plattformen besteht in erster Linie darin, Teilnehmerinnen ein- oder auszuschließen. Was zunächst vergleichsweise moderat klingt, ist keinesfalls zu unterschätzen. Es gibt Teenager, deren gesamtes soziales Leben sich auf WhatsApp abspielt. Es gibt Menschen, deren gesamter professioneller Datenaustausch über Dropbox läuft. An der »Shareconomy« kann ich auch nur partizipieren, wenn ich Zugang zu den entsprechenden Plattformen habe. Unser ganzes Leben und unsere sozialen und wirtschaftlichen Möglichkeiten werden immer stärker von den Plattformen definiert.

Ausgehend vom Netzwerkeffekt wird klar, dass diese Macht sich proportional zum Nutzen verhält, den wir aus dem Netzwerk ziehen können. Je mehr Nutzen uns eine Plattform bringt, desto härter würde uns ein Ausschluss treffen. Mit anderen Worten: die Macht einer Plattform ist direkt an ihre Netzwerkeffekte gekoppelt. Je größer eine Plattform, desto mächtiger ist sie. Als Teil einer Plattform habe ich umgekehrt das Machtmittel des Selbstausschlusses. Doch der Selbstausschluss schadet – als isolierte Aktion – der Plattform kaum. Mir selbst schadet er in dem Maß, wie ich Nutzen aus der Plattform ziehe. Es ist in den meisten Fällen also eigentlich keine wirkliche Machtoption. Weitere Machtoptionen der Nutzer stellen wir in Regel 6 des zweiten Buchteils vor.

Eine zweite Form der Macht der Plattformen betrifft die Funktionsweise der Plattform selbst: »Code is Law« formulierte der in Harvard lehrende Rechtstheoretiker Lawrence Lessig bereits im Jahr 2000.[1]

Egal ob zentralistisch wie Facebook oder dezentral wie das Internet: Plattformen bestehen aus Code; aus Software und Protokollen. Was diese Software kann, was sie nicht kann, welche Voreingenommenheiten sie beinhaltet, welche Eventualitäten in ihr berücksichtigt sind und welche nicht: All das beeinflusst unseren Alltag auf der Plattform und bestimmt, was wir tun können und was nicht, welche Form der Kommunikation wir pflegen können und welche nicht. Facebook erweiterte erst vor Kurzem die auswählbare Geschlechtsidentität von »männlich« und »weiblich« auf insgesamt 54 weitere Möglichkeiten: Androgyne, Cis-Mann, Trans-Frau, Trans-Mann, Zweigeschlechtlich und viele mehr. Damit können nun Menschen, die sich in dem Schema Mann/Frau nicht einordnen können, ihre sexuelle und geschlechtliche Identität definieren. Das ist ein politischer Akt.

Eine dritte Form der Macht geht von dem exklusiven Wissen aus, das zumindest geschlossene Plattformen besitzen. In geschlossenen Plattformen können die Leute zwar regulieren, welche der eigenen Informationen die anderen Teilnehmerinnen sehen können, doch nur ein einziger Teilnehmer kann alle Informationen sehen: die Plattform selbst. Der Informationsvorsprung wird genutzt, um die Aufmerksamkeit der Nutzer über Werbung zu vermarkten. Facebook ist auch ein Eldorado für die Erforschung menschlichen Verhaltens, doch die Firma lässt nur wenige Wissenschaftler daran partizipieren. Theoretisch hätte eine geschlossene Plattform durch dieses exklusive Wissen auch die Macht, einzelne Nutzer zu erpressen. In vielen Facebook-Profilen – ganz zu schweigen von den Privatnachrichten – finden sich Details, die den Nutzerinnen potenziell schaden könnten, würden sie öffentlich. Das ist mehr als nur eine theoretische Möglichkeit. Wir wissen, dass die Geheimdienste alle möglichen Daten nutzen, um Leute unter Druck zu setzen – und dass sie kaum Probleme haben, an die Daten heranzukommen.

Staat und Plattform
Und damit wären wir beim Staat. Der Staat selbst ist keine Plattform, aber er ist vielfältig von Netzwerkeffekten betroffen. Netzwerkeffekte ergeben sich zum Beispiel durch Sprachräume. Eine Sprache ist

attraktiver, je mehr Menschen sie sprechen. Jedoch sind Sprachräume nur selten mit Nationengrenzen identisch. Der Markt bildet einen weiteren Netzwerkeffekt, und dieser betrifft das Recht. Die Schweiz zum Beispiel ist zwar nicht Teil der EU, jedoch bleibt ihr kaum viel anderes übrig, als der EU-Regulierungspolitik bis ins Detail zu folgen. Die wirtschaftlichen Verflechtungen und Abhängigkeiten mit dem EU-Wirtschaftsraum sind zu stark, als dass sie es sich leisten könnte, Sonderwege zu gehen. Schon heute sind die Netzwerkeffekte der EU fast eben so mächtig wie die konkreten EU-Verträge, die sie konstituieren.

Nationalstaaten selbst sind lediglich das, was Benedict Anderson *Imagined Communities* nennt – künstliche soziale Konstrukte, die sich aufgrund von politischem und wirtschaftlichem Druck entwickelt haben und mithilfe von Nationalsprache und kultureller Hegemonie aufrechterhalten werden. Eine wichtige Rolle bei ihrer Entstehung spielten die Massenmedien. Mit dem Buchdruck und der damit aufkommenden Möglichkeit von Texten, die sich in großer Menge verbreiten, ist das erste Mal ein Bewusstsein für die Synchronizität der Zeit entstanden: Ich lese, was ein anderer liest, an einem anderen Ort, aber zur gleichen Zeit. Massenmedien erschaffen über sich ständig aktualisierende Berichte eine gemeinsame, synchrone Zeit, die es ermöglicht, dass große Gruppen von Menschen – ohne sich je kennenzulernen – einander vorstellbar werden. Die Nation – die *Imagined Community* – ist das Resultat dieser durch die Massenmedien erfahrbaren, abstrakten, zentral organisierten Empathie. Und sie hat das Gewaltmonopol zur Durchsetzung einmal aufgestellter Regeln.

Im Gegensatz zum Staat bilden die Plattformen konkrete Beziehungen ab und bringen somit echte Netzwerkeffekte hervor. Sie müssen sich dabei an keine Grenzen halten. All das unterhöhlt den Regulierungsanspruch der Staaten gegenüber den Plattformen. Die Staatsgrenzen werden entweder in einem Prozess zunehmender transnationaler Einigungen immer weiter verblassen (was ist ein Staat, wenn seine Grenzen ihre Relevanz verlieren?), oder sie werden ihren Regulierungsanspruch gegenüber globalen Plattform-Playern aufgeben müssen. Beides lässt sich bereits beobachten. Der Druck, so schnell wie möglich den eigenen Regulierungsanspruch durch internationale Verträge auf die nächsthöhere Ebene zu retten, ist groß. ACTA und aktuell TTIP sind nur die letzten Versuche in einer langen Liste (GATT, GATS, TRIPS, MAI), die alte, nationale Ordnung in die neue, internationale zu retten. Dass dabei alle demokratischen Prinzipien über Bord geworfen werden, scheint nicht zu stören.

Bei der NSA-Affäre hingegen wird die Hilflosigkeit deutlich. Die Handlungen der deutschen Regierung konzentrieren sich auf das Überspielen ihrer eigenen Machtlosigkeit. Eine Lösung des Problems wird nicht einmal erwogen. Wie sollte sie auch aussehen? Die Geheimdienste sagen den Politikerinnen, dass die Zusammenarbeit mit der NSA in Wirklichkeit die Hauptquelle all ihrer Informationen ist. Ohne sie sind sie selber blind. Um auf der Plattform der Geheimdienste aber als Partner ernst genommen zu werden, müssen sie selbst interessante Daten zum Tausch anzubieten haben.

Schon heute entwickeln manche Plattformen durch ihre Netzwerkeffekte größere Kräfte, als dass sich Staaten ihnen noch widersetzen könnten. Während die Query die Institution bedroht, bedroht die Plattform den Staat. Das bedeutet nicht, dass Staaten verschwinden werden. Sie werden aber eine zunehmend nebensächlichere Rolle im Neuen Spiel spielen. Sie werden nicht mehr der primäre Adressat für Politik sein.

Identität und Plattform

Der digitale Layer, der sich durch den ersten Treiber des Kontrollverlusts über die Welt gelegt hat, entzieht sich auch deswegen der staatlichen Regulierung, weil hier Lösungen für Probleme gefunden werden mussten, die von den Institutionen so schnell gar nicht beantwortet werden konnten. Zum Beispiel die Frage der Identität.

Social ID Bureau ist ein Projekt von Tobias Leingruber.[2] Als Kunstperformance gibt Leingruber auf Veranstaltungen Ausweise im Stile von Facebook heraus. Die Daten stammen direkt aus der Programmierschnittstelle der Social-Network-Plattform und werden auf ein ausweisähnliches Kärtchen gedruckt. Implizit stellt Leingruber die

Frage: Was ist wichtiger: ein Facebook-Konto oder ein Ausweis? Vermutlich würden heute die meisten auf diese Frage noch angeben, dass sie den Ausweis als bedeutenderes Stück Identität wahrnehmen. Es gäbe aber mit Sicherheit bereits einige Stimmen, die das Facebook-Konto für wichtiger halten. Leingruber referenziert damit eine Entwicklung, bei der Plattformen bereits direkt mit dem hoheitlichen Regulierungsanspruch von Staaten konkurrieren – nämlich in der Frage der Identitätbereitstellung.

Facebook, Twitter und Google sind viel mehr als nur ihre eigenen Websites. Sie breiten sich längst innerhalb des Restinternets aus. Die Like-, Tweet- und Google+-Buttons auf vielen Websites sind nur der Anfang. Es ist zunehmend möglich, sich über den Facebook-, Twitter- oder Google-Account bei anderen Diensten anzumelden – sei es, um in einem Blog zu kommentieren oder einen Dienst mit Facebook zu verschränken. Manche Dienste lassen sogar nur noch die Registrierung über Identifikationsplattformen zu.

Wiederum hat vor allem Facebook damit geschafft, was die Staaten – darunter auch Deutschland – gerade erst verzweifelt herzustellen versuchen: verbindliche Identifikation im Internet. Der ePersonalausweis, den der deutsche Staat seinen Bürgern anbietet, ist jedenfalls ein Ladenhüter, in anderen Ländern sieht es kaum besser aus. Die staatlichen Online-Identifikationsservices setzen sich nicht durch. Auf der anderen Seite hält Facebook langsam auch in behördlichen und offiziellen Bereichen Einzug. Der australische Supreme Court entschied bereits 2008, dass Gerichtspost unter bestimmten Umständen per Facebook-Message als offiziell zugestellt gilt.[3] Das Bereitstellen von Identität war lange eine hoheitliche Aufgabe von zentraler Bedeutung. Doch warum sollte ausgerechnet der Staat für die Identität eines Nutzers bürgen, wenn das Internet von vornherein international funktioniert? Es muss schon eine internationale Struktur sein, die Identität im Internet bereitstellt. Im Moment sind Facebook, Google und Co. die zentralen Identitätsprovider im Internet, und das ist politisch brisant. Welche Machtfülle ergäbe sich aus der Tatsache, wenn Facebook zur allgemein anerkannten Infrastruktur zur Gewährleistung von Identitätsintegrität würde?

Der Staat und die Plattformkontrolle

Der zweite Treiber des Kontrollverlusts – die grenzenlose Kopiermaschine Internet – greift den Staat mit seinen eigenen Mitteln an. Der Versuch, Plattformen zu regulieren, stärkt am Ende ihre zentrale Kontrolle und stellt gleichzeitig das Konzept der Jurisdiktion radikal infrage. Der Versuch, Plattformen staatlich zu kontrollieren, endet ironischerweise mit der Selbstdekonstruktion von Staatlichkeit.

Im August 2014 wurde bekannt, dass Google einen Fall angezeigt hat, in dem über seinen E-Mail-Dienst Gmail Darstellungen des Missbrauchs Minderjähriger verbreitet wurden.[4] (Wir vermeiden bewusst die verharmlosende Wortwahl »Kinderpornografie«.) Google verwendet eine Vergleichsdatenbank mit »Fingerprints« (eine Summe von Eigenschaften von Dateien, mit denen diese wiedererkennbar sind, wie eine Prüfsumme) von Missbrauchsmaterial und vergleicht Dateianhänge seines E-Mail-Dienstes damit. Bei Verdacht werden die entsprechenden Behörden informiert. Es ist nicht ganz leicht zu entscheiden, ob diese Vorgehensweise legitim ist oder nicht. Einerseits ist es löblich, dass Google gegen die Verbreitung solcher Darstellungen vorgehen und die Ermittlungsbehörden bei der Verfolgung der Täter unterstützen will. Auf der anderen Seite greift es damit in den privaten E-Mail-Verkehr seiner Kundinnen ein und installiert eine zentrale Inhaltekontrolle. Das bringt Gefahren mit sich.

Wenn Google das eine Verbrechen ahndet (Missbrauchsdarstellungen), warum ahndet es nicht auch andere Rechtsverstöße, wie Beleidigungen, Drohungen, Urheberrechtsverletzungen etc.? Letzteres tut es auf seinem Videodienst YouTube längst – mit ganz ähnlichen Mitteln. YouTube bietet seinen Nutzern die Möglichkeit, Filme hochzuladen. Das führte von Anfang an immer wieder dazu, dass auch urheberrechtlich geschütztes Material unrechtmäßig dort landete. Da es vor allem Musikvideos waren, die sich hoher Beliebtheit erfreuten, versuchten die Musikverlage zunächst, dem Portal juristisch den Garaus zu machen, wie es ihnen bei Napster gelungen war. Am Ende einigten sich beide Seiten auf eine enge Zusammenarbeit. Die geht teilweise so weit, dass die großen Musikverlage Inhalte direkt und ohne Rückfrage löschen dürfen.[5]

Neben dem Admin-Zugang der Contentverlage hat YouTube noch ein ausgefeilteres System, gegen Urheberrechtsverletzungen vorzugehen. Es heißt Content ID und arbeitet ähnlich wie die Query, die die Kindermissbrauchsbilder vergleicht mit einem Fingerprint. Der Unterschied liegt darin, dass Urheberrechtsverwerter ihre eigenen Werke fingerprinten und registrieren lassen können.[6] Die YouTube-Query überprüft automatisch bei jedem neu hochgeladenen Video, ob darin Material auftaucht, das mit dem registrierten übereinstimmt und informiert in dem Fall die Rechteinhaberinnen. Diese können das Video daraufhin entweder sperren lassen oder sich dafür entscheiden, an den Werbeeinahmen teilzuhaben.

Die an sich gute Idee führt unweigerlich zu einer Abschottung und zunehmenden Monopolisierung von YouTube. Es setzt mit Content ID den rechtlichen Standard, den dann auch andere Videoplattformen erfüllen müssen – aber nicht jeder kann eine derart ausgefeilte Technologie bereitstellen. Das erhöht die Markteintrittsbarriere und somit die Unangreifbarkeit von YouTube.

Plattformen spielen immer öfter die Rolle von Hilfssheriffs, wenn es darum geht, Rechte durchzusetzen. Das können wir begrüßen oder verurteilen. Aber wieso nehmen sich die Plattformen die Freiheit heraus, sich auszusuchen, welche Rechte sie durchsetzen und welche nicht? Und da sie international aktiv sind: das Recht welcher Jurisdiktion? So setzt zum Beispiel die Internet-Bezahlplattform PayPal spezifisch amerikanisches Recht auch in Deutschland durch. 2011 hatte PayPal dem deutschen Onlineshop bardealer.de das Konto gesperrt, weil dieser kubanischen Rum verkauft hatte[7] – aufgrund eines Embargos, das die USA nach wie vor gegen Kuba und kubanische Produkte verhängt haben. Dieses gilt aber nicht nach deutschem Recht. Bardealer.de klagte und bekam sein Konto zurück; kubanische Produkte darf er in Zukunft jedoch nicht über den Dienst abrechnen.

Ein US-Gericht verurteilte Microsoft 2014 dazu, amerikanischen Drogenfahndern Zugriff auf Daten ihrer Kunden zu geben, obwohl diese bei ihrem Tochterunternehmen in Irland gespeichert waren. Dass das amerikanische Recht qua Plattform nach Irland durchgreifen können soll, begründete die Richterin mit der Feststellung: »Es geht darum, wer die Information kontrolliert, nicht wo sie liegt.«[8] Es ist schwer, dieser Argumentation zu widersprechen, und doch sprengt sie die Logik von Jurisdiktionen und den Sinn von Staatsgrenzen.

Aber wenn amerikanisches Recht über Plattformen in Europa durchgesetzt wird, warum dann nicht auch russisches? Das ukrainische Newsportal *Glavcom* wird bei dem deutschen Hosting-Provider Hetzner in München gehostet und bringt ab und an kritische Artikel über Putin und die russische Politik.[9] Die Betreiberinnen von *Glavcom* bekamen Post von ihrem Provider aus Deutschland, weil die russische Medienaufsicht sich bei ihm beschwert hatte. Hetzner bezieht sich dabei auf eine Passage seiner Allgemeinen Geschäftsbedingungen: »Der Kunde verpflichtet sich, keine Inhalte zu veröffentlichen, welche Dritte in ihren Rechten verletzen oder sonst gegen geltendes Recht verstoßen.« Von welchem Recht welchen Staates die Rede ist, ist nicht näher ausgeführt.

Seit dem Urteil des Europäischen Gerichtshofs zum Recht auf Vergessen vom 13.05.2014 hält die Europäische Union Google sogar explizit an, Recht zu sprechen.[10] Unter bestimmten Umständen ist Google verpflichtet, Links aus seinen Suchergebnissen zu entfernen. Die Vorgaben dafür sind schwammig formuliert. Da nicht einmal Google es sich leisten kann, jeden der Hunderttausende von Fällen vor Gericht klären zu lassen, hat es einen Experten-Beirat eingesetzt, der bei strittigen Fragen beraten soll.[11] Europäische Datenschützer bemängeln jetzt schon, dass ihr schönes Recht auf Vergessen nur auf den europäischen Google-Domains angewendet wird und nicht weltweit.[12]

Jeder staatliche Regulierungsanspruch, der an Plattformen herangetragen wird, wird dort letzten Endes in zentralistischer Kontrolle umgesetzt und stärkt so die politische Machtstellung der Plattformbetreiber. Auf der anderen Seite sind Plattformen geradezu gezwungen, das Recht des einen Staates gegen das Recht des anderen durchzusetzen. Der zweite Treiber des Kontrollverlusts dekonstruiert gerade durch die Kooperation der Plattformen mit den Staaten ihre eigene Grundlage: die durch Grenzen definierten Jurisdiktionen.

Soziale Physik als Query-Politik

Der dritte Treiber des Kontrollverlusts, die Query, ist die wahrscheinlich größte Bedrohung für den Herrschaftsanspruch des Staates. Insbesondere für Demokratien tun sich durch die zentrale Newsaufbereitungen durch die Query ungeahnte Steuerungsmöglichkeiten der Plattformen auf, die in Zukunft das Konzept der demokratischen Wahl ad absurdum führen könnten.

Im Juni 2014 empörten sich Nutzerinnen und Journalisten über eine psychologische Studie, die Forscher in Zusammenarbeit mit Facebook entwickelt hatten.[13] Sie manipulierten für etwa 310.000 Nutzer den Algorithmus, der die Zusammenstellung der Updates der Freundinnen (den Newsfeed) zusammenstellt. Ihnen wurden bestimmte Updates nicht angezeigt, die eher in einer negativen Stimmung verfasst waren. Eine Kontrollgruppe bekam die Ergebnisse des normalen News-Algorithmus zu sehen. Anschließend werteten die Forscher aus, mit welcher Stimmung die manipulierten Nutzerinnen von nun an selbst Updates posteten. Wie sie herausfanden, gab es durchaus einen signifikanten Zusammenhang zwischen den Stimmungen der gelesenen und den geschriebenen Posts, wenn auch einen sehr geringen. Die Empörung der Nutzer, nachdem sie von dem Experiment erfuhren, bezog sich vor allem auf die Tatsache, dass sie nicht in ein solches Experiment eingewilligt hatten. Vielen schien nicht bewusst zu sein, dass Facebook jeden Tag den News-Stream-Algorithmus manipuliert, um zu testen, ob dadurch das Nutzerinnenverhalten oder die Werbereaktion intensiviert werden können.

Grundsätzlich sollte uns jede Macht, die von der Manipulierbarkeit der Querys ausgeht, Sorgen bereiten. In ihrem Paper »Engineering the public: big data, surveillance and computational politics«[14] prophezeit die Soziologin Zeynep Tufekci, dass Big Data, kombiniert mit den Mitteln der Verhaltensforschung, eine neue Form des Ingenieurwesens hervorbringen wird. Sie nennt es *Enhanced, Network-based Social Engineering* – verstärktes, netzwerkbasiertes Social Engineering. Das wäre eine massive Bedrohung auch der politischen und demokratischen Strukturen einer Gesellschaft.

Etwa seit 2006 setzt das US-Militär eine Strategie namens *Human Terrain System* ein.[15] Dabei werden in Krisengebieten speziell ausgebildete Anthropologinnen ausgesandt, um Informationen zu sammeln. Sie gehen in Archive, sammeln Fotos und Dokumente und führen Befragungen durch. Es geht darum, die Netzwerkstrukturen in der jeweiligen Gesellschaft auszumachen und sie wie auf einer »sozialen Karte« auszubreiten. Wie sind die Verwandtschaftsverhältnisse, wer ist mit wem befreundet und wer mit wem verfeindet? Vor allem aber geht es darum, die Hubs zu identifizieren – also die Personen, die mit besonders vielen Personen interagieren. Wenn es gelingt, die Hubs zu kontrollieren, ist es möglich, das ganze Gesellschaftsgefüge zu beeinflussen.

Im Network Science Center der West Point Academy, einer Eliteuniversität des US-Militärs, werden daraus detaillierte und auf mathematische Verfahren basierende Graphenanalysen erstellt und untersucht. Die Wissenschaftler entwickeln Algorithmen zur Berechnung effektiver strategischer Vorgehensweisen gegen die Kommandostrukturen des Gegners. Die Querys geben aus, welche neuralgischen Punkte – also Personen – bestochen, befreundet oder ausgeschaltet werden müssen, um die Fragilität des Gesamtsystems zu erhöhen. Eines der Erkenntnisse des Centers ist, dass es oft mehr Sinn ergibt, die zweite Reihe der Kommandostrukur etwa einer Terrororganisation auszuschalten als den Kopf. Die Spitze kann vergleichsweise leicht ersetzt werden, aber wenn die zweite Reihe ausfällt, verändert das System seine Gesamtstruktur, wird hierarchischer und damit anfälliger für Störungen.

Auch in der zivilen Forschung werden soziale Netzwerkphänomene untersucht. In der Studie »Continuous-time model of structural balance« untersuchten Seth Marvel, Jon und Robert Kleinberg und Steven Strogatz, wie sich soziale Netzwerkstrukturen unter bestimmten Bedingungen über die Zeit verändern.[16] Sie kartografierten das Human Network Terrain bestimmter Gruppen in einer Matrix und wiesen Beziehungen zwischen zwei Menschen jeweils Werte zu. Ein besonders hoher positiver Wert besagt, dass sich die beiden gut verstehen; ein besonders negativer Wert, dass sie sich nicht ausstehen können. Über die Zeit lassen sich bestimmte, vorhersehbare Effekte beobachten. Sind zwei Menschen zum Beispiel befreundet, haben aber sonst nur Freunde, die sie gegenseitig nicht ausstehen können, ist es sehr wahrscheinlich, dass die Freundschaft zwischen den beiden ebenfalls zerbricht. Eine weitere Erkenntnis ist, dass eine Gruppe, in denen manche Mitglieder nicht miteinander zurechtkommen, sich entweder irgendwann harmonisiert oder aber spaltet. Andere Möglichkeiten kommen nicht vor. Mithilfe von mathematischen Modellen lässt sich nun aus einer gegebenen Anfangskonstellation errechnen, mit welcher Wahrscheinlichkeit sich eine Gruppe über die Zeit harmonisiert oder aber spaltet. Und wenn sie sich spaltet, lässt sich sogar aus den Anfangsbeziehungen ableiten, welche Gruppenmitglieder in welchem Lager landen werden.

Das alles wäre nur halb so beunruhigend, wüssten wir nicht, dass politische Einstellungen und Werte sehr stark vom sozialen Umfeld beeinflusst sind. Durch Edward Snowden haben wir erfahren, dass der britische Geheimdienst eine Abteilung mit dem Titel Joint Threat Research Intelligence Group unterhält, die unter anderem daran arbeitet, solche Erkenntnisse nutzbar zu machen. Eine ihrer Aufgaben ist es, gezielt politische Gruppen zu spalten.[17]

Es lassen sich viele Szenarien ausdenken, wie solche Erkenntnisse zusammen mit der Steuerbarkeit des News-Stream einer hinreichend großen Masse an Menschen dazu verwendet werden kann, politische Stimmungslagen ganzer Bevölkerungen in die eine oder die andere Richtung zu lenken. Wie soll Demokratie noch funktionieren, wenn einzelne Akteure durch das gezielte Manipulieren einiger weniger Hubs ganze Sozialgefüge und die mit ihr einhergehenden politischen und soziokulturellen Wertvorstellungen hermodellieren können? Die Kontrolle von Big Data und News-Algorithmen liegt in den Händen weniger. Die Deutungsmacht der Query-Monopole, zusammen mit massiven Netzwerkeffekten, sind die wohl größte politische Gefahr, die von Plattformen ausgeht.

---

1 Lawrence Lessig, »Code ist Law«, *http://harvardmagazine.com/2000/01/code-is-law-html* (Januar 2000)

2 Tobias Leingruber, »Social ID Bureau«, *www.socialidbureau.com*

3 Noel Towell (2008), »Lawyers to serve notices on Facebook«, *www.theagecom.
au/articles/2008/12/16/1229189579001.html* (16.12.2008)

4 *Heise.de*, »Deutsche E-Mail-Anbieter durchsuchen Mails nicht nach Kinderpornos«,
*www.heise.de/newsticker/meldung/Deutsche-E-Mail-Anbieter-durchsuchen-Mails-
nicht-nach-Kinderpornos-2288305.html* (7.08.2014)

5 Annika Demgen, »YouTube: Universal Music besitzt Zugang zum Redaktionssystem«,
*www.netzwelt.de/news/89993-youtube-universal-music-besitzt-zugang-
redaktionssystem.html*

6 Google, »So funktioniert ContentID«,
https://support.google.com/youtube/answer/2797370?hl=de

7 Hanno Böck, »Kuba-Embargo halb durchgesetzt«,
www.taz.de/!81168/ (3.1.2011)

8 Handelsblatt, »Microsoft muss im Ausland lagernde Daten rausrücken«,
*www.handelsblatt.com/unternehmen/it-medien/us-gericht-microsoft-muss-im-
ausland-lagernde-daten-rausruecken/10279146.html* (1.8.2014)

9 Moritz Grathmann, »Webhoster Hetzner: Deutsche Firma hilft russischer
Medienaufsicht bei Zensur«, *www.spiegel.de/netzwelt/netzpolitik-
webhoster-hetzner-fordert-zensur-von-ukrainischer-website-glavcom-a-985147.
html* (8.8.2014)

10 faz.net, »Niederlage für Google: EuGH stärkt Recht auf Vergessen«
*www.faz.net/aktuell/wirtschaft/netzwirtschaft/eugh-raeumt-recht-auf-vergessen-
gegenueber-google-ein-12936895.html* (13.5.2014)

11 Google, »Der Experten-Beirat für Google zum Recht auf Vergessenwerden«
www.google.com/intl/de/advisorycouncil/

12 Friedhelm Greis, »EU-Datenschützer verlangen weltweite Löschung«,
*www.golem.de/news/google-suchergebnisse-eu-datenschuetzer-verlangen-
weltweite-loeschung-1407-108101.html* (24.7.2014)

13 spiegel.de, »Manipulierte Newsfeeds: Facebook-Nutzer empört über Psycho-
Experiment«, *www.spiegel.de/netzwelt/web/facebook-experiment-aerger-um-
manipulierte-newsfeeds-a-978147.html* (29.6.2014)

14 Zeynep Tufekci, »Engineering the public: big data, surveillance and computational
politics«, *http://firstmonday.org/ojs/index.php/fm/article/view/4901/4097* (7.7.2014)

15 Christoph Engemann, »Human Terrain System – Staatlichkeit, soziale Netzwerke
und Medien militärischer Anthropologie«, in: Inge Baxmann, Timon Beyes, Claus
Pias (Hrsg.), *Soziale Medien – Neue Massen*, Berlin 2014, S. 209-234

16 Seth Marvel, Jon und Robert Kleinberg, Steven Strogatz, »Continuous-time model
of structural balance«, *www.pnas.org/content/early/2010/12/27/1013213108*
(30.11.2010)

17 Anna Biselli, »Neues aus der JTRIG-Abteilung von GCHQ«, *https://netzpolitik.org/
2014/neues-aus-der-jtrig-abteilung-von-gchq/* (25.2.2014)

Teil II
10 Regeln für das Neue Spiel

Das Neue Spiel hat begonnen

Der Kontrollverlust wirkt auf mehreren Ebenen gleichzeitig. Während er auf der einen dabei ist, die alte Ordnung abzutragen, errichtet er auf der nächsten längst eine neue. Während er unsere Möglichkeiten auf der einen Seite beschneidet, erweitert er sie auf der anderen. Wir alle spüren täglich, dass wir in einem schwierigen »Zugleich« leben, mitten im Umbruch und voller Ungleichzeitigkeiten. Wird die Welt dadurch besser oder schlechter? Was ist schlimmer: das Regiertwerden durch die alte Institution oder der Lock-in-Effekt der Plattform? Was ist uns wichtiger: unsere Privatsphäre oder die neuen Möglichkeiten von Information, Vernetzung und Teilhabe?

Wahrscheinlich gibt es Menschen, die eine eindeutige Meinung dazu haben. Wir widerstehen der Versuchung, Freiheiten gegeneinander aufzurechnen und verschiedene Formen von Macht miteinander zu vergleichen.

Das alte Spiel hat sich festgefahren. Es bot Vorteile vor allem für diejenigen, die auf der Gewinnerseite standen. Aber auch den anderen bot es immerhin die Sicherheit, auf bekanntem Terrain zu operieren. Für die Probleme, die aus der Macht der klassischen Institutionen entstehen, haben wir Kontrolltechniken entwickelt – wie Gewaltenteilung, Kontrollgremien, Begrenzung von Befugnissen. Das über lange Zeit ausgehandelte Gleichgewicht von Institutionen, die Institutionen kontrollieren sollen, die wiederum Institutionen kontrollieren (usw.) war sicher nie perfekt, aber immerhin etwas.

Im Neuen Spiel dagegen ist so vieles ungewiss. Wir haben neue Probleme, für die es noch keine Lösungen gibt. So scheitern institutionelle Kontrollinstanzen an den Plattformen, wie bei Fragen des Urheberrechts, des Datenschutzes und der Gültigkeit von Jurisdiktionen zu sehen ist. Und doch haben wir nichts anderes. Unsere Gesellschaft basiert darauf, dass wir Informationen verheimlichen, verstecken und verknappen können. Wenn wir so weitermachen, werden wir vielleicht die Demokratie zerstören. Die Geheimdienste sind bereits dabei, und uns stehen keine Instrumente zur Verfügung, mit denen wir sie stoppen könnten. Langsam beginnen wir zu begreifen, dass die Verdatung der Welt durch das Aufschreibesystem U nicht vor unserer Haustür haltmachen wird, sondern vielmehr längst dabei ist, mit Sensoren unsere Haut zu durchschreiten und die Funktion unserer Organe transparent zu machen. Wir wissen, dass die Kopiermaschine Internet dafür sorgt, dass sich die Kulturlandschaft radikal verändert und dass unsere Daten immer unsicherer werden. Wir wissen, dass sich mit der Query Modelle unseres Verhaltens erstellen lassen, sodass es gewinnbringend vorhergesagt werden kann. Wir verstehen, dass wir anhand der Query über die Plattformen manipulierbar sind – und wahrscheinlich längst manipuliert werden.

Gleichzeitig bieten sich so viele neue Möglichkeiten. Die Verdatung der Welt lässt uns energiesparend wohnen, die Kosten für Personentransport senken und neue Behandlungsmethoden gegen Krankheiten erforschen. Über die Kopiermaschine Internet wäre es heute technisch und ökonomisch kein Problem, jedem Menschen Zugang zu allem Wissen und allen Werken der gesamten Menschheit zu ermöglichen. Wir erkennen, was für ein mächtiges Instrument die Query ist, und wir fürchten ihre Wirkung auf unsere Ordnung – die persönliche wie die gesellschaftliche. Doch wir erleben auch, wozu sie in den Händen der Zivilgesellschaft imstande ist. Die Query verändert die Stellung des Individuums in der Gesellschaft und der Individuen untereinander. Sie macht die Menschen selbstbestimmter – oder hat zumindest das Potenzial dazu. Wir wissen, dass es durchaus offene, dezentrale Plattformen – wie das Internet oder das World Wide Web – geben kann, die unglaublich erfolgreich sein können und gleichzeitig die Macht viel weiter streuen, als es die klassischen Institutionen vermochten. Und wir ahnen, dass das eine gleichermaßen utopische wie dystopische Vision ist.

Aber ob wir es wollen oder nicht: Das Neue Spiel hat längst begonnen, wir stecken bereits mittendrin. Ein Zurück wird es nicht mehr geben. Wir befinden uns an einer Weggabelung mit sehr vielen Optionen – guten wie schlechten. An diesem Punkt der Geschichte können wir viel beeinflussen – und viele Möglichkeiten unwiderruflich versperren. Um zu wissen, was wir tun, müssen wir das Neue Spiel verstehen. Nachdem wir dank Teil I des Buches verstanden haben, welche

Mechaniken darin am Werk sind, brauchen wir jetzt eine Vorstellung davon, welche Hebel was bewirken und welche unbedachten Seiteneffekte es gibt. Welche Möglichkeiten und welche Unmöglichkeiten bestimmen das Spiel, welche Strategien sind erfolgversprechend und welche eher nicht?

Wer die Auswirkungen von Technologie auf die Gesellschaft untersucht, bekommt schnell den Vorwurf des Technologiedeterminismus zu hören. Dieser Vorwurf ist auch den Thesen rund um den Kontrollverlust gemacht worden. Er soll zum Ausdruck bringen, dass die Welt mehr ist als eine durch Technologie in unabänderliche Richtungen gedrängte Konfiguration. Dem möchte ich nicht widersprechen, aber doch zu bedenken geben, dass Technologie durchaus den Rahmen vorgibt, in dem wir leben. Sie bestimmt nicht in letzter Konsequenz unser Handeln und auch keine bestimmte gesellschaftliche Struktur, aber sie bestimmt doch die Bedingungen ihrer Möglichkeit. Daraus resultiert kein unbedingter Determinismus, aber ein sanfter Druck in eine bestimmte Richtung. Wenn ein Verhalten mit Technologie vereinfacht wird, steigt die Wahrscheinlichkeit, dass es verstärkt auftritt. Wird ein Verhalten durch Technologie verteuert oder sonst wie erschwert, wird es unwahrscheinlicher. In der Summe kann das dazu führen, dass sich die Interaktionsmuster der Menschen im großen Maßstab ändern. Entsprechende Umbrüche ließen sich im Zuge der Einführung der Druckerpresse genauso beobachten wie nach der Industriellen Revolution.

Technologie determiniert weder die gesellschaftlichen Strukturen noch unser Handeln. Sie eröffnet einen Korridor der Handlungsspielräume, den es politisch auszugestalten gilt. Technologie macht bestimmte Strategien effektiver und verurteilt andere auf lange Sicht zum Scheitern. Deswegen wollen wir hier keine Handlungsanweisungen geben, sondern nur zeigen, warum sich bestimmte Strategien im Neuen Spiel besser eignen als andere. Da verschiedene Teilnehmerinnen sowohl verschiedene Ziele haben mögen als auch mit anderen Eigenschaften ausgestattet sind und von einem anderen Ausgangspunkt kommen, sind das nicht für alle die gleichen Strategien. War die Perspektive im ersten Teil noch eine allgemeine und sachliche, nehmen wir hier einen konkreten, politischen Standpunkt ein. Unser Standpunkt bei der folgenden Bewertung der Lage ist der einer globalen, emanzipatorischen Zivilgesellschaft, zu der wir uns zählen. Entsprechend sollen die Strategien, die wir entwickeln, die Freiheit der Zivilgesellschaft erhöhen und gleichzeitig die Schwachen schützen.

Regel 0
Es gilt das Neue

These: Die alten Spielregeln sind außer Kraft gesetzt, die Gewissheiten gelten nicht mehr. Um sich im Neuen Spiel zurechtzufinden, die neuen Chancen zu nutzen und die neuen Gefahren zu erkennen, müssen wir Altes gezielt verlernen und uns ganz auf das Neue einstellen.

Zuerst kommt das Davor. Die Regel vor der Regel. In der Informatik fängt das Zählen vor dem Zählen an, nämlich nicht bei Eins, sondern bei Null. Die Null steht für das noch unbeschriebene Blatt, und das brauchen wir, damit wir nicht schon wissen, wo es hingehen soll. Doch wir sind schon wo, wir haben schon eine Vorstellung, und genau das ist das Problem. Bevor wir anfangen können, müssen wir zuerst einen Schritt zurücktreten, weg von der Eins, weg vom alten Spiel, hin zur Null.

Wenn das Problem nur darin bestünde, dass die Zukunft ungewiss ist, wäre alles halb so schlimm. Damit lässt sich umgehen, dafür brauchen wir keine Regel vor der Regel. Das Problem sind wir Menschen. Wir glauben aus unserem Erleben der Gegenwart und aus den Erfahrungen der Vergangenheit längst die Zukunft zu kennen. Wir erzählen uns Geschichten, um ihren Sinn in die Zukunft fortzuschreiben, oder machen statistische Analysen, um die Wahrscheinlichkeit von Ereignissen zu berechnen. Wir rechnen Trends hoch und entwickeln Szenarios, betreiben Risikoanalyse und kalkulieren Eintrittswahrscheinlichkeiten von Katastrophen. Wir befragen die Vergangenheit, um die Zukunft vorherzusehen. Was kann da schon schiefgehen?

Nicolas Taleb, Ex-Finanzanalyst und Zufallsforscher, rüttelte bereits 2006 die Welt mit seinem Buch *Der Schwarze Schwan* auf. Er zeigt darin, wie seltene und unerwartete Ereignisse allen Planungen und Szenarien zum Trotz immer wieder zu Wendepunkten werden, oft mit katastrophalen Folgen. Um es mit den Worten von Donald Rumsfeld, Ex-Verteidigungsminister der USA, zu sagen: Neben dem Bekannten und dem Unbekannten (von dem wir wissen, dass wir es nicht kennen) gibt es noch das »unbekannte Unbekannte«. Es ist jenes, von dem wir nicht mal wissen, dass wir es nicht wissen. In der englischen Sprache hat sich dafür der Begriff »Black Swan« etabliert. Vor dem Besuch Australiens wusste in Europa niemand, dass es schwarze Schwäne gibt, denn die alltägliche Beobachtung legte nahe, dass »weiß« eine der wesentlichen Eigenschaften von Schwänen ist. Ihre Entdeckung im 17. Jahrhundert war eine Zäsur im Wissen um Schwäne. Sie stellte die bisherige Idee des Schwans infrage. Taleb nennt diese anmaßende Haltung der Zukunft gegenüber den »platonischen Fehlschluss«: Wir verwechseln die Theorie, das Modell, die Idee, die wir von einer Sache haben, mit der Sache selbst. Das wiegt uns in einer trügerischen Sicherheit. Wir glauben die Welt verstanden zu haben, doch unser vermeintliches Wissen verzerrt nur unsere Weltsicht. Eine dieser Verzerrungen – die »narrative Verzerrung« – führt dazu, dass wir Ereignisse, die eigentlich nicht vorhersehbar waren, im Nachhinein in herleitende Erzählungen einbetten und so rationalisieren.

Das Neue passiert jedoch unerwartet. Wir erkennen es nicht, weil wir nicht wissen, wonach wir Ausschau halten müssen. Es kommt unscheinbar in die Welt und wird dann immer größer. Das Neue ist per se außerhalb unserer Kontrolle. Was vorher gut war, kann auf einmal schlecht sein. Was vorher Freiheit versprach, kann die neue Form des Gefängnisses sein – und umgekehrt. Machen wir uns also frei von der Vorstellung, die wir von dem Neuen haben und vergessen wir das, was wir bisher sicher zu wissen glaubten. Stellen wir alles auf den Prüfstand, nehmen wir nichts für selbstverständlich und misstrauen wir denen, die schon immer alles gewusst haben.

Das Alte schlägt um sich

»Institutionen versuchen, die Probleme am Leben zu halten, für deren Lösung sie einst geschaffen wurden«, hat Clay Shirky einmal gesagt.[1] Die Musikindustrie, einst entstanden, um Musik zu reproduzieren und einem möglichst großen Publikum zu Gehör zu bringen, ist heute der größte Verhinderer, wenn es darum geht, Musik zu verbreiten. Die Presseverlage laufen Sturm gegen die informierte Öffentlichkeit. In Deutschland betrieben sie so lange Lobbyarbeit, bis die öffentlich-rechtlichen Sendeanstalten verpflichtet wurden, ihre Inhalte nur eine begrenzte Zeit im Netz verfügbar zu machen – nach sieben Tagen müssen sie in der Regel wieder daraus verschwinden. »Depublizieren« wird der Vorgang genannt, bei dem Inhalte, die mit den Gebührengeldern der Bürger finanziert wurden, wieder unzugänglich gemacht werden. Die deutschen Presseverlage lobbyierten sich zudem ein Bundesgesetz her: das »Leistungsschutzrecht für Presseverlage«. Damit versuchen sie bei Suchmaschinen abzukassieren, die ihren Inhalten eine größere Öffentlichkeit bescheren. Aus Angst vor dem eigenen Untergang sind die Presseverlage der größte Feind der Öffentlichkeit geworden.

Es gibt gute Gründe, dem Alten gezielt zu misstrauen. Das Alte wird sich immer für unersetzlich halten, es wird versuchen uns einzureden, dass mit seinem Verlust die Welt, das Abendland oder die Demokratie untergehe. Wenn wir auf die Verlierer der Umwälzungen hören, stellen wir die Einzelschicksale einiger weniger Privilegierter über das Gemeinwohl der Gesellschaft. Wir opfern die Chancen der Digitalisierung einer Vergangenheit, die wir sowieso nicht wieder zurückholen können.

Neue Gefahren

Die, die auf diese Weise leidenschaftslos auf die Disruption des Alten blicken, handeln sich schnell den Vorwurf ein, naive Internetutopisten zu sein, die nur das Gute im Neuen sehen wollen. Das stimmt nicht. Wenn wir sagen, dass wir das Neue als Neues anerkennen müssen, und aufhören, dem Alten hinterherzutrauern, tun wir das nicht aus Begeisterung für das Neue. Es geht uns nicht darum, das Neue kritiklos zu bejubeln – im Gegenteil. Es ist uns sogar besonders wichtig, die Gefahren, die das Neue Spiel mit sich bringt, herauszustellen. Die Warnung vor dem Untergang des Alten verstellt oft die Sicht auf die echten Herausforderungen. Für das Erkennen dieser neuen Gefahren brauchen wir eine ebenso ungetrübte Sicht wie für das der neuen Chancen – beides sind »schwarze Schwäne«. Wir brauchen uns nicht darum zu sorgen, dass es keine Musik mehr geben wird oder keinen Journalismus. Stattdessen gilt es, jetzt genau zu beobachten und gültige Kritiken zu formulieren.

Das Neue Spiel ist angebrochen, es ist längst dabei, die Welt zu verändern, und die Veränderungen sind längst Realität. Die Kämpfe, die wir bislang ausgetragen haben, sind nicht die zwischen Utopisten und Realisten, sondern zwischen Realisten und Nostalgikern. Es wird Zeit, das Wehklagen der Nostalgiker zu ignorieren.

Strategien

Strategien gegen die eigene Voreingenommenheit zu entwickeln bedeutet, bestimmte Tore zu schließen und andere Tore zu öffnen. Es bedeutet, die gewohnte Perspektive zu verlassen und ungewohnte Blickwinkel einzunehmen. Zwei Strategien können dabei helfen.

Schiffe versenken

Der Literaturwissenschaftler Martin Burckhardt schlägt in seinem Buch *Digitale Renaissance* vor, sich beim Umgang mit dem digitalen Umbruch an den Entdecker Hernán Cortés zu halten: Er versenkte die Schiffe, mit denen er in Südamerika gelandet war, vor den Augen seiner Mannschaft. Das sollte ihnen jede Hoffnung nehmen, je wieder in die Alte Welt zurückzukehren, und sie so mental in den Zustand versetzen, sich bedingungslos dem neuen Kontinent zu widmen.

Es ist wichtig, diese Hoffnung auf eine Rückkehr ins alte Spiel zu zerstören. Ähnlich wie die Neue Welt gegenüber der Alten nicht grundsätzlich besser war, dafür aber spannender und voller neuer Möglichkeiten, so ist das Neue Spiel nicht das auf Erden gekommene Paradies. Die Neue Welt barg Gefahren, aber andere als die in Spanien. Nur wer sich gedanklich vom Alten löst, kann aufhören, sich immer wieder danach umzudrehen – und so die volle Aufmerksamkeit den Chancen und Risiken zuwenden, die im Neuen auf uns warten.

Blick zurück aus der Zukunft

Auch der Medienphilosoph Stefan Heidenreich schlägt eine gute Methode vor, um das Verständnis der Gegenwart aus der Klebrigkeit unserer Erfahrungswerte zu befreien. Er lädt zu einem Gedankenexperiment ein:[2] »Machen wir ein kleines Experiment, um zu sehen, was aus der Geschichte wird. Versetzen wir uns zehn Jahre in die Zukunft und blicken von dort aus auf die Gegenwart zurück. Wir schreiben das Jahr 2020. Vor zehn Jahren haben Sie diesen Text gehört oder gelesen. Sie werden sich vielleicht daran erinnern, vielleicht auch nicht. Vielleicht waren Sie auf der Straße unterwegs. Vielleicht gibt es ein Foto, das ein Fremder von Ihnen aufgenommen hat.« 2020 haben wir allgegenwärtige Gesichtserkennungsalgorithmen und können rekonstruieren, wem wir auf der Straße begegnet sind. Wir können herausfinden, wer sonst den Text gelesen hat, weil wir alle digitale Spuren hinterlassen haben. Wir wissen eine ganze Menge mehr über die Vergangenheit – also die Gegenwart –, als wir heute von der Vergangenheit wissen. Aber wenn wir dann weiter zurück schauen, werden wir erschrecken. »Denn wenn Sie nun weiter zurück in die Vergangenheit blicken – in die Jahre 2009, 2008 oder 2007 –, werden Sie feststellen, dass dieses Daten-Licht versiegt. Dass jenseits des Lichts eine Zone der Dunkelheit beginnt, auf die Sie keinen Zugriff haben. An manche Ereignisse außerhalb des Lichtkegels erinnern Sie sich vage – aber die Vergangenheit im Dunkeln wird Ihnen als etwas Beschwerliches erscheinen. Denn Sie wissen nichts genau und können sich in keinem Archiv vergewissern, was war. Wir verlassen also eine Zone der Dunkelheit, und zwar jetzt, in diesen Jahren.« Kurz: Unsere zukünftigen Ichs werden beim Blick auf unsere Jetztzeit eine ähnliche Düsterkeit sehen wie wir, wenn wir heute auf das »finstere« Mittelalter schauen. Und ebenso wenig, wie wir verstehen können, wie die Menschen damals in einer Ständegesellschaft leben konnten, werden die Zukünftigen nicht verstehen, wieso einige von uns sich so vehement gegen das Licht wehrten.

Regel 1
Du kannst das Spiel nicht gegen den Kontrollverlust spielen

These: Wenn deine Strategie voraussetzt, dass du Datenströme kontrollieren kannst, hast du keine Strategie.

Das alte Spiel beruhte auf der einfachen Tatsache, dass Informationen früher nicht frei fließen konnten. Informationsvermittlung war ein aufwendiger und deswegen immer ein bewusster Akt. Interessen und Bedürfnisse anzeigen und sammeln, Informationen innerhalb und außerhalb von Organisationen verbreiten und verarbeiten: Das waren aus gutem Grund ausgehandelte, gestaltete und kulturell eingeschliffene Prozesse. Datenschutz, Jugendschutz, Zensur, Staatsgeheimnisse, Urheberrecht, Unternehmensgeheimnisse, Öffentlichkeitsarbeit etc. sind Strategien, die noch auf dieser behäbigen Mechanik von Informationen beruhen. Diese Strategien versagen zunehmend ihren Dienst. Im Neuen Spiel entsteht Wissen frei und fließt schnell und unkontrollierbar. Wir müssen uns auf eine Welt einstellen, in der wir nicht mehr wissen können, wer auf welche Daten Zugriff hat. Das stellt alle Institutionen und gesellschaftlichen Prozesse infrage, die sich bislang auf diese Informationskontrolle verlassen haben.

Strategien

In seinem neueren Buch *Antifragilität* behandelt Nikolas Taleb die Frage, wie mit schwarzen Schwänen – also absolut unvorhersehbaren Ereignissen – am besten umzugehen ist. Sie sind nicht zu verhindern. Statt Risikomanagement zu betreiben, so Taleb, müsse darum vielmehr dafür gesorgt werden, dass die Systeme – die Unternehmen, die Finanzwirtschaft, die Gesellschaft und das eigene Leben – nicht »fragil« konstruiert seien. Robuste Systeme halten Anomalien und Störungen stand, sie sind nach Störungen noch im selben Zustand wie zuvor. Fragil hingegen sind Systeme, bei denen Störungen bewirken, dass sie sich verschlechtern oder gar komplett in sich zusammenbrechen. Das Gegenteil davon sind antifragile Systeme, die sich durch Störeinwirkungen verbessern. Das mythologische Vorbild des

Antifragilen ist die Hydra. Wir erinnern uns: Wird der Hydra ein Kopf abgeschlagen, wachsen zwei neue nach. Dieses Schema lässt sich sehr gut auf unser Problem mit dem digitalen Kontrollverlust anwenden. Unsere bisherigen Strategien, die auf der Kontrolle von Daten beruhen, sind fragil geworden. Eine einzige Neuentwicklung der Peer-to-Peer-Technologie reicht, um gerade noch sicher geglaubte Geschäftsmodelle platzen zu lassen. Wir glaubten, die Staatsmacht mittels ihrer eigenen Datenschutzregeln einhegen zu können; rechneten aber nicht mit den über Gesetze und Staatsgrenzen hinweg operierenden – und kooperierenden – Geheimdiensten. Politiker glaubten, durch Geheimhaltung von Verhandlungen, Prozesse beschleunigen zu können, doch Geheimdienste nutzen diese Informationen gegen sie; neue Journalismusprojekte wie WikiLeaks lassen sie teils im Vorhinein auffliegen, und die Leute gehen gegen geheim verhandelte Verträge wie ACTA und aktuell TTIP auf die Straße. Der Kontrollverlust ist, grob gesagt, ein Problem fragil gewordener Strategien.

Misstraue fragilen Elementen

Es gilt fragile Elemente zu erkennen und ihren Versprechen, die sie nicht mehr einhalten können, zu misstrauen. Das Konzept Datenschutz zum Beispiel ist bankrott. Die Idee, ausgerechnet eine staatliche Instanz dafür zuständig zu machen, dass Daten sicher vor Missbrauch geschützt werden, hat sich als naiv herausgestellt. Oder sogar als gefährlich: Wenn wir in der Hinsicht etwas zu befürchten haben, dann von jenen staatlichen und überstaatlichen Institutionen (Geheimdienste sind in ihrer derzeitigen Organisation unentwirrbare über- und zwischenstaatliche Geflechte), die sich sowieso über jegliche Gesetze hinwegsetzen. Datenschutz muss heute als exklusives Zugriffs- und Auswertungsmonopol des Staates verstanden werden – der Staat darf alles, die Zivilgesellschaft wird reguliert.

Zusammen mit dem Datenschutz ist auch das Konzept der Privatsphäre-Einstellungen, wie wir es auf sozialen Netzwerken finden, gestorben. Wenn ich meine Fotos nur mit Freunden teile, teile ich sie mit Freunden und der NSA. Wenn ich mit einer Freundin chatte,

chatte ich mit der Freundin und dem britischen GCHQ. Wenn ich un-
verschlüsselte E-Mails schreibe, schreibe ich sie dem Empfänger und
dem BND.

Auch die Idee, Kulturgüter und Wissen zu verknappen, um damit
Geld verdienen zu können, funktioniert immer schlechter. Auf dieser
Basis lassen sich die Urheberinnen schon lange nicht mehr angemes-
sen bezahlen, und der Effekt wird sich in Zukunft noch verstärken.
Es sind sowieso nur die wenigen Stars Nutznießer dieses Systems.
Wer weiterhin darauf besteht, dass seine Werke nur in genau dafür
vorgesehenen Kanälen verteilt werden, wird keinen Erfolg haben.

Robuste Leben, Geschäftsmodelle und Systeme
Wir können nicht vorhersehen, was mit Informationen geschieht; wir
können nicht mit dem Kontrollverlust planen. Aber wir können unser
Leben, unsere Geschäftsmodelle und unsere Gesellschaft so verändern, dass sie auf den Kontrollverlust nicht mehr fragil reagieren.
Wenn du vorzutäuschen versuchst, jemand anderes zu sein, dann bist
du vom informationellen Kontrollverlust mehr bedroht als bisher.
Das gilt auch für Institutionen, wie sich derzeit an der NSA gut beobachten lässt. Wenn du in irgendeinem Sinn erfolgreich bist, bist du
durch den Kontrollverlust grundsätzlich angreifbarer, als wenn du
nichts zu verlieren hast. Mit einer erfolgreichen Karriere kannst du
eher Ziel von Schmutzkampagnen werden. Eine höhere Bekanntheit
führt zu einer höheren Wahrscheinlichkeit, dass dich Menschen beschimpfen, belästigen oder sogar stalken. Das alles war schon immer
so – nur sind Rufmord und Belästigung heute über die digitalen
Möglichkeiten viel niedrigschwelligere Werkzeuge.

Ein Geschäftsmodell, das darauf beruht, Informationen knapp zu
halten, ist fragil – im Gegensatz zu etwa Crowdfunding: Ein geplan-
tes Projekt wird vorgestellt und von der »Crowd« vorfinanziert, indem
zum Beispiel Exemplare eines Buches im Voraus verkauft werden.
Dieses Buch ist auf diese Art entstanden: Es wird unter einer freien
Lizenz veröffentlicht werden. Filesharing kann ihm nichts anhaben,
denn das ist bereits eingepreist. Das Geld ist bereits eingenommen.
Geld, das du vorher gesammelt hast, kann dir durch Filesharing nie-

mand mehr nehmen. Für die Gesellschaft gilt das Gleiche. Auch sie sollte robuste Systeme implementieren. In einem Gesundheitssystem, das solidarisch für alle funktioniert, wäre es weniger bedrohlich, wenn meine Gesundheitsdaten in fremde Hände fallen. Ein solidarischer Tarif und bedingungslose Behandlung für alle sind nicht einmal neue politische Forderungen. Rassistische und homophobe Gesellschaften sind gegenüber unvorhergesehenen Informationsleaks fragil. Wer gezwungen ist, seine Sexualität geheim zu halten, findet keine Freiheit. Der Kampf für Toleranz und gegen gruppenbezogene Menschenfeindlichkeit dagegen stärkt die Robustheit des Individuums in Zeiten des Kontrollverlusts.

Mehr Offenheit für die Antifragilität

Es reicht jedoch nicht, sich nur mit robusten Systemen gegen den Kontrollverlust zu wappnen. Es braucht auch Elemente, die positiv auf den Kontrollverlust reagieren – die das Gegenteil von fragil sind: antifragil. Taleb gibt ein Beispiel für eine antifragile Strategie, die den Kontrollverlust direkt betrifft. Seine eigene Profession als Autor beschreibt er als antifragil gegenüber Gerüchten und negativer Berichterstattung. Er könne jederzeit einen Skandal vom Zaun brechen, und anstatt dass er daraufhin zurücktreten müsste – wie das beispielsweise Politikerinnen und Manager in der Regel tun müssen – würde sich sein Buch dadurch nur noch besser verkaufen.

Antifragil gegenüber dem Kontrollverlust sind Strategien, die auf Öffentlichkeit, Transparenz und Vernetzung setzen: freies Wissen, Open Government, offene Daten, Open Source, etc. Jede Information im Netz schafft Anschlussfähigkeit, und für viele Informationen wollen wir diese Anschlussfähigkeit. Unsere Bedürfnisse, unsere Werke, unsere Ideen, unsere Haltungen und viele unserer Eigenschaften sind gute Gründe, sich mit uns zu vernetzen, und es kann sich lohnen, sie dem Kontrollverlust gezielt auszuliefern: Als Individuum kannst du deine Handlungen nützlicher Kritik aussetzen und so besser werden. Das gilt als Privatperson genauso wie für die Programmiererin. Als Politiker schaffst du Vertrauen, wenn du möglichst viele Vorgänge offenlegst, die deinen Tätigkeitsbereich betreffen. Als Autorin schaffst du eine größere Reichweite für deine Ideen. Als Aktivist findest du schneller Gleichgesinnte. Informationelle Offenheit ist eine antifragile Strategie in Zeiten des Kontrollverlusts.

Regel 2
Die Überwachung ist Teil des Spiels

These: Die Überwachung wird im Neuen Spiel massiv zunehmen, und wir werden zähneknirschend damit leben lernen. Effektiv gegen Überwachung kämpfen bedeutet, die Wirkung von Überwachung zu schwächen.

Es war eine aufwühlende Zeit, Anfang der 1980er, eine politische Zeit. Großprojekte wie die »Startbahn West« des Frankfurter Flughafens, die Stationierung von Mittelstreckenraketen und die Atompolitik hatten soziale Bewegungen hervorgebracht, die sich immer lautstärker gegen die Politik eines aus ihrer Sicht immer repressiver werdenden Staates wandten. Und dann kam die Volkszählung. Die Gegnerinnen schafften es, weit über die üblichen Verdächtigen der Friedens- und Umweltbewegung hinaus zu mobilisieren. Bis März 1983 war von über 500 Initiativen bundesweit die Rede, und die Stimmung drohte zu kippen. Am 13. April 1983 stoppte das Bundesverfassungsgericht das Volkszählungsvorhaben mit einer einstweiligen Verfügung. Am 15. Dezember schließlich hob es das gesamte Volkszählungsgesetz als verfassungswidrig auf. Im Zuge dessen verfügte es ein neues Grundrecht: Das »Recht auf informationelle Selbstbestimmung«. Dieses Recht wurde direkt aus Artikel 1 des Grundgesetzes und dem daraus entstehenden Persönlichkeitsrecht abgeleitet. Das Recht, selbst über die Herausgabe und Verwendung unserer personenbezogenen Daten zu bestimmen, ist seitdem die rechtliche Grundlage unseres Rechts auf Privatsphäre und ein tiefer kultureller Anker im Selbstverständnis der Deutschen.

Am 22. September 2013, dreißig Jahre später, wählten die Deutschen einen neuen Bundestag. Wieder war es eine aufwühlende Zeit, und wieder hatte sie mit dem Sammeln von Daten zu tun. Vier Monate davor hatte Edward Snowden mit seinen Enthüllungen rund um die Geheimdienstspionage von NSA und GCHQ begonnen. Wir lernten, dass niemand mehr von sich behaupten kann, informationell selbstbestimmt zu sein. Die Welt wird abgehört, immer und überall, jede ist betroffen. Die denkbar größte Privatsphärenkatastrophe wurde

Realität. Aber während sich die Medien mit Berichterstattung und Aufklärung überschlugen und Internetaktivisten deutschlandweit aus dem Hyperventilieren nicht mehr herauskamen, interessierte das in der Bevölkerung kaum jemanden. Die konservative CDU, die so unsouverän und behäbig auf den Skandal reagierte, wie es überhaupt nur möglich war, ging gestärkt aus der Bundestagswahl hervor. Die liberale FDP, die wenigstens Aufklärungswillen gezeigt hatte, wurde stattdessen aus dem Bundestag gewählt. Alle Oppositionsparteien, die versuchten, den Skandal politisch gegen die Regierung zu nutzen, wurden abgestraft. Die Piratenpartei – zu deren Kernkompetenzen Fragen rund um Datenschutz und Überwachung gehören – verpasste mit 2,0 Prozent der Stimmen erneut den Einzug in den Bundestag.

Das Privacy-Paradox

Das Ergebnis der Bundestagswahl erinnert an ein Phänomen, das Wissenschaftler das »Privacy-Paradox« nennen: In allen Umfragen und Interviews wird der Schutz der Privatsphäre als extrem wichtig angegeben. Zugleich aber führt das nur in den seltensten Fällen dazu, dass Menschen auch nur das Geringste dafür tun. In einer Studie[3] wurden zwei fiktive Online-Shops erstellt. Einer verlangte weniger persönliche Daten von den Kundinnen, dafür waren die DVDs dort einen Euro teurer als bei dem zweiten Shop, der sehr viel mehr über seine Kunden wissen wollte. Fast alle wählten den billigeren Shop. Sogar wenn die Preise bei beiden gleich hoch waren, entschied sich nur die Hälfte der Versuchspersonen für die datenschutzfreundliche Variante. Wir sind anscheinend nicht bereit, für unsere Privatsphäre einen Preis zu zahlen, egal wie niedrig dieser Preis ist. Es besteht gesellschaftlicher Konsens darüber, dass uns der Schutz unserer Privatsphäre wichtig ist; doch offensichtlich ist kaum jemand in der Lage, dieses Mantra mit Inhalt zu füllen. »Im Zuge des gesellschaftlichen Durchbruchs digitaler Kommunikation geht die Unterscheidbarkeit zwischen privatem und öffentlichem Raum vielfach verloren, wie zum Beispiel die Praxis sozialer Netzwerke oftmals zeigt«, sagt Alexander Hensel vom Göttinger Institut für Demokratieforschung. »Der Umgang mit Privatsphäre verändert sich so im Alltag der Menschen, was einen Normenwandel in diesem Bereich vorantreibt. Dabei scheint der Wert des Privaten an Bedeutung zu verlieren.«[4] Viele haben im Internet die Erfahrung gemacht, dass die Preisgabe eigener Daten fast immer ohne Konsequenzen bleibt, ja, dass sie sogar Vorteile bringt. So veröffentlichen sie Details aus ihrem Privatleben und bekommen dafür Zuspruch, Tipps, Kommunikation und Anteilnahme.

Echelon und Moore's Law

Der aktuelle NSA-Skandal ist nicht der erste. Bereits im Jahr 2000 kam heraus, dass der US-Geheimdienst weltweit satellitengestützte Telefonate abhört. Das weltweite Netzwerk aus Funkstationen und Radarkuppeln hieß Echelon. Als der Untersuchungsausschuss, den das Europäische Parlament dazu einsetzte, seinen Bericht am 5. September 2001 vorlegte, wurden seine Resultate schnell von den Ereignissen des 11. September überlagert. Echelon hinterließ ziemlich tiefe Spuren im kulturellen Gedächtnis der Nerdkultur, aber praktisch keine politischen Konsequenzen.

Auch nach den Erkenntnissen, die uns Edward Snowdens Veröffentlichungen gebracht haben und weiter bringen, sind weder politische noch technische oder juristische Maßnahmen gegen die Überwachung zu erwarten. Im Gegenteil. Sie wird sich weiterhin in dem Maße ausbreiten, wie die Verdatung der Welt aufgrund der technischen Möglichkeiten voranschreitet. Zu Zeiten von Echelon wurde genau dasselbe belauscht wie heute: Alles. Nur enthielt dieses Alles damals viel weniger als heute. Überwacht wird, was überwachbar ist – das heißt: die digitalisierten Lebensbereiche. Und diese Digitalisierung schreitet nach den Gesetzen Moore's voran, verdoppelt also alle 18 bis 24 Monate ihre Kapazität.

Der Kontrollverlust hat gerade erst begonnen. Er wird sich weiter in alle Ritzen des Alltags fräsen und keine Nische undigitalisiert lassen. Weder die staatliche noch die wirtschaftliche noch die private Überwachung wird sich in irgendeiner Hinsicht zurückdrehen lassen. Die informationelle Selbstbestimmung, die dreißig Jahre zuvor mit so viel Verve und Pathos erstritten wurde, ist grundlegend zerstört. Und an den Gedanken haben wir uns Schritt für Schritt gewöhnt. Vermutlich werden die Leute mit den Schultern zucken, wenn sie in zehn Jahren erfahren sollten, dass die Geheimdienste Sensoren in unseren Blutbahnen abfragen können und auch Gehirnscanner kurz vor der Einsatzbereitschaft stehen.

Unser digitales Leben wird nicht erst seit gestern, sondern seit mindestens zehn Jahren lückenlos überwacht. Würde die komplette Überwachung des Menschen seine Freiheit und Individualität so grundsätzlich infrage stellen, wie es von digitalen Bürgerrechtlern seit vielen Jahren suggeriert wird, dürfte sich in der westlichen Hemisphäre niemand mehr frei fühlen. Mit anderen Worten: Die Frage, ob wir mit der Totalüberwachung leben können, ist schon lange keine hypothetische mehr, sondern empirisch beantwortet: Ja, können wir, und wir tun es schon seit zehn Jahren.

Überwachung ist eine Gefahr

Auch wenn manche Dramatisierung und das eine oder andere Horrorszenario sich als unzutreffend herausgestellt haben, bleibt Überwachung – insbesondere staatliche Überwachung – ein gesellschaftliches Problem. Sie ist nach wie vor eine Gefahr für die Demokratie und das Zusammenleben. Kronzeuge hierfür ist J. Edgar Hoover. Der erste FBI-Chef sammelte Akten über alles und jeden und hatte bald genug Material zusammen, um alle mächtigen Menschen in den USA zu erpressen. Er war unangreifbar, das FBI wurde unter ihm zum Staat im Staate.

Auch wenn es sicher nicht das Hauptanliegen der NSA ist, muss Ähnliches für die NSA vermutet werden. Im Gegensatz zum damaligen FBI besitzt sie nicht nur Material über US-Politiker. Sie hat die theoretische Möglichkeit, kompromittierendes Material über Parlamentarieinnen, hohe Politiker und Staatschefinnen aller Länder zu sammeln. Die Geheimdienste sind eine Bedrohung für die Demokratie, und zwar weltweit.

Für viele Menschen ist die Überwachung eine sehr konkrete Bedrohung. Mit ihrer Hilfe werden die Drohnenkriege im Sudan, in Afghanistan und Pakistan geführt. Eine falsche Korrelation – jemand hat das falsche Fest besucht oder mit den falschen Leuten telefoniert –, und das eigene Haus liegt in Schutt und Asche. Vor allem Flüchtlinge vor den europäischen Grenzen sind jeden Tag Opfer von Überwachung. Eurosur heißt das geplante europäische Flüchtlingsabwehrsystem, bestehend aus Drohnen, Satellitensuchsystemen, Aufklärungsgeräten, und einem zwischenstaatlichen Datenaustausch der jeweiligen Grenzbehörden, das illegale Einwanderer schon früh aufspüren soll. Bereits jetzt arbeiten private Sicherheitsfirmen wie Frontex an den Grenzen der EU mit Hochtechnologie. Wer sich politisch engagiert, gerät auch in Deutschland schnell ins Fadenkreuz übereifriger Beamter. So erging es dem Stadtsoziologen Andrej Holm, der 2007 wegen eines unbegründeten Terrorismusverdachts verhaftet wurde und einige Monate unter verstärkter Überwachung stand – zusammen mit seiner ganzen Familie. BKA und Verfassungsschutz versuchen immer wieder linke Aktivistinnen zu unterwandern und durch Schikanen und Ermittlungen zu demoralisieren.

Staatliche Überwachung fängt aber nicht erst beim Geheimdienst an, sondern ist ein viel alltäglicheres Phänomen. Mithilfe von Informationszwangsabgaben werden Hartz-4-Empfänger drangsaliert. Dazu gehören die Offenlegung ihrer gesamten Eigentumsverhältnisse, Rechenschaft über ihre Anstrengungen zur Jobsuche und unangekündigte Hausbesuche. Der ständige Überwachungsdruck, gepaart mit existenziellen Konsequenzen durch die Agentur für Arbeit, kann Menschen über die Zeit zermürben. Es gibt nach wie vor viele plausible – und keineswegs neue – Gründe gegen Überwachung. Die NSA ist dabei aber nicht das Hauptproblem.

Strategien

Die Strategien, die sich direkt gegen Überwachung richten, sind gescheitert. Zwar lässt sich hier und da noch ein Erfolg verzeichnen, wie etwa das Kippen der Richtlinie zur Vorratsdatenspeicherung durch den Europäischen Gerichtshof 2014. Aber im Grunde ist Vollüberwachung jetzt ein dauerhafter Zustand, mit dem wir leben lernen müssen. Gegen manche Dinge jedoch kann immer noch gekämpft werden.

Kampf den Strafregimen

Die Formel »Überwachung führt zu Unfreiheit, Nicht-Überwachung zu Freiheit« gilt in dieser Pauschalität nicht mehr. Überwachung ist nicht an sich freiheitsraubend. Sie ist kein abstrakter, binärer Zustand, der entweder an oder aus ist. Stattdessen müssen wir Überwachung als eine konkrete Beziehung zwischen mindestens zwei Parteien begreifen. Wenn wir Überwachung skandalisieren, konzentrieren wir uns auf den Aspekt der Beobachtung. Wir fragen nur, wie umfassend die Beobachtung ist, der wir ausgeliefert sind. Die Gefahr durch NSA, Amazon oder Online-Werbefirmen beurteilen wir ausschließlich danach, welches Wissen sie über uns haben. Das ist kurzsichtig, denn wir übersehen damit die wichtige Rolle der Machtverhältnisse. Überwachung ist nicht gleich Macht, sondern Macht macht Beobachtung erst zur Überwachung. Die Machtverhältnisse entspringen nicht einfach der Überwachung, sondern sie sind per se vorhanden. Überwachung ist einerseits Symptom dieser Machtverhältnisse – nicht alle Personen und Institutionen befinden sich in der Position, jemanden überwachen zu können – und dient ihnen andererseits als Werkzeug, um Macht abzusichern.

Obwohl entrüstete Passanten es bei der Polizei melden könnten, wenn wir auf dem Fahrrad telefonieren oder bei Rot über die Ampel fahren, hält uns das nicht davon ab, es trotzdem zu tun – vor den Augen einer Polizistin jedoch nicht. Obwohl wir wissen, dass die NSA auf unsere Google-Daten zugreift, berichten wir Freunden per Google Mail auch über Rechtsverletzungen. Wir kalkulieren immer das Risiko mit, das heißt die Wahrscheinlichkeit und Intensität von Strafe. So wie es ein Unterschied ist, ob ein Passant oder eine Polizistin mich mit Handy Fahrrad fahren sieht, ist es ein Unterschied, ob Google meine Daten sammelt, um mir Werbung anzuzeigen, oder das Bundeskriminalamt, weil es mich eines Verbrechens verdächtigt.

Macht über mich hat, wer mich disziplinieren kann. Disziplinierung muss nicht immer physische Gewalt beinhalten. Auch sozialer Ausschluss, Liebesentzug oder ein abschätziger Blick können disziplinieren, solange es eine Auswirkung auf mein Verhalten hat. Erst, wenn die Überwachenden mich für meine Handlungen zur Verantwortung

ziehen können, werde ich ihre Beobachtung überhaupt als Freiheits-
einschränkung erleben. Die Macht, mich zu bestrafen, wenn ich mich
nicht gemäß den Vorstellungen der Überwacher verhalte, ist der entscheidende Unterschied zwischen Überwachung und Beobachtung.
Genau aus diesem Grund hat Überwachung nur bedingt etwas mit
Privatsphäre zu tun. Dem Schriftsteller Ilija Trojanow wurde die Einreise in die USA vermutlich aufgrund seiner öffentlichen Äußerungen
zum Thema Überwachung verwehrt, nicht wegen Details aus seinem
Privatleben.[5] In Hamburg werden Menschen wegen ihrer Hautfarbe
von der Polizei ins Visier genommen, um Flüchtige aus Lampedusa in
ihrem Bewegungsradius zu kontrollieren. Diese Praxis heißt *Racial
Profiling*; Hautfarbe ist nichts Privates. Britische Touristinnen, die für
einen auf Twitter geäußerten Scherz, Marilyn Monroe ausgraben zu
wollen, in den USA stundenlang verhört wurden,[6] verdanken ihre
Drangsalierung keiner Verletzung ihrer Privatsphäre. Wenn unsere
sexuelle Orientierung sich von der des Mainstreams unterscheidet,
können wir versuchen, das geheim zu halten, um Diskriminierung zu
entgehen. Aber ist das die Welt, in der wir leben wollen?
Für die überwachende Instanz ist es egal, ob sie mich wegen eines
öffentlichen Tweets oder einer privaten E-Mail zur Verantwortung
zieht. Wichtig ist nicht die Herkunft der Information, sondern ihre
Konsequenz. Gäbe es so etwas wie eine intakte Privatsphäre, könnte
sie uns nur dann vor Unterdrückung bewahren, wenn wir unsere potenziell anstößigen Eigenschaften und Meinungen in ihr verbergen.
Würden wir öffentlich dazu stehen, wären wir trotzdem dran. Freiheit
sieht anders aus.
Statt also die Privatsphäre gegen Beobachtung zu verteidigen, sollten
wir gegen die Instanzen der Bestrafung kämpfen: Autoritäre Grenzkontrollen, rassistische Polizeianordnungen, homophobe Strukturen
in der Gesellschaft, ungerechte Gesundheitssysteme und institutionelle Diskriminierung sind die eigentlichen Problemfelder, auf denen
Überwachung gefährlich werden kann. Der Staat selbst mit seinem
Gewaltmonopol und seinem allumfassenden Regulierungsanspruch
ist Quell der meisten Drohpotenziale, die durch Überwachung zum
Freiheitsverlust führen können.

Gegenüberwachung

Der New Yorker Künstler und Aktivist Trevor Paglen betreibt Gegenüberwachung. Viele seiner Projekte machen Geheimdiensttätigkeiten sichtbar. So fährt Paglen zu geheimen Stützpunkten und fotografiert Spionage-Satelliten. Er sammelt und dokumentiert geheimdienstliche Rangabzeichen und veröffentlicht Flugrouten von CIA-Flugzeugen zu Gefangenenlagern. Die Informationen, die er dabei zusammenträgt, stellt er der Öffentlichkeit zur Verfügung. Seine Arbeit kann die Machenschaften der Geheimdienste zwar nicht aufhalten, aber doch ihren Handlungsspielraum einengen. Die Wirkung der Überwachung funktioniert auch andersherum: Wenn die Geheimdienste jederzeit Angst haben müssen, dass ihre Tätigkeiten aufgedeckt, mitgeschnitten und der Öffentlichkeit zur Verfügung gestellt werden, müssen sie Strategien anpassen und eventuell höhere Kosten sowie größere Risiken auf sich nehmen.

Die besten Beispiele für die Macht der Transparenz sind Chelsea Manning und Edward Snowden. Sie haben eindrucksvoll gezeigt, dass der Kontrollverlust auf der Seite des Whistleblowings arbeitet. Egal, wie mächtig eine Behörde oder ein Staat ist: Dort, wo die Macht auf Geheimnissen beruht, ist sie fragil und wird dadurch in Zukunft immer angreifbarer sein. Gegenüberwachung zeigt bereits Resultate: Auf der Anti-Überwachungsdemonstration »Freiheit statt Angst« im Jahr 2009 in Berlin zum Beispiel wurde ein Demonstrant von der Polizei verprügelt. Nachdem die Polizei erst alles abgestritten und dann behauptet hatte, die Täter könnten nicht identifiziert werden, wurde sie mit mehreren Videoaufnahmen aus verschiedenen Perspektiven konfrontiert, deren geballter Evidenz sie nichts mehr entgegenzusetzen hatte. Zwei Polizisten wurden schließlich verurteilt.

Im Juli 2013 wurde die Anklage gegen den deutschen Pfarrer Lothar König, einen Aktivisten der antifaschistischen Szene, fallen gelassen. Ihm war vorgeworfen worden, bei einer Demonstration gegen Rechtsextremismus in Dresden zum Landfriedensbruch aufgewiegelt zu haben. Im Laufe des Prozesses tauchten dann allerdings Videos von der Demonstration auf, die den Darstellungen der Polizei diametral widersprachen.

Das Sammeln von Daten hat grundsätzlich einen schlechten Ruf. Daten können uns belasten, uns unter Verdacht und sogar ins Gefängnis bringen. Doch das ist nur die eine Seite der Medaille. Wir haben diese einseitige Sicht auf Daten, weil Datenverarbeitung lange Zeit ausschließlich von großen Institutionen wie dem Staat und großen Unternehmen betrieben wurde. Das hat sich heute geändert: Seit einigen Jahren sammeln, tauschen und verarbeiten wir alle Daten jeden Tag – und jeden Tag ein bisschen mehr. Konsequent weiterentwickelt heißt dieser Trend »Sousveillance«. Der Begriff wurde vom US-amerikanischen Forscher und Erfinder Steve Mann geprägt. Mann trägt seit 36 Jahren Apparaturen zur ständigen Aufzeichnung seiner Sinneswahrnehmung mit sich. Er ist sozusagen der Prototyp des Google-Glass-Trägers, lange bevor Google überhaupt existierte. Sousveillance ersetzt die Vorsilbe *sur-* (frz. für »über«) aus *surveillance* (Überwachung) durch *sous* (»unter«) und könnte folglich mit »Unterwachung« übersetzt werden. Sie ist die Überwachung der Überwacher von unten. Durch immer kleinere und billigere Aufzeichnungsgeräte entwickelte sich Sousveillance schon vor dem Start von Google Glass zur Anti-Überwachungsstrategie. In Quebec, Kanada, wurden 2007 die Polizeianordnungen reformiert, nachdem ein YouTube-Video zivile Beamte der Polizei enttarnte, die sich unter die Demonstranten gemischt hatten, um die Demonstration zu eskalieren (sogenannte *Agents Provocateurs*). Auch das Video, das Polizisten zeigt, wie sie ohne vorausgegehende Provokation Studierende der Universität von Kalifornien in Los Angeles (UCLA) mit Tasern malträtieren, hatte politische Auswirkungen. Den größten Zulauf bekam die Protestgruppe #*Occupy-WallStreet*, nachdem Videos und Fotos von Polizeigewalt gegen sie im Netz auftauchten.

Post-Privacy: Selbsttransparenz als stoische Übung

Christian Heller schlägt in seinem Buch *Post-Privacy – Prima leben ohne Privatsphäre* eine noch radikalere Strategie vor: sich ganz von der Privatsphäre zu verabschieden und die unvermeidbare Transparenz zu umarmen. Er zeigt auf, dass die Privatsphäre, wie wir sie bislang kennen, für eine historisch recht neue Form des Zusammenlebens charakteristisch ist – und dass sie nicht nur Vorteile gebracht hat. Die Privatsphäre war zum Beispiel lange Zeit auch der Ort der Unterdrückung der Frau. Dagegen beweise die Homosexuellenbewegung, dass sich gesellschaftlicher Fortschritt vor allem erzielen lasse, wenn eigentlich private Details öffentlich gemacht werden. Da wir es sowieso nicht schaffen werden, den technologischen Fortschritt aufzuhalten, sollten wir uns besser an den Gedanken der totalen Transparenz gewöhnen, meint Heller.

Heller lebt dieses Modell selbst. Er dokumentiert seinen Tagesablauf, seine Finanzen und viele seiner privatesten Informationen in einem öffentlich einsehbaren Wiki.[7] Das ließe sich leicht als reiner Selbsterfahrungstrip abtun – wenn dahinter nicht offenbar würde, dass Heller nur das radikalisiert, was durch die sozialen Medien sowieso immer mehr zur Norm wird: Früher private Belange werden gezielt mit der Öffentlichkeit geteilt.

Nur macht Heller sich dabei im Gegensatz zu den meisten Menschen beispielsweise auf Facebook nicht vor, er kontrolliere selber seine Daten. Er ist sich sehr bewusst, dass sie von jedem jederzeit für alle Zwecke ge- und missbraucht werden können. Insofern passt die Post-Privacy-Strategie zu Nikolas Talebs Diktum der Antifragilität: Post-Privacy zu praktizieren, wirkt wie eine stoische Übung: Wer von vornherein vom schlimmstmöglichen Szenario ausgeht – in unserem Fall also davon, dass alle Informationen öffentlich sind – wiegt sich nicht in falscher Sicherheit, sondern bereitet sich vor auf den Fall, in dem die maximale Öffentlichkeit tatsächlich eintritt. Ständig im Hinterkopf zu haben, dass auf alle Daten zugegriffen werden kann, reduziert die Angst und damit auch die Wirkung von Überwachung.

Es gibt keine Privatsphäre mehr, es gibt nur noch Verschlüsselung

»Verschlüsselung funktioniert. Korrekt implementierte, starke Krypto-Systeme gehören zu den wenigen Dingen, auf die wir uns verlassen können.« Das sagte Edward Snowden in einer Frage- und-Antworten-Runde der britischen Zeitung *The Guardian*.[8] Von all den fragilen Strategien der Datenkontrolle ist gute Verschlüsselung die wahrscheinlich am wenigsten schlechte. Ende-zu-Ende-Verschlüsselung erfordert nicht, dass ich einem externen Dienstleister oder gar dem Staat vertrauen muss, dass sie meine Daten schützen. Ich muss an dieser Stelle nur der Technik vertrauen, dass niemand zwischen mir und meinem Kommunikationspartner die Daten entschlüsseln kann. Die Mathematik hinter den Verschlüsselungsalgorithmen gilt weiterhin als bombenfest. Selbst mit heute noch unvorstellbaren Superrechnern bräuchten diese zur Entschlüsselung einer einzigen E-Mail viele Tausend Jahre.

Das Problem ist weniger die Mathematik als die Integration der Software in E-Mail-Programme, Server oder Chats. Denn dorthin verschieben sich die Gefahren: Die Daten können zum Beispiel vor der Verschlüsselung oder nach der Entschlüsselung im Klartext ausgelesen werden. Hierbei kommt es immer wieder zu Fehlern oder zum gezielten Einbau von Hintertüren durch Hacker oder Geheimdienste.

Verschlüsselung ist vor allem für Leute geeignet, die bereit und fähig sind, viel Wissen und Können zu versammeln. In gewisser Weise ist es eine Elitenlösung. Es ist niemandem zu wünschen, sich auf Verschlüsselung verlassen zu müssen, aber für alle, die auf vertrauliche Kommunikation angewiesen sind, ist es immer noch die beste – wahrscheinlich einzige – Methode im Internet so etwas Ähnliches wie Privatsphäre herzustellen.

---

1 SXSW, »Shirky's New Opportunities in Public Sharing«,
   http://gigaom.com/2010/03/14/sxsw-shirkys-new-opportunities-in-public-sharing/
2 Stefan Heidenreich, »Datendichte und Geschichte. Vortrag im März 2010 zur
   Projektvorstellung der Docupedia«, *https://docupedia.de/zg
   Blog:%22Datendichte_ und_digitale_Geschichte%22_-_Vortrag_von_Stefan_
   Heidenreich_zur_Projektpr%C3%A4sentation_am_11.02.2010_2010/03/05*
3 Alastair R. Beresford, Dorothea Kübler, Sören Preibusch, »Unwillingness to pay for
   privacy: A field experiment«, in: *Economics Letters,* Elsevier, Vol. 117(1), S. 25-27,
   http://ideas.repec.org/p/iza/izadps/dp5017.html
4 Gespräch mit dem Autor
5 Ilija Trojanow, »Willkür und Freiheit«, in: *FAZ,* 1.10.2013,
   *www.faz.net/aktuell/feuilleton/buecher/autoren/einreiseverbot-fuer-ilija-trojanow-
   willkuer-und-freiheit-12599490.html*
6 Rob Beschizza, »Tourists deported from U.S. for Twitter jokes (Updated)«,
   http://boingboing.net/2012/01/30/brits-deported-from-u-s-for-t.html
7 Christian Heller, »PlomWiki«, *www.plomlompom.de/PlomWiki/*

8 Edward Snowden, »NSA whistleblower answers reader questions«, *www.theguardian.com/world/2013/jun/17/edward-snowden-nsa-files-whistleblower* (17.6.2013)

Regel 3
Wissen ist, die richtige Frage zu stellen

These: Im alten Spiel kam es darauf an, wer, wie, wo und warum Informationen speichert. Im Neuen Spiel zählt dagegen, wie Wissen abgefragt wird. Diese Verschiebung verändert nicht nur unseren Umgang mit Wissen, sondern auch das Machtgefüge, in das es eingebunden ist.

Ein Plakat des US-amerikanischen Künstlers Evan Roth zeigt die Startseite von Google, im Eingabefeld stehen die Worte »bad ass mother fucker«. Der Mauszeiger befindet sich über dem Button »I'm Feeling Lucky«, der den Suchenden immer direkt auf die Website des ersten Treffers bringt. Das Ganze ist eine Anleitung als Bild. Wer ihr folgt, gelangt auf die Website von Evan Roth.[1] Indem ein externer Betrachter nach »bad ass mother fucker« sucht, also die Query startet, verknüpft diese qua Google-Algorithmus diese Wortfolge mit Evan Roth bzw. seiner Website. Die Zuschreibung entsteht erst durch die Suche – wobei Roth den Prozess der Zuschreibung im Vorfeld ein wenig manipuliert hat: Durch sogenannte Suchmaschinenoptimierung (SEO – Search Engine Optimization) hat er den Google-Algorithmus dazu gebracht, seine Seite als ersten Treffer zu diesem Suchbegriff zu liefern.

Das heißt, er macht sich die Zuschreibung nicht direkt zu eigen. Wer würde schon von sich selbst behaupten, ein »bad ass mother fucker« zu sein? Durch den Umweg über den Google-Algorithmus und schließlich den Suchenden wird die Verknüpfung jedes Mal aktiv hergestellt. Roths Arbeit ist eine Reflexion auf uns, das Publikum. Wir sind es, die die Google-Suche benutzen sollen, und somit eine Realität und Identität erst konstruieren.

Die Realität der Google-Suche konstituiert spezielle Formen der Öffentlichkeit. Sie sind nicht die Öffentlichkeit der Straße und sie sind auch nicht die Öffentlichkeit der *Bildzeitung*. Es sind viele Öffentlichkeiten. Sie sind jeweils in dem Moment hergestellte Öffentlichkeiten zwischen einem suchenden Individuum und seiner Ergebnisseite. Die »Query-Öffentlichkeiten« erzeugen kein Publikum im klassischen

Sinn, sondern das Publikum erzeugt die Query-Öffentlichkeiten. Wir formulieren unseren Blick auf die Welt immer mehr als Frage. Wir strukturieren unser Wissen zunehmend nicht mehr durch Tätigkeiten wie Aufschreiben und Zuschreiben – diese Dinge passieren heutzutage automatisiert – sondern durch die Abfrage, die Query. Nicht nur bei Google, sondern auch in Wikipedia und YouTube suchen wir nach dem gleichen Prinzip. Auf unseren eigenen Rechnern löst die Suche langsam die Ordnung des Dateisystems ab.

Doch die Query führt noch weiter. Sie bestimmt, welche Werbung wir zu sehen bekommen und empfiehlt, was wir bei Amazon kaufen sollen. Wenn unsere Voreinstellungen bei Internetdiensten geladen werden, ist eine Query am Werk. Wenn Inhalte spezifisch an uns angepasst sind, wurden wir wiedererkannt und als Query verwendet – denn wir selbst werden zur Query in Hunderten Datenbanken von Werbevermarktern, sobald wir uns im Netz bewegen; die Kombination aus den von uns gespeicherten Daten und unserer Wiedererkennung funktioniert jedes Mal wie ein ausgefülltes Frageformular. Wissenschaftlerinnen schicken eine komplexe Query an große heterogene Datenmassen, wenn sie die Welt erforschen, und nennen das Big Data. Dann präsentieren sie uns, was sie in ihrer Query-Realität über Dunkle Materie, Verkehrsströme, das Klima oder das Gehirn herausgefunden haben. Oder über uns.

Verteilte Realitäten

Wenn wir in unseren Facebook-Account schauen, hat eine Query uns die Nachrichten des Tages aufbereitet. Auch Twitter aggregiert die vielen Tweets von allen, denen wir folgen, zu einem chronologischen, personalisierten Nachrichtenstrom. Wir haben diese Querys konfiguriert, indem wir die Leute aktiv ausgesucht haben, die zu unseren Nachrichtenströmen beitragen sollen. Wissen heißt heute, dass wir uns die Welt von unseren Facebook-Freunden und Twitter-Followern aufbereiten lassen. Wir vertrauen ihnen wie früher der Zeitung oder der Tagesschau. Mein Twitter-Netzwerk ist so einmalig wie ein Fingerabdruck, und damit ist auch meine Realitätskonstruktion einzigartig. Diese verteilten Realitäten bestehen aus den Statusnachrichten weit verstreuter Realitätseinspeiserinnen, meiner Anzahl handverlesener Accounts, die ich abonniert habe. Sie teilen ihre Realität mit mir, und ich aggregiere diese unterschiedlichen Realitäten in meiner persönlichen Query.

Die Filterblase

Eli Pariser wies als Erster auf eine mögliche Problematik dieser Query-Öffentlichkeiten hin. In seinem Buch *The Filterbubble* zeigt er, wie heute die Lebensrealität immer mehr von algorithmisch gefilterten Inhalten bestimmt wird, und erkennt darin eine Gefahr. Auch Google sei mittlerweile so personalisiert, dass es für zwei Menschen nicht dieselben Ergebnislisten einer Suche gäbe. Pariser sieht in den verteilten Realitäten ein Problem. Er geht davon aus, dass die Menschen nur andere Menschen abonnieren, wenn sie deren Weltsicht teilen. Auf diese Weise entstünden sich selbst bestätigende Echokammern, die das eigene Weltbild nicht mehr herausfordern würden. In diesen Filterblasen konserviere sich so das eigene Weltbild und schotte sich das Individuum gegen andere Meinungen ab. Das gemeinsame Ringen um Positionen, das eine funktionierende Demokratie auszeichnet, würde dadurch verhindert.

Dagegen ließe sich einwenden, dass die Konfrontation mit den Meinungen anderer nie eine freiwillige Angelegenheit war, sondern den Umständen entsprungen ist. Erst mit der Query gibt es die Möglichkeit, mich einerseits weiträumig mit Gleichgesinnten zu vernetzen, und andererseits das Meinungsspektrum, das ich ablehne, auszublenden. Wir haben eine neue Form der Selbstbestimmung gewonnen. Wer hat das Recht, den Menschen diese neue Form der Selbstbestimmung wieder streitig zu machen? Oder anders gefragt: Wie viel Recht hat die demokratische Öffentlichkeit auf die Aufmerksamkeit ihrer Bürger?

Dass ich viele Dinge ähnlich sehe wie jemand in meinem Netzwerk, kann trotzdem bedeuten, dass ich bei anderen Themen mit mir fremden Ideen und Einschätzungen konfrontiert werde. Nur weil ich mit jemandem das Interesse für Roboter teile, heißt das nicht, dass wir in Fragen der Umweltpolitik einer Meinung sind. Nur weil jemand interessante Links zu Wirtschaftsfragen postet, heißt das nicht, dass ich seinen Humor teile. Die Wirklichkeit ist oft viel heterogener: Wir können uns unsere Filterblasen so zusammenstellen, dass wir mit so vielen unbekannten, überraschenden und intellektuell wie ideologisch herausfordernden Realitäten konfrontiert werden, dass es schwer fällt, den eigenen Horizont nicht jede Woche aufs Neue zu erweitern. Es ist sogar sehr viel mehr Heterogenität möglich als in der alten Medienwelt, die selbst ebenfalls nichts anderes als eine Filterblase war – die Filterblase des Mainstreams eben.

Nachvollziehbar ist allerdings Parisers Kritik an der Intransparenz algorithmischer Personalisierung, wie Facebook sie praktiziert. Eine bewusst gewählte Filterblase ist etwas anderes als eine Filterblase, die nur teilweise aufgrund eigener Präferenzen und Entscheidungen zustande gekommen ist. Darin findet Informationbeschaffung nicht selbstbestimmt statt, sondern fremdgesteuert, mithilfe von Mechanismen, die wir nicht kontrollieren können.

Strategien

Es gibt kein besseres Instrument der Wissensorganisation als die Query. Das gilt von den verteilten Realitäten der Timelines über Suchmaschinen bis hin zu Big Data. Wir brauchen Strategien, die mit den damit entstehenden neuen Gefahren umgehen und gleichzeitig die Potenziale der Query allen zur Verfügung stellen können.

Wir brauchen ziviles und aktivistisches Big Data

In den USA wird die Analyse von Daten schon lange genutzt, um Armut und Ungleichheit zu verstehen und zu bekämpfen. So haben Roland Fryer und Steven Levitt mittels umfangreicher Datenanalysen gezeigt, dass die unterschiedlichen Ergebnisse bei Schultests zwischen unterschiedlichen Ethnien entgegen einer verbreiteten rassistischen Hypothese nur auf soziale Ursachen zurückgehen.[2]

Im September 2011 kam heraus, dass das Department of Labor Data, eine kalifornische Behörde, über 18 Monate mit Apple über die Herausgabe von Daten zur internen Diversität des Unternehmens stritt. Apple weigerte sich, Daten über die ethnische Zusammensetzung ihrer Mitarbeiterschaft herauszugeben und wurde deswegen vor allem von Bürgerrechtsinitiativen hart angegangen.[3] Stellen wir uns kurz vor, ein großes deutsches Unternehmen käme auf die Idee, »ethnische Zugehörigkeit« als Merkmal in den Mitarbeiterinnenakten zu führen und diese Daten an den Staat weiterzugeben. Der Sturm der Entrüstung in Deutschland wäre kaum vorstellbar. In den USA führt genau das Gegenteil zur Empörung. Ohne Daten und deren Analyse – so die Argumentation – ist das Problem mangelnder Diversität nicht zu sehen, und unsichtbare Probleme werden gerne ignoriert. In Europa ist eben das die Normalität. Das kritisieren auch Costanza Hermanin und Angelina Atanasova in ihrem Artikel »Making ›Big Data‹ Work for Equality«[4]. Gerade in Europa gebe es kaum Daten über die alltägliche Wirkung von Rassismus und Vorurteilen gegenüber Menschen mit Behinderung auf dem Arbeitsmarkt. Das mache es schwierig, die Daten aus den USA hinsichtlich des Diversitätsproblems mit denen in Europa zu vergleichen. Die Autorinnen haben dagegen die Equality-Data-Initiative gegründet, treffen aber in Europa immer wieder auf Widerstand. Datenschutz dient dabei als Hauptargument.

Dass unter restriktiver Datenhaltung vor allem die Gesellschaft selbst leidet, hat Jane Yakowitz Bambauer untersucht. In ihrem Paper »Tragedy of the Data Commons«[5] macht sie klar: Offene Daten sind eine wichtige Quelle gesellschaftlicher Wohlfahrt. Die Einschränkung dieser Quelle durch restriktive Datenschutzbestimmungen sieht sie analog zur »Tragedy of the Commons«, also dem Problem der Überbewirtschaftung von Gemeingütern durch egoistische Teilnehmer. Daten zurückzuhalten ist egoistisches Verhalten, so ihr impliziter Schluss.

OpenDataCity[6] ist eines der wenigen positiven Beispiele in Deutschland für die Nutzung der politischen Kraft von Datenauswertungen. Die kleine Berliner Firma bereitet Daten meist für journalistische Medien auf und verschafft den bearbeiteten Themen damit mehr politische Relevanz. Ein großer Erfolg war etwa die Auswertung der Telefonverbindungsdaten des Grünen-Politikers Malte Spitz, die er sich von der Deutschen Telekom erklagt hat.[7] OpenDataCity konnte mit interaktiven Grafiken zeigen, wie viel sich daraus über das Verhalten des Politikers ablesen ließ. Damit wurde sichtbar, welche Gefahren die von der Regierung geplante Vorratsdatenspeicherung birgt. So war genau nachzuvolziehen, wie Spitz sich durch Deutschland bewegte, inklusive aller Telefongespräche, die er währenddessen führte. Und die interaktive Karte »Geheimer Krieg«, basierend auf Daten von OpenDataCity, journalistisch aufgearbeitet vom NDR und der *Süddeutschen Zeitung*,[8] zeigt die Standortdaten geheimer CIA-, NSA-, BND-Standorte und deren Aktivitäten. Unter anderem lassen sich damit Gefangenentransporte, Drohneneinsätze und andere Geheimoperationen, die von deutschem Boden ausgingen, nachvollziehen.

Es gibt noch viel Raum für solche Projekte. Datenanalysen sollten vermehrt außerhalb der Wirtschaft und Universitäten stattfinden, vor allem auch im aktivistischen Bereich. Die für Big Data wichtigen Algorithmen wie MapReduce und Datenbanksoftware wie Hadoop stehen als Open-Source-Software zur Verfügung und sind also für jeden erschwinglich. Es müssen vor allem Berührungsängste ab- und das Know-how aufgebaut werden. Um auf Profiniveau mithalten zu können, fallen zwar beachtliche Hardwarekosten an, aber auch mit normaler Hardware lassen sich schon eindrucksvolle Ergebnisse erzielen.

Filtersouveränität als neue Form der Selbstbestimmung

Früher bestimmten Geografie, politische Lagerbildung, sozio-ökonomische Herkunft, Muttersprache und finanzielle Mittel, mit welchen Informationen wir in Kontakt kamen. Heute sind viele dieser Faktoren abgeschwächt, und es besteht zumindest theoretisch die Möglichkeit, jeden Menschen mit jedem Wissen zu verbinden. Wir suchen uns heute aus einem beinahe unendlichen Reich aus Informationsströmen diejenigen aus, die zu uns passen. Mit Filterbubbles reduzieren und interpretieren wir die Komplexität der Welt selbstbestimmt und nach eigenen Kriterien.

Damit verwirklicht sich auf eine neue Weise Grundgesetz Artikel 5, Absatz 1, der sowohl eine positive Informationsfreiheit definiert, die

»die Unterrichtung aus den allgemein zugänglichen Informations-quellen« schützt, als auch eine negative Informationsfreiheit, die es erlaubt, »sich vor unentrinnbar aufgedrängter Information zu schützen«. Die Query stärkt auf technischem Weg die Möglichkeiten sowohl der positiven als auch der negativen Informationsfreiheit. Diese queryologisch erweiterte neue Selbstbestimmung nennen wir »Filtersouveränität«. Filtersouveränität ist das *Right to Query* oder das Recht auf die Filterblase – das Recht, öffentliche Daten zu nutzen und das Recht, sich gegen eintreffende Daten abschirmen zu dürfen. Sie wird uns noch in Varianten wiederbegegnen. Positive Filtersouveränität wäre das Recht, alle Quellen mit eigenen Querys auswerten zu dürfen. Negative Filtersouveränität wäre, Datenquellen mit eigenen Filtern ausselektieren zu dürfen. Die Filterbubble, die wir auf Twitter durch gezieltes Abonnieren von Accounts zusammenstellen, wäre somit filtersouveräner als der News-Stream des undurchsichtigen Facebook.

Da davon auszugehen ist, dass die Macht der Query in den nächsten Jahren weiterhin exponentiell wachsen wird, steigt auch das Potenzial der Filtersouveränität. Sie ist als Strategie antifragil. Der Kontroll-verlust kann ihr nicht nur nichts anhaben, sondern er stärkt sie in ihrer Durchsetzungsfähigkeit. Und hier treffen unsere pessimistischen Voraussagen bezüglich des Grundrechts auf informationelle Selbst-bestimmung auf die optimistisch zu bewertenden Potenziale der Informationsfreiheit. Auf Filtersouveränität zu setzen, bedeutet das sinkende Boot der Privatsphäre zu verlassen und eine Gesellschaft auf Basis einer Selbstbestimmung zu schaffen, die durch den Kontroll-verlust gestärkt wird.

---

1 Even Roth, *www.evan-roth.com/work/*
2 Roland G. Fryer, Jr. & Steven D. Levitt, »Understanding the Black-White Test Score Gap in the First Two Years of School«, in: *The Review of Economics and Statistics*, Vol. 86, 2004, S. 447-464
   sowie Roland G. Fryer, Jr. & Steven D. Levitt, »Testing for Racial Differences in the Mental Ability of Young Children«, in: *American Economic Review*, Vol. 103, April 2013, S. 981-1005
3 Ryan Tante, »Apple hides how white it is«, in: *Gawker*, 11.9.2011, *http://gawker.com/5858020/apple-hides-how-white-it-is*

4 Costanza Hermanin, Angelina Atanasova, »Making ›Big Data‹ Work for Equality«, in: *Open Society Foundations, www.opensocietyfoundations.org/voices/ making-big-data-work-equality-0*

5 Jane R. Yakowitz Bambauer, »Tragedy of the Data Commons«, 18.3.2011, *https://papers.ssrn.com/sol3/papers.cfm?abstract_id=1789749*

6 OpenDataCity, *www.opendatacity.de*

7 OpenDataCity, »Verräterisches Handy«, *https://opendatacity.de/project/verraeterisches-handy/*

8 OpenDataCity, »Geheimer Krieg«, *https://opendatacity.de/project/geheimer-krieg-2/*

Regel 4
Organisation und Streit für alle!

These: Der Kontrollverlust über Information ist in Wirklichkeit auch ein Kontrollgewinn durch Kommunikation. Im Neuen Spiel macht die Query Vernetzung, Transparenz und Organisation so einfach und billig wie nie. Das hat Vorteile, bringt aber auch neue Probleme.

Eigentlich suchte Nicole von Horst nur ein Ventil, als sie in einer Januarnacht im Jahr 2013 twitterte:»Der Arzt, der meinen Po tätschelte, nachdem ich wegen eines Selbstmordversuchs im Krankenhaus lag.« Es war bereits nach ein Uhr, die meisten ihrer Twitter-Follower schliefen schon. Und dennoch traf sie einen Nerv. Es hatte zuvor einige Artikel und Diskussionen im Netz über Sexismus im Alltag gegeben. Da war der Artikel von Maike Hank auf dem Blog _Kleinerdrei_ über ihre Erfahrungen mit Sexismus auf der Straße[1] und ein Erfahrungsbericht der Journalistin Annett Meiritz über sexistische Begegnungen mit der Piratenpartei.[2] Und dann war da noch der _Stern_-Artikel von Laura Himmelreich, in dem sie von den unangemessenen Sprüchen des damaligen FDP-Vorsitzenden Rainer Brüderle berichtete.[3] Das Thema Sexismus lag in der Luft, als von Horst ihren Tweet abschickte, und so kam Anne Wizorek auf die Idee, solche Erfahrungen unter dem Hashtag _#aufschrei_ zu bündeln.[4] Noch in der Nacht wurde aus dem kleinen Tweet ein Wind, aus dem Wind ein Sturm und aus dem Sturm ein Orkan. Innerhalb der folgenden 48 Stunden prasselten 250.000 Tweets mit alltagssexistischen Erfahrungen von sexueller Belästigung bis zur Diskriminierung im Berufsalltag auf Twitter ein, alle gelabelt mit dem Hashtag _#aufschrei_. Niemand konnte sich vor der Präsenz von _#aufschrei_ verstecken. Für einige Tage wurde der Alltagssexismus so sichtbar, wie er gegenwärtig ist.

Sexismus ist kein Großereignis;»es ist doch keine große Sache«, wie sich die Opfer immer wieder einreden. Folglich hat das Thema in der massenmedialen Berichterstattung so gut wie nie Platz. Vielleicht hat es aber nur auf das richtige Medium gewartet. Eines, das auch Platz hat für die kleine Geschichte, den Moment der Unterdrückung von nebenan und die Demütigung für zwischendurch. Sexismus ist ein Ereignis, das wie das Internet dezentral ist, weit verstreut und überall ein bisschen. Auf Twitter konnten sich die vielen kleinen Krümel der täglichen Sexismuserfahrungen unter #aufschrei zu einer unübersehbaren Katastrophe aufaddieren.[5] Auch die Massenmedien kamen schließlich nicht mehr daran vorbei. Die Protagonistinnen wurden in Talkshows eingeladen und durften ihre Erfahrungen in Zeitungsartikeln publizieren. Und doch schlugen all diese transmedialen Übersetzungen auf eigentümliche Weise fehl. Immer ging das Wesentliche verloren.

Der klassische Journalismus bricht Ereignisse auf ein einzelnes Narrativ herunter. Die meisten Journalisten reduzierten den Fall deshalb auf die Entgleisung von Rainer Brüderle. Die Komplexität der auf Twitter gesammelten Erfahrungen ließ sich massenmedial schlicht nicht abbilden. Massenmedien können Komplexität nur reduzieren. Die Query hingegen (nichts anderes ist ein Hashtag) schafft es, sowohl die Wucht der Masse als auch die Individualität jeder einzelnen Erfahrung abzubilden. Auf Twitter sind es lediglich zwei verschiedene Querys auf ein und den selben Gegenstand: einerseits die Abfrage auf das Profil einer Person, wo ich den Tweet im Kontext ihrer Twitter-Persönlichkeit lese, als einzelne, einzigartige Erfahrung. Gleichzeitig kann ich denselben Tweet als Abfrage auf das Hashtag #aufschrei im Kontext aller anderen #aufschrei-Tweets lesen, als Teil einer unübersehbaren Katastrophe. Doch nicht nur die vielen Einzelgeschichten wurden vernetzt, die Query vernetzte auch die Menschen dahinter. Mit jedem #aufschrei-Tweet wurde die Wahrscheinlichkeit erhöht, dass andere Betroffene ebenfalls über ihre Erfahrungen berichten. Die Vernetzung der Tweets schaffte eine Vernetzung auf persönlicher Ebene. #aufschrei wirkte wie ein Katalysator für die netzfeministische Bewegung. Aus den Querys wurden realweltliche Strukturen: Freundschaften, gemeinsame Projekte und vor allem Solidarität.

Koordinieren statt Planen
Die Query ist die Kehrseite des Kontrollverlustes. Sie schafft es, die Welt abzubilden, ohne ihre Komplexität zu reduzieren. Sie ermöglicht

ein Mehr an Organisation für weniger Transaktions- und Kommunikationskosten. Sie lässt Menschen sich vernetzen und gemeinsam agieren, ohne dass sie dafür eine eigene Infrastruktur und Organisation aufbauen müssen.

Eines der aufschlussreichsten Missverständnisse zu #aufschrei war, dass die Aktion immer wieder als »Kampagne« bezeichnet wurde. Doch Kampagnen sind etwas anderes. Dafür werden zunächst Organisationsstrukturen aufgebaut, zumindest ein Aktionsteam oder eine Mailingliste. Eine personell begrenzte Gruppe mit einem Namen entsteht, es kommt zu Planungstreffen, vielleicht zu Videokonferenzen. Ziele werden vereinbart und Prozesse, über die gemeinsam Entscheidungen getroffen werden – mal demokratischer, mal undemokratischer. Termine werden festgelegt, Schilder gemalt, die Presse informiert, Forderungen formuliert. Und irgendwann geht es los mit der Kampagne.

All das fand bei #aufschrei nicht statt. Die Beteiligten überantworteten lediglich ein Hashtag den Query-Öffentlichkeiten, der Rest geschah von selbst. Die Query verändert die Voraussetzungen gemeinsamen Handelns. Für vieles, wofür bisher Planung nötig war, genügt Koordination. Denn Koordination ist durch die Query so einfach, schnell und billig geworden, dass sie nebenbei passiert.

Eine Aktion wie #aufschrei lässt sich nicht planen. Es lassen sich nur Strukturen schaffen, in denen so etwas wie #aufschrei sich Bahn brechen kann. Und dann heißt es, mit dem Kontrollverlust umzugehen. Umgehen mit der Tatsache, dass niemand der »Chef« dieser Bewegung ist, dass sie niemanden ausschließen, keine Kommunikation verhindern, sondern immer nur sammeln, akkumulieren, aggregieren und koordinieren kann.

Query-Streit und Shitstorm

»Auf dem Weg nach Afrika. Hoffe, ich bekomme kein AIDS. Nur ein Witz. Ich bin weiß.« twitterte Justine Sacco, kurz bevor sie ihr Flugzeug bestieg. Als die amerikanische PR-Managerin einige Stunden später in Südafrika landete, war sie weltberühmt. Mangels Internet im Flugzeug konnte sie es nicht mitverfolgen, aber verschiedene

News-Organisationen hatten über ihren Tweet berichtet, Verbände gegen Rassismus hatten sich öffentlich über sie echauffiert, ihr Name wurde – nicht sehr freundlich – in 30.000 Tweets genannt, unter dem Hashtag #HasSaccoLandedYet. Und ihren Job war sie auch los.[6] Justine Sacco war in einen sogenannten »Shitstorm« geraten.

Es vernetzen sich nicht nur gemeinsame Ideen, Ideale, Geschichten und Ansichten wie von selbst, sondern auch gegensätzliche treffen aufeinander. Antifa-Parolen auf Nazis, Feminismus auf Sexistinnen, Sexismus auf Feministen und rassistische Witze auf von Rassismus Betroffene. Die Query-Öffentlichkeit vernetzt kritische Äußerungen genauso effektiv wie zustimmende. Auf Twitter herrscht ein ständiges Grundrauschen von Kritik und Shitstorms. Jeden Tag wird eine Äußerung, eine Aktion oder eine unbedachte oder tatsächlich boshafte Aktion mit kollektiver Kritik bestraft. Oft ist die Kritik legitim, manchmal wird sie in ihrer geballten Masse von den Betroffenen als unverhältnismäßig empfunden. An diesem ständigen Hin und Her von Zustimmung und Ablehnung gehen Freundschaften zu Bruch, entzweien sich Gruppen und scheitern Projekte. Genauso wie die Query neue Strukturen – Freundschaften, Netzwerke – entstehen lassen kann, kann sie diese auch zerstören und Menschen einander entfremden.

Vielleicht wird die deutsche Piratenpartei als einer der letzten Versuche in die Geschichte eingehen, eine klassische Organisation aus dem Internet heraus zu gründen und zu betreiben. Sie war als eines der erfolgversprechendsten politischen Projekte seit den Grünen gestartet. Eine Partei, die ein positives Verhältnis zu den digitalen Technologien mitbringt und mehr darin sieht als nur die nächste Inkarnation des Shoppingcenters oder den Untergang des Abendlandes. Nach den ersten Erfolgen von 2009 und 2011 wurde die neue Partei weithin gelobt und als Zukunft gehandelt. Doch nach 2012 wendete sich das Blatt. Die innerparteilichen Streitereien wurden immer heftiger und schaukelten sich vor allem auf Twitter zu immer heftigeren Konflikten hoch. Die Vorstände lösten sich im Jahrestakt ab, kaum jemand war bereit oder in der Lage, das Amt länger als ein Jahr auszuüben. So wurde die Piratenpartei politisch bedeutungslos.

Sie dümpelt bei Umfragen zwischen ein und zwei Prozent herum, und es sieht wenig danach aus, als würde sich daran noch mal etwas ändern.

Was der Piratenpartei passiert, ist exemplarisch für das, was allen klassischen Institutionen passieren wird, die sich gleichzeitig per Query organisieren. Streitereien im Netz, die durch Shitstorms, Gegenshitstorms und Metashitstorms aufflammen und verglühen, enden damit, dass sich Menschen entfremden. In einer Organisation wie der einer Partei ist es aber nicht möglich, sich aus dem Weg zu gehen. Ohne Zusammenarbeit funktioniert sie nicht. Es sieht so aus, als würde es immer schwerer, Query-Organisation und herkömmliche Organisation parallel zu führen. Je engmaschiger und fester die Strukturen einer Organisation, Institution oder Gruppe sind, desto eher wird aus ihr mit der Zeit ein Gefängnis, in dem sich die Gefangenen gegenseitig an die Gurgel gehen. Organisationen verglühen in der Reibungshitze ihrer eigenen, durch die Query gesteigerten Interaktionen.

Query-Hass

Die noch dunklere Schattenseite der Vernetzungsleistung der Query ist, dass sie nicht nur emanzipatorischen und progressiven Kräften zur Verfügung steht – sondern auch deren Gegnern. Beispielhaft für dieses Netzphänomen ist die Szene der sogenannten Männerrechtlerinnen oder auch »Maskulinisten«.[7] Unter dem Banner einer angeblichen Unterdrückung durch den Feminismus ziehen Männer und Frauen gegen Meinungsäußerungen von Feministen zu Felde. Sie tun das, indem sie gezielt feministische Diskussionen stören und die Teilnehmerinnen mit Blogkommentaren, Twitter-Erwähnungen, Drohmails und Shitstorms einschüchtern. Die Bandbreite der Mittel reicht von sexistischen Beschimpfungen bis zu Vergewaltigungsandrohungen – und haben das klare Ziel, Feministinnen wieder unsichtbar zu machen. Auch Rassisten, Verschwörungstheoretikerinnen und Nazis bekommen durch die Organisationsmacht der Query neuen Auftrieb. Sie finden leichter Gleichgesinnte, organisieren spontan Proteste, Strukturen und Solidarität. Nebenbei schaffen sie so sich selbst verstärkende Parallelrealitäten, die sie immun machen gegen die öffentliche Meinung und gegen längst widerlegte Fakten. Es braut sich an dieser Stelle etwas zusammen, was jetzt schon die Freiheit bestimmter Gruppen im Netz mehr einschränkt als die Geheimdienste. Für die Zukunft ist davon auszugehen, dass Hass-Mobs dieser Art massiv erstarken werden. Sie machen das offene Netz für immer mehr Menschen zu einer No-go-Area. Wir haben bisher noch keine Mechanismen, wie wir damit umgehen sollen.

Strategien

»Pressefreiheit ist die Freiheit von 200 reichen Leuten, ihre Meinung zu verbreiten« schrieb 1965 Paul Sethe in einem Leserbrief an das deutsche Nachrichtenmagazin *DER SPIEGEL*.[8] Mit dem Kollaps der Kommunikationskosten müssen wir nun das erste Mal in der Geschichte mit der real existierenden Meinungsfreiheit umgehen lernen.

Positive Filtersouveränität

Positive Filtersouveränität ist die Möglichkeit, sich mit allem und jeder zu vernetzen und zu koordinieren, wozu auch immer. Wer die neuen Möglichkeiten zur Vernetzung, zu Organisation und koordiniertem Handeln nicht nutzt, den ereilt zwar trotzdem der Kontrollverlust – sich ihm zu entziehen, ist keine zur Verfügung stehende Option –, gewinnt aber auf der anderen Seite nichts hinzu.

Es wäre zu einfach, die Vorteile der Vernetzungsleistung durch die Query als Konsum und Bequemlichkeiten abzutun. Natürlich wird dadurch auch der tägliche Konsum effektiver, schneller und oft preiswerter, wenn ich mich jederzeit mit einer ganzen Reihe von Diensten, Geschäften und Einzelpersonen vernetzen kann. Die positive Filtersouveränität erweitert aber auch den politischen, kulturellen und sozialen Wirkradius jedes Individuums. Ich kann Menschen aus Krisenregionen auf Twitter folgen, um eine subjektive Sicht auf Ereignisse jenseits des eigenen Horizonts zu erlangen. Ich kann die Vorlesungen der besten Wissenschaftler auf YouTube oder Coursera hören oder mich mit politischen Aktivstinnen weltweit zu allen möglichen Themen vernetzen. Ich kann meine Einsichten zu politischen, sozialen oder ganz alltäglichen Themen auf meinem Blog, Twitter oder Facebook teilen und potenziell die ganze Welt damit erreichen. Es gibt neue Formen der Solidarität und der gemeinsamen Kampagnen, die ich verbreiten oder unterstützen kann. Online-Petitionen können Stimmungen auffangen und politisch kanalisieren, mit Crowdfunding kann ich Projekte finanzieren, die ich für wichtig halte und mit denen ich so die Welt verändere. Das Netz kann als erweitertes Bewusstsein fungieren. Es erschließt mir gedankliche, kreative, politische Ressourcen, es kritisiert meine Ideen, verstärkt sie, reichert sie an und vernetzt sie mit weiterem Wissen. Ich bin im Internet mehr als ich, sondern nutze eine kaum aufrechenbare Anzahl weiterer Hirn-, Prozessor- und Speicherkapazitäten, die so unmittelbar abrufbar sind, dass ich mit ihrer stetigen Verfügbarkeit rechne. Positive Filtersouveränität ist mein mentales Exoskelett.

Safe Spaces, Ratingsysteme, Moderation und Anonymität

Eine immer wieder diskutierte Strategie, sich gegen die Angriffe und den Hass zu schützen, sind sogenannte »Safe Spaces« – also Plätze im Netz, an die ich mich vor Trollen und feindlich gesinnten Nutzern zurückziehen kann. So ein Vorgehen ist völlig legitim. Die Erfahrung zeigt, dass sich viele Menschen erst in Umgebungen öffnen, wenn sie sich sicher genug fühlen.

Aber auch hier ist Vorsicht geboten. Ein Safe Space ist eine fragile Strategie. Ein einziger Troll oder Provokateur, der hineingelangt, kann das zuvor investierte Vertrauen ausnutzen und die ganze vermeintliche Sicherheit in einem Handstreich zerstören. Alleine deswegen sollte die Bezeichnung Safe Space vorsichtig verwendet werden. Es sollte nichts so genannt werden, was nicht als wirklich sicher garantiert werden kann. Ab einer gewissen Gruppengröße ist es sehr unwahrscheinlich, dass das gelingt.

Die Kommentarkultur im Internet kann verbessert werden. Die Berliner Autorin und Programmiererin Kathrin Passig schrieb in ihrem Text »Sümpfe und Salons«[9] einige der wesentlichen Strategien dafür auf: ausgefeilte Ratingsysteme, mit denen Nutzerinnen die Beiträge anderer Nutzer bewerten können, bringen die qualitativ hochwertigeren

Beiträge nach vorn, während der Unsinn nach hinten verschwindet. Eine andere Strategie ist ein die Filtersouveränität erhöhendes Follower-Prinzip, bei dem immer nur Beiträge von den Leuten gezeigt werden, die ich explizit ausgewählt habe. Auch die klassische Moderation kann einen enorm positiven Effekt auf die Diskussionskultur haben. Ein gutes Beispiel dafür ist *Zeit Online*. Auf der Website werden Kommentare auch von anonymen Kommentatoren zugelassen, aber streng redigiert. Ausfallende Äußerungen, Angriffe auf Personen und unsachliche Pöbeleien werden entweder sofort gelöscht oder mit einem Hinweis der Moderatorin aus dem Kommentar herausredigiert. Die Kommentatoren geben sich daraufhin von vornherein mehr Mühe.

In diesem Zusammenhang ist immer wieder die Rede davon, dass die Anonymität im Internet schuld sei an der unterirdischen Qualität der Diskussionskultur in Foren, Kommentarspalten und sozialen Medien. Erst durch die Anonymität fühlten sich Trolle sicher genug, Menschen zu beschimpfen und zu bedrohen, so die Argumentation. Doch so einfach ist es nicht. Gerade auf Facebook, wo viele Identitäten echt sind, kommt es immer wieder zu rassistischen und sexistischen Hassaufwallungen. Im Zweifel stören sich Menschen nicht daran, dass ihre Beschimpfungen auf sie zurückgeführt werden können, weil sie sich im Recht wähnen. Allerdings ist festzustellen, dass es eine disziplinierende Wirkung hat, wenn Aussagen konkret zugeordnet werden können. So schlägt die Journalistin Ingrid Brodnig in ihrem Buch *Der unsichtbare Mensch – Wie die Anonymität im Internet unsere Gesellschaft verändert* vor, Anmeldung per Social-Media-Identität zur Pflicht zu machen. Das muss nicht immer der Klarname sein – auf Twitter lebt es sich auch ganz gut mit Pseudonymen, und Aussagen sind dennoch zuordenbar.

Negative Filtersouveränität

Die einzige antifragile Strategie, sich gegen Hass und Streit im Internet abzuschirmen, ist die negative Filtersouveränität, und sie sollte eine zunehmend praktische Bedeutung gewinnen. Mittels Einstellungen, Tools und aktiver Filterung lassen sich heute schon trollende,

Aggression und Hass verbreitende Menschen individuell »stumm-schalten«. Natürlich können sie dann weiterhin verleumden und für Probleme sorgen, aber immerhin ist es möglich, sich dem zu entziehen. Auf Twitter und Facebook kann ich Accounts blockieren, wenn ich mich von ihnen belästigt fühle. Besonders leidenschaftliche Trolle legen jedoch Zweit- oder gar Drittaccounts an, um ihre »Botschaft« an den Mann und – viel häufiger – an die Frau zu bringen. Gerade die Plattformanbieter sind darum gefordert, effektivere Query-Einstellungen und Tools zum Blockieren zu entwickeln, um die Filtersouveränität ihrer Nutzerinnen zu stärken.

Langfristig müssen dezentrale Lösungen her, die direkt auf den Geräten der Empfänger installiert sind und so noch effektiver vor unerwünschter Kommunikation schützen. Das muss in Zukunft nicht auf das Blockieren von Personen beschränkt sein. Mittels komplexer algorithmischer Heuristik lassen sich auch bestimmte Formen von Kommunikation – bestimmte Ansprachen, bestimmte Stimmungslagen, bestimmte Themen – vorausschauend ausblenden. Der Macht der Query sind hier theoretisch keine Grenzen gesetzt.

Versuche, Streit zu minimieren

In ausufernde Streits, Flamewars oder Shitstorms können alle geraten, die sich im Internet äußern.[10] In einer solchen Situation die richtige Strategie zu finden, ist nicht ganz einfach. Es hilft aber, sich die Dynamiken solcher digital induzierten Empörungswellen bewusst zu machen. Das Wichtigste ist, zu begreifen, dass in einer solchen Situation niemand gewinnen kann. Es gibt keine Autorität, die einen Streit beenden und eine der beiden Parteien zum Sieger erklären kann. Es gibt keine Begrenzung von Zeitressourcen, weil die Streitenden einander jederzeit zur kommunikativen Verfügung stehen. Streits enden darum immer für beide Seiten mit Verlusten. Die Frage ist nur, wie hoch der Preis ist. Es bringt niemandem irgendeine Form von Nutzen, öffentlich im Internet zu streiten. Und wenn der Streit bereits im Gang ist, ist es im Sinne beider Parteien, ihn schnellstmöglich zu beenden – völlig unabhängig davon, wie sehr sich jede im Recht wähnt.

In ihrem Buch *Der entfesselte Skandal* zeichnen Bernhard Pörksen und Hanne Detel ausgiebig Skandale und Shitstorms in der digitalen Welt nach. Ein immer wieder auftauchendes Muster ist der »Skandal zweiter Ordnung«: der Skandal, der folgt, wenn mit dem eigentlichen Skandal (erster Ordnung) falsch umgegangen wird. Wenn die Angegriffenen offensichtlich lügen, sich versuchen herauszuwinden, berechtigte Kritik löschen oder unsichtbar machen, steht auf einmal nicht mehr der Skandal selbst im Vordergrund, sondern das Fehlverhalten in der Reaktion darauf. Typischerweise fällt der Skandal zweiter Ordnung besonders heftig aus. Es ist ausgesprochen ratsam, ihn zu vermeiden und zu lernen, mit Kritik umzugehen. Nachdem Pörksen und Detel unter anderem WikiLeaks, die Guttenberg-Affäre, Abu Ghraib und die Diskussionen um Daniel Cohn-Bendit eingehend analysiert haben, leiten sie daraus den – wie sie es nennen – Kategorischen Imperativ des digitalen Zeitalters ab: »Handle stets so, dass Dir öffentliche Effekte Deines Handelns langfristig vertretbar erscheinen.« Und fügen sogleich hinzu: »Aber rechne damit, dass dies nichts nützt.«

---

1 Maike Hank, »Normal ist das nicht!«, in: *Kleinerdrei*, 24.1.2013, *http://kleinerdrei.org/2013/01/normal-ist-das-nicht/*

2 Annett Meiritz, »Debatte: Man liest ja so einiges über Sie«, in: *Spiegel Online*, 14.1.2013, *www.spiegel.de/spiegel/annett-meiritz-ueber-die-frauenfeindlichkeit-in-der-piratenpartei-a-877558.html*

3 Laura Himmelreich, »Der Herrenwitz«, in: *Der Stern*, 1.2.2013, *http://mobil.stern.de/politik/deutschland/stern-portraet-ueber-rainer-bruederle-der-herrenwitz-1964668.html*

4 Nicole von Horst, »Archäologie von zwei Tagen. Was Brüderle (nicht) mit #aufschrei zu tun hat«, in: *literatier*, 24.1.2014, *http://literatier.wordpress.com/2014/01/24/archaologie-von-zwei-tagen-was-bruderle-nicht-mit-aufschrei-zu-tun-hat/*

5 Lars Weiler, »Archiv der Aufschrei-Tweets«, *http://aufschrei.konvergenzfehler.de/timeline/*

6 Alison Vingiano, »This Is How A Woman's Offensive Tweet Became The World's Top Story«, *www.buzzfeed.com/alisonvingiano/this-is-how-a-womans-offensive-tweet-became-the-worlds-top-story*

7 Zu Genese und Struktur der maskulinistischen Bewegung siehe Robert Claus, »Maskulismus – Antifeminismus zwischen vermeintlicher Salonfähigkeit und unverhohlenem Frauenhass«, *http://library.fes.de/pdf-files/dialog/10861.pdf*

8 Paul Sethe, »Stimmen verstummt«, in: *Der SPIEGEL 40/1967*, 25.9.1967
www.spiegel.de/spiegel/print/d-46353351.html

9 Kathrin Passig, »Sümpfe und Salons«, in: *Merkur*, 5/2011, 3.5.2011,
www.eurozine.com/articles/2011-05-03-passig-de.html

10 Mit Streit meinen wir hier eine aggressive, emotionale und auf die Personen
gerichtete Auseinandersetzung. Diskussionen, auch leidenschaftliche, gehören
nicht dazu.

Regel 5
Du bist die Freiheit des Anderen

These: Die Vernetzung durch die Query verändert gesellschaftliche Kommunikationsstrukturen immer mehr in Richtung Ende-zu-Ende. Es braucht eine neue Informationsethik, die dieser Veränderung Rechnung trägt.

Das alte Spiel funktionierte über zentrale Mittler: Die Bank, die Bibliothek, die Behörde, die Zeitung, das Unternehmen und die Universität kümmerten sich darum, wer wann welche Informationen zu bekommen hatte und trafen Entscheidungen zur Informationsverarbeitung, die für viele Menschen galten. Im Neuen Spiel erkennen wir, welche Bevormundung dieses Vorgehen beinhaltet und müssen versuchen, es zu überwinden.

Das Besondere am Kontrollverlust genauso wie an der Query-Öffentlichkeit ist, dass wir sie noch schlechter als andere Dinge vorhersagen können. Ein Datensatz kann alle möglichen Aussagen stützen, je nachdem, welche Abfrage an ihn gestellt wird. Die unbekannte Frage ist es, die das Wissen erst strukturiert. Die Query-Öffentlichkeit ist also gar nicht vorstellbar, sie liegt stets in der Zukunft.

Der am wenigsten schlechte Eingrenzungsversuch des Wortes »Freiheit« ist die Unterscheidung von negativer und positiver Freiheit. Negative Freiheit ist »Freiheit von« – von Zwang, Hunger, politischer Verfolgung etc. Das ist eine sehr greifbare und nachvollziehbare Definition. Wenn wir in Lebensumständen stecken, die uns gegen unseren ausdrücklichen Willen Handlungen aufzwingen, werden wir uns schnell einig, dass dies Unfreiheit bedeutet. Schwieriger zu fassen ist der Begriff der »positiven Freiheit«. Positive Freiheit ist die »Freiheit zu«, das heißt, die Freiheit Dinge zu tun, die ohne zusätzliche Möglichkeiten nicht denkbar wären. Im Englischen sprechen wir von *Enabling*. Die Entwicklung der modernen Transporttechnologie ermöglicht es mir zum Beispiel, den amerikanischen Kontinent zu besuchen. Die Ausweitung unserer Reichweite, die Erhöhung der Effizienz oder die Verbesserung der Kontrolle schaffen neue Möglichkeiten und somit positive Freiheiten.

Bei genauerer Betrachtung ist es aber nicht in erster Linie das Internet, das uns diese Freiheiten beschert, sondern wir selbst, und zwar gegenseitig. Das Internet und die Query vernetzen uns lediglich – Ende-zu-Ende, von Mensch zu Mensch. Wir selbst erzeugen die Neuigkeiten, Meinungen, Texte und Daten, die für andere wiederum nützlich sind. Wir sind somit Teil der Infrastruktur und damit Bereitsteller der positiven Freiheit des Anderen – seines mentalen Exoskeletts. Die Ende-zu-Ende-Vernetzung macht uns alle direkt für die positive Freiheit des Anderen verantwortlich.

Vorgedacht hat diese ethische Konstellation der französische Philosoph und Theologe Emmanuel Levinas. »Der Andere« ist bei Levinas ein Konzept, das die Ethik von der Gemeinschaft wieder herunterbricht zu einem Gegenüber. Die Ethik Levinas' personalisiert das Soziale zum eigentlichen Grundbaustein: das Verhältnis zum und die Verantwortung für den Anderen. Gleichzeitig bleibt der Andere eine abstrakte Kategorie des Unbekannten, des Nicht-Besitzbaren und des Nicht-Wissbaren. Der Andere ist ein schwarzer Schwan – ein unvorhergesehenes Ereignis.

Damit ist der Andere strukturanalog zu dem, was wir über den Kontrollverlust und die Query sagen: Der Andere bei Levinas ist immer der ganz Andere und sprengt so per se jede Vorstellung, die wir von ihm haben. Wir können nicht wissen, was der Andere will, und dieses Nichtwissen gilt es bei Levinas nicht nur auszuhalten, sondern es bürdet uns zudem eine Verantwortung auf. Die Ver-Antwortung – das Gebot zu antworten, auf den Anderen.

Du bist die Quelle, der Hub, die Datenbank, die Anschlussstelle, das Interface des Anderen. Dein Sein, deine Daten, deine Kommunikationsangebote bestimmen seine Freiheit. Auf einer Plattform nicht zu sein, schränkt den Anderen in seiner Freiheit ein. Einen verschlüsselten Kanal nicht anzubieten, verhindert, dass der Andere sicher mit mir kommunizieren kann. Dinge aus dem Netz zu löschen, beschneidet die Möglichkeiten der Query des Anderen. Auch bestimmte Informationen nicht preiszugeben, kann den Anderen einschränken. Das vorauseilende Antworten auf den Anderen ist ein Gebot der Gastfreundschaft.

Strategien
Die beste Strategie der Ende-zu-Ende-Kommunikation ist die Ethik des Anderen. Denn die Filtersouveränität des Anderen fängt beim Sender an.

Filtersouveränität als Informationsethik
Als um 1905 ein Erlass von Friedrich Althoff an die deutschen Bibliotheken ging, waren nicht wenige Bibliothekare schockiert. Althoff war einer der verantwortlichen Koordinatoren zur Konsolidierung aller deutschen Bibliotheken – in einem Zentralkatalog sollten alle deutschen Bücher erfasst werden. Um der enormen Bestände Herr zu werden, war Althoff bereit, zu drastischen Mitteln zu greifen. So kam es in dem Erlass zu einer bemerkenswerten Aufforderung: Die Bestände sollten gelichtet werden. Auszusortieren seien ältere Dissertationen, Programme, Lehrbücher, populäre Literatur ohne wissenschaftlichen Wert, Natur- und Reisebeschreibungen und noch einiges mehr. Die meisten Bibliotheken leisteten dem Folge. Aus der Kieler Bibliothek jedoch kam folgende Antwort:

>»Der individuelle Wert jedes Buches pflegt nach dem Gewicht der geistigen Leistung bemessen zu werden, die ihm zugrunde liegt, und da unter diesem Gesichtspunkte die Skala nach oben wie nach unten unbegrenzt ist, so kann die Abschätzung allerdings oft genug bis zum Prädikat völliger Wertlosigkeit herabsinken. Anders ist es, wenn man erwägt, daß ein jedes Buch – im weitesten Sinne des Wortes – auch als historisches Dokument betrachtet werden kann und, sobald es dem Bestande einer Bibliothek angehört, auch betrachtet werden muß. Als solches besitzt es zumindest einen relativen Wert, der sinken, steigen, latent bleiben und anscheinend sogar völlig verschwinden kann, der aber alsbald hervortritt, sobald man es unter einem bestimmten Gesichtspunkt [...] ansieht [...]. Schon unter diesem Aspekt kann das an sich Unbedeutendste und Wertloseste Wert und Bedeutung gewinnen [...] Demzufolge wird es geradezu als Pflicht jeder öffentlichen Bibliothek zu betrachten sein, ihren gesamten Bücherbestand [...] ungeschmälert zu erhalten.«

Der Bibliothekar macht darauf aufmerksam, dass das Aussortieren von Büchern von einer bestimmten Frage her vorgenommen wird: Welchen Wert hat das Geschriebene für interessierte Leserinnen? Doch die Frage könnte auch ganz anders lauten: Welches historische Wissen steckt zwischen den Zeilen noch im Schundroman? Welche Vorstellungen von Liebe, Romantik werden hier referenziert? Welche anderen Querys könnten an den Datenbestand noch gestellt werden? Wir können es nicht wissen. Der Andere wird kommen, und er wird eine Frage haben, mit der wir nicht rechnen. Gastfreundschaft heißt nicht, ihn mit dem abzuspeisen, was wir uns zurechtgelegt haben. Gastfreundschaft heißt, den Gast gerade auch in seiner Fremdheit und Andersartigkeit gewähren zu lassen.

In der deutschsprachigen Wikipedia führt eben diese Diskrepanz zu Streit unter den Akteuren. Eine Fraktion – ihre Vertreter nennen sich Exklusionistinnen – votiert regelmäßig dafür, bestimmte Wikipedia-Artikel zu löschen, die ihrer Ansicht nach zu wenig »Relevanz« haben. Die Inklusionisten hingegen sind im Zweifel dafür, auch die Artikel zu behalten, die keine so offensichtliche Relevanz haben. Dass Relevanz im Zeitalter der Query-Öffentlichkeit aber keine allgemein und objektiv feststellbare Qualität mehr ist, sondern eine je individuelle Einschätzung, wollen die Exklusionistinnen nicht anerkennen. Sie stellen stattdessen sogenannte Relevanzkriterien auf. Was dem Katalog nicht entspricht, fliegt raus. Das führt dazu, dass in der deutschen Wikipedia zum Beispiel neuere und popkulturelle Phänomene nicht vertreten sind, im Gegensatz zur englischsprachigen, die eine inklusionistischere Philosophie verfolgt.

Die Überlegung ist folgende: Wenn sich erstens Information aufgrund des billigen Speicherplatzes nicht mehr für ihre Existenz rechtfertigen muss und wir zweitens annehmen, dass die Querys, die auf einen Datensatz angewendet werden können, in ihren Möglichkeiten unendlich sind, gibt es plötzlich keine legitime Instanz mehr, die sich anmaßen könnte zu entscheiden, was wichtige oder unwichtige, gute oder schlechte Information ist. Das Zusammenstellen von Querys und das Präferieren von Filtern wäre das radikale Recht ausschließlich des Empfängers. Gleichzeitig befreien diese unvorhersehbaren, weil unendlichen Querys auch den Sender von der Information. Sie befreien ihn davon, Erwartungen entsprechen zu müssen. Denn der Andere kann, weil er in unendlichen Quellen mit perfekt konfigurierbaren Werkzeugen hantiert, keinen Anspruch mehr an den Autor stellen – weder einen moralisch-normativen noch einen thematisch-informationellen. Die Freiheit des Anderen, zu lesen oder nicht zu lesen, was er will, ist zugleich die Freiheit des Senders, zu sagen, was er will.

Verschlüsselungskanal als Gastfreundschaft
Interessanterweise gilt dasselbe für Kommunikationsverschlüsselung, denn sie gehorcht ebenfalls dem Ende-zu-Ende-Prinzip. Asymmetrische Kryptosysteme arbeiten so, dass die Nachricht, die ich senden will, noch bei mir auf dem Computer (oder Smartphone) verschlüsselt und erst bei der Empfängerin entschlüsselt wird. Ende-zu-Ende-verschlüsselte Daten können auf ihrem Weg – beispielsweise auf dem E-Mail-Server meines Anbieters – nicht entschlüsselt werden. Das unterscheidet die Ende-zu-Ende-Verschlüsselung von der sogenannten Transportverschlüsselung, wo die Nachricht nur auf dem Weg vom Sender zum Server und von dort wiederum zum Empfänger verschlüsselt wird – auf dem Server aber unverschlüsselt vorliegt. Staatliche Behörden mit einem entsprechenden Gerichtsbeschluss können den Serverbetreiber bei der Transportverschlüsselung zwingen, die unverschlüsselten Daten herauszurücken.
Ende-zu-Ende-Verschlüsselung funktioniert in den meisten Varianten über das Public-Key-Verfahren. Dafür wird mithilfe spezieller mathematischer Verfahren ein Schlüsselpaar generiert. Einen der beiden Schlüssel behalte ich für mich, einen mache ich öffentlich. Wenn ich jemandem eine verschlüsselte Nachricht schicken will, nehme ich seinen öffentlichen Schlüssel, um die Nachricht für ihn zu verschlüsseln. Nur die Empfängerin kann die Nachricht mit ihrem privaten Schlüssel wieder entschlüsseln. Das heißt aber gleichzeitig, dass ich bereits einen Public Key haben und zur Verfügung stellen muss, sonst kann mir der Andere keine Nachricht verschlüsselt schicken. Das heißt, auch hier gilt dasselbe Prinzip: Einen Public Key bereitzustellen, ist ein Akt der Gastfreundschaft dem Anderen gegenüber.

1 Wir borgen uns an dieser Stelle den philosophischen Begriff Emmanuel Levinas »der Andere« und verzichten deswegen hier auf das Gendern dieses Begriffs, meinen aber andere Geschlechter mit.

2 Nikolaus Wegmann, *Bücherlabyrinthe*, Köln 2000, S. 144

Regel 6
Macht hat, wer die Plattform kontrolliert

These: Im Neuen Spiel treten Plattformen als neue, machtvolle Akteure auf den Plan. Sie bilden die Infrastruktur der kommenden Gesellschaft. Wer in Zukunft Politik machen will, muss sich mit ihnen auseinandersetzen.

Während Staaten und ihre zentralisierten Institutionen um ihren Einfluss fürchten, betritt ein neuer Player das Spielfeld: die Plattform. Die Plattform ist nicht an Grenzen gebunden, und sie bietet Zugang zu Menschen, Gegenständen, Wissen und Organisation. Die Plattform ist Infrastruktur für Interaktion und Koordination und das Zuhause vieler mächtiger Query-Systeme. Sie ist die dominierende Institution der kommenden Zeit. Plattformen befriedigen unsere Bedürfnisse, ohne uns fest zu binden: Wir nutzen Carsharing, weil uns der Zugriff auf Autos wichtiger ist als ein eigenes Auto. Wir vermieten unser eigenes Zimmer für ein paar Tage, weil es über AirBnB unaufwendig möglich ist. Wir verkaufen Überflüssiges auf eBay, weil sich dort für alles ein Abnehmer findet. Facebook dient uns als Ausweis im Internet, und die Nachrichten bekommen wir individuell bei Twitter.

Plattformen sind zentralistisch wie Facebook oder dezentral wie das Internet. Doch selbst wenn sie zentral organisiert sind, bieten sie ihren Nutzerinnen dezentrale Organisationsmöglichkeiten. Und wenn sie dezentral sind, standardisieren sie alles, womit sie in Berührung kommen. Standardisierung ist das Mittel, mit dem Plattformen alles miteinander verknüpfbar machen.

Die wichtigste Eigenschaft der Plattformen sind ihre unbegrenzten und vielfältigen Netzwerkeffekte. Wir sind auf Facebook, weil alle auf Facebook sind. Wir kaufen auf Amazon, weil es dort alles zu geben scheint, und wir nutzen Android-Telefone oder iPhones, weil dort so viele Apps angeboten werden. Wenn ein Messenger-Dienst nicht weit verbreitet ist, wird er es bei uns schwer haben; Google funktioniert auch deswegen so gut, weil Google viele Nutzungsdaten auswertet, um seine Suche zu vervollkommnen. Der Netzwerkeffekt wirkt wie die Gravitation eines schwarzen Loches: Er wird immer stärker, je mehr er aufsaugt. Je mehr Menschen, Datensätze, Apps, Produkte und Entwickler auf den Plattformen anschlussfähig werden, desto mächtiger wird der Sog. Plattformen und ihre Netzwerkeffekte sind der Elefant im Raum des Neuen Spiels. Sie sind bereits jetzt allgegenwärtig, sehr mächtig und kaum noch regulierbar. Sie sind dabei, die Autorität der Staaten zu unterhöhlen, denn sie haben unser Leben viel direkter im Griff als der Staat. Wir sind abhängig von ihnen. Uns freiwillig von ihnen auszuschließen, schadet am Ende vor allem uns selbst. Wir sind durch unseren eigenen Nutzen in ihnen eingeschlossen: Lock-in. Unterdessen versuchen die Plattformbetreiber, ihre Macht zu Geld zu machen. Doch das ist gar nicht so leicht. Egal ob über Werbung, bezahlten Zugang oder Weiterverkauf von Daten: Nur was kontrolliert werden kann, kann auch bepreist werden. Und so streben die Plattformen doch wieder nach zentraler Kontrolle. Sie wollen die Einzigen sein, die Zugang bieten, und wir sind anscheinend immer wieder bereit, ihnen diese Exklusivität zuzugestehen.

Plattformen sind da. Wir sind ihren normativen Kräften des Faktischen so lange ausgeliefert, bis die nächste Plattform antritt, um die alte abzulösen. Auch das wird das Problem wieder nur verschieben. Deswegen braucht es politische Strategien, um mit den Plattformen umzugehen.

Strategien

Im alten Spiel standen den Menschen Schnittstellen und Kontrollinstrumente zur Verfügung, um die Handlungen der Institutionen mitzubestimmen und ihre Macht einzuschränken. Das war nicht immer so, sondern wurde in einem jahrhundertelangen Prozess erkämpft. Die Plattformen haben keine eingebauten Kontroll-Ausgleichsmechanismen und halten sie auch nicht für nötig. Wir brauchen Strategien, um die Macht der Plattformen einzuhegen und die Nutzer an Entscheidungsprozessen zu beteiligen.

Plattformlobbyismus

Als Facebook 2009 seine Geschäftsbedingungen so ändern wollte, dass alle Nutzerinnen dem Unternehmen die absolute Verwertungsrechte an ihren Inhalten abtreten sollten, formierte sich Protest. Die Facebook-Gruppe *People Against the New Terms of Service (TOS)* gewann über Nacht 17.000 Mitglieder und schon bald darauf 65.000. Mark Zuckerberg sah sich gezwungen, in einem Blogpost zu reagieren.[1] Schließlich lenkte Facebook ein und nahm die Änderungen zurück. Facebook hat seitdem eine Gruppe Facebook *Bill of Rights and Responsibilities* eingerichtet, wo im Dialog mit Nutzerinnen das Vorgehen der Plattform abgestimmt werden soll.

In dem bereits 1970 geschriebenen Aufsatz »Exit, Voice, and Loyalty« hat der Ökonom Albert O. Hirschman die Möglichkeiten untersucht, die ein unzufriedenes Mitglied einer Gruppe hat. Es kann die Gruppe verlassen (Exit) oder die Stimme erheben (Voice). Beide Optionen sind mit gewissen »Kosten« verbunden, das Mitglied muss somit abwägen. Hirschman dachte damals nicht an soziale Netzwerke, sondern an Firmen, Clubs oder Parteien, bei denen die Kosten im Verlust des Arbeitsplatzes, dem Verlust politischer Wirkung oder dem Verlust des Zugangs zu bestimmten Räumlichkeiten bestehen.

Die Überlegungen lassen sich jedoch wunderbar auf Plattformen anwenden: Die Kosten, eine Plattform zu verlassen, sind maßgeblich bestimmt durch ihren Netzwerkeffekt. Im Zweifel kann mich der Austritt aus Facebook den wichtigsten Kanal zu allen meinen Freunden kosten. Trotzdem reagieren viele Beobachterinnen auf die Kritik an Facebook, Google oder Twitter oft mit einem lapidaren: Du brauchst da ja nicht mitmachen. Voice dagegen ist die politische Alternative zu Exit. Die Stimme gegen Ungerechtigkeiten auf der Plattform zu erheben, kann ebenfalls ein effektives Mittel sein, Missstände zu beseitigen. Und diese Option wird immer relevanter, je höher die Kosten für den Exit werden.

Plattformen in unserem heutigen Sinn sind hochgradig politisch. Wir sind auf vielerlei Art von Plattformen abhängig, und es wäre Blödsinn, sie nur als irgendwelche Produkte irgendwelcher Firmen abzutun. Es sollte heute nicht möglich sein, an Politik zu denken und die Plattform dabei außer Acht zu lassen. Plattformen werden nicht umhinkommen, mehr Verantwortung zu übernehmen und in einen politischen Dialog – zumindest mit ihren Nutzern – zu treten.

Wir werden die Macht der Plattformen brauchen, um mit den kommenden Hasswellen im Internet zurecht zu kommen (siehe Regel 4). Wir sollten die Plattformen sogar in die Verantwortung nehmen, uns gegen Geheimdienste und illegitime Interessen Dritter – auch Staaten – zu schützen. Nutzerrechte, transparente und nachvollziehbare Entscheidungsstrukturen, Mitspracherecht bei wesentlichen Strukturentscheidungen der Plattform, Nutzerinnengremien für Communitymanagement – all dies sind Dinge, die die Zivilgesellschaft gegenüber den Plattformen einfordern sollte. Und gleichzeitig müssen wir Sorge tragen, dass sie ihre Macht nicht missbrauchen.

Schon lange haben sich zivilgesellschaftliche, netzpolitische Lobbyorganisationen herausgebildet: Die Digitale Gesellschaft in Deutschland, Electronic Frontier Foundation in den USA und auf europäischer Ebene EDRi (European Digital Rights initiative), um nur einige zu nennen. Diese Organisationen sind wichtig und machen gute Arbeit bei der Sicherung der Freiheit im Internet, indem sie mit Regierungen und Parlamentariern sprechen oder öffentlichkeitswirksame Kampagnen durchführen. Zivilgesellschaftlicher Internetlobbyismus darf sich nicht mehr nur an Staaten, sondern muss sich auch an Plattformbetreiber richten. Es gibt erste Ansätze dazu, wie den der erwähnten Facebook-Gruppe *Facebook Bill of Rights and Responsibilities*. Auch Twitter sieht sich zunehmend im Zugzwang, auf die Wünsche seiner Nutzerschaft einzugehen, nachdem immer mehr Beschwerden gegen die laxe Handhabe des Unternehmens gegenüber Online-Belästigung eingingen. Projekte wie Europe vs. Facebook des Österreichers Max Schrempps, die mittels Klagen versuchen, Plattformenbetreiber an staatliche Regulierungsvorschriften zurückzubinden, agieren dagegen noch auf Basis des alten Spiels. Das kann funktionieren, wird aber auf lange Sicht kein erfolgversprechender Weg sein. Es wird nötig sein, die Zivilgesellschaft direkt in die Prozesse und Entscheidungen der Plattformen einzubeziehen. Es wird Zeit für einen Plattformlobbyismus.

Plattformneutralität

Die Forderung nach Netzneutralität bedeutet, dass die Provider ihre Stellung als Zugangsanbieter zum Internet nicht ausnutzen, um Daten ungleich zu behandeln. Netzneutralität soll also den Kontrollanspruch der Provider eindämmen. Abgeleitet davon lässt sich die Forderung nach einer allgemein gefassten Plattformneutralität diskutieren.

Plattformneutralität identifiziert die wichtigen Infrastrukturen, die gesellschaftlichen Austausch ermöglichen, und versucht ihren diskriminierungsfreien Zugang und Betrieb zu gewährleisten. Eine neutrale Infrastruktur braucht eine Gleichheit unter den Sprechern, frei nach Habermas' Voraussetzungen für einen gelungenen Diskurs: Die ideale Sprechaktsituation erfordert gleiche Chancen auf Dialog-Initiation und -Beteiligung, gleiche Chancen der Deutungs- und Argumentationsqualität sowie natürlich Herrschaftsfreiheit.

Allerdings ist hier Vorsicht geboten, denn im Neutralitätsbegriff stecken ein paar Tücken, auf die schon Tim Wu, der Erfinder des Begriffs *Network Neutrality*, hingewiesen hat. In seinem Paper »Network Neutrality, Broadband Discrimination« von 2003 zeigt er das Problem an der einfachen, demokratischen Forderung »All men may vote« (Alle Männer/Menschen sollen wählen dürfen). Diese Forderung nach politischer Teilhabe aller übersieht, dass »alle« damals ein vordefiniertes, diskriminierendes Konzept war. Der Ausschluss von Frauen war zwar nicht explizit, weil »men« sowohl Männer als auch Menschen bedeuten konnte, wurde aber als normal akzeptiert.

Wenn wir von »Neutralität« sprechen, laufen wir Gefahr, diesen Fehler zu wiederholen. An einem Beispiel zeigt Wu, dass die Forderung nach Netzneutralität in dieselbe Falle tappt: Best Effort Delivery ist das, was nach vielen Befürwortern der Netzneutralität am nächsten kommt. Damit ist gemeint, dass Datenpakete von den Routern unterschiedslos so schnell wie möglich ausgeliefert werden sollen. Mehr oder weniger so hat das Internet bislang und ohne Eingriffe funktioniert. Mittlerweile gibt es jedoch Anwendungen, die eine besonders kurze Latenz (Antwortzeit des verbundenen Rechners) erfordern; diese werden auch im derzeitigen Netzwerkmanagement schon positiv berücksichtigt. Wer sich bei Multiuser-Spielen mit anderen über das Internet koordinieren muss, per Internet telefoniert oder Fernwartungen per Computer macht, ist angewiesen auf kurze Latenz. Solche Dienste sind mit einem reinen Best-Effort-Internet schlecht bedient.

Wer Neutralität fordert, geht häufig davon aus, dass der Ist-Zustand bereits neutral ist. Das ist aber selten der Fall. Heute würde niemand mehr »All men may vote!« rufen, sondern vielleicht eher »All citizens may vote!«. Doch auch das ist problematisch: In Deutschland nehmen wir es zum Beispiel hin, dass Menschen ohne deutschen Ausweis nach wie vor kein Wahlrecht besitzen, obwohl sie in derselben Gemeinschaft leben wie wir. Vergleichbar gilt für das Internet: Wir können die Neutralität noch so streng durchsetzen, es bleibt die Hürde, dass nicht alle Zugang zu einem Internetanschluss und einem Computer haben, von den Bildungsvoraussetzungen, um das Internet zu nutzen, ganz zu schweigen. Die Plattformneutralität hat ihre Tücken und ist doch als Richtschnur und Fernziel besser als nichts. Allerdings ist dabei immer der interaktive, rekursive Charakter des Plattformprinzips mitzudenken. Jede Plattform basiert auf einer anderen Plattform. Nur eine davon neutral zu halten, wird nicht funktionieren.

Analog dazu, wie Tim Wu es für die Netzneutralität formuliert hat, muss auch Plattformneutralität von den Enden her gedacht werden. Plattformneutral ist, was die Enden – und damit zumeist die Nutzer – stärkt. Eine völlig unreglementierte Community kann dazu führen, dass Nutzerinnen indirekt ausgeschlossen werden. In Räumen voller Hass, Rassismus und Sexismus werden sich bestimmte Nutzergruppen nicht wohl fühlen, gar nicht erst kommen oder schnell wieder verschwinden. Plattformneutralität als politische Forderung kann darum sogar bedeuten, dass wir Plattformen dazu anhalten, Ungleichbehandlungen zu implementieren, um gewisse Diskriminierungen aus anderen Ebenen auszugleichen. Sogar Quotenregelungen und die Ächtung bestimmter Verhaltens- und Ausdrucksweisen könnten in bestimmten Fällen zu mehr Plattformneutralität führen als unmoderierte Räume. Selbstverständlich müssen solche Prozesse zentralisierter Kontrolle formalisiert und transparent geschehen – Twitter, Facebook und Google müssten die Kriterien offenlegen, nach denen sie Kontrolle ausüben.

Multihoming

Multihoming bedeutet, dass bestimmte Anwendungen, Dienste oder Daten nicht nur auf einer einzigen Plattform zu haben sind, sondern möglichst auf mehreren. Wenn es eine bestimmte Chat-App nur auf dem iPhone gibt und ich diese gerne nutze, dann bin ich auf der iPhone-Plattform gefangen. Dieser Lock-in-Effekt lässt sich lindern, indem dieselbe Chat-App ebenfalls für Android verfügbar gemacht wird. Multihoming macht die Nutzerin weniger abhängig von einzelnen Plattformen. Multihoming ist schwer zu bewerkstelligen, weil Plattformen untereinander oft nicht kompatibel sind. Selbst wenn die eine oder andere App auf einer zweiten Plattform läuft, wirkt sich das auf die Netzwerkeffekte und damit den Gesamt-Lock-in noch wenig aus. Und doch ist es eine Frage der Ethik im Sinne der Regel 5: Du bist die Freiheit des Anderen. Nur wer seine App für mehrere Plattformen anbietet, wer sowohl per Facebook, WhatsApp oder Google+ erreichbar ist, erweitert die Freiheit aller, die sich mit einem verbinden wollen. Egal ob als Entwickler, Anbieterin von Produkten und Dienstleistungen oder als Nutzer: Es ist im Sinne der Filtersouveränität geboten, Multihoming möglichst überall zu praktizieren.

Dezentrale Plattformen

Der effektivste Lösungsansatz, uns aus der Abhängigkeit von Plattformen zu befreien, sind dezentrale Plattformen. Dezentrale Plattformen werden nicht von einer zentralen Instanz kontrolliert, sondern von vielen unterschiedlichen, aber miteinander kompatiblen Instanzen bereitgestellt. E-Mail zum Beispiel funktioniert, weil viele unterschiedliche E-Mail-Anbieter Server betreiben, die alle miteinander mithilfe desselben Protokolls sprechen können: SMTP (Simple Mail Transfer Protocol). Das Web besteht ebenfalls aus nichts weiter als einem Protokoll (HTTP – Hyper Text Transfer Protocol) und einer Inhaltsbeschreibungssprache (HTML – Hyper Text Markup Language). Auch das Internet läuft auf der Basis von ein paar losen Standards (vor allem TCP/IP – Transmission Control Protocol/Internet Protocol), bei denen jede einfach mitmachen kann. Und egal, an welcher Stelle ich mich anschließe, ich habe zu allem Zugang. Dezentrale Plattformen sind sozusagen das radikale Multihoming.

Allerdings ist es nicht so leicht, mal eben einen dezentralen Ersatz zum Beispiel für Facebook bereitzustellen. Facebook hat einen ordentlichen Technologievorsprung, der schwer aufzuholen ist. Aber es ist technisch durchaus möglich, dieselben Features auf dezentrale Weise nachzubauen. Bleibt noch der Netzwerkeffekt. Bestehende Plattformen wie Facebook oder Google+ haben eine so mächtige Gravitation, dass es eine ungeheure Triebkraft bräuchte, um ihnen gefährlich zu werden. Die Geschichte der Versuche, dezentrale Plattformen durchzusetzen, ist eine lange Geschichte der Niederlagen: *Status.net* wollte Twitter ablösen, Diaspora trat mit dem Ziel an, eine Alternative zu Facebook zu werden. Aber was soll ich auf einer alternativen Plattform, wenn die Leute, mit denen ich kommunizieren will, nicht dort sind?

Eine Plattform hat es allerdings fast geschafft, Facebook gefährlich zu werden – kurz bevor Facebook sie in höchster Not einfach gekauft hat. Die Messenger-App WhatsApp kann nicht viel mehr als Nachrichten zwischen ihren Nutzern zu versenden. Trotzdem wurde die Anwendung, die sowohl auf dem iPhone als auch auf Android funktioniert, zu einer Bedrohung für Facebook. Ein Großteil der 450 Millionen Nutzerinnen, die sie kurz vor ihrem Kauf hatte, waren Teenager, die Facebook in erster Linie zum Chatten nutzen. Durch die unkompliziert nutzbare Alternative, die WhatsApp ihnen bot, drohte Facebook seine wichtigste Zielgruppe wegzubrechen, also kauften sie das winzige Unternehmen für wahnsinnige 19 Milliarden Dollar.

Neben seiner Chat-Funktion hat WhatsApp allerdings ein weiteres Feature zu bieten, das der Plattform überhaupt diese Dynamik verschaffte: Die App greift auf das Adressbuch des Handys zu – in früheren Versionen sogar ungefragt – und lädt es auf den WhatsApp-Server. Dort versammelten sich schnell die Adressbuchdaten von Millionen von Nutzern, und WhatsApp konnte daraus ermitteln, wer wen kennt und wer davon ebenfalls WhatsApp-Nutzerin ist. Auf diese Weise konnte die Plattform ihren Nutzerinnen sofort anzeigen, wem sie auf der Stelle Nachrichten schreiben können. Ein strategischer Schritt, der ihnen viel Kritik von Datenschützern und diesen unglaublichen Erfolg beschert hat.

Die Art, wie WhatsApp an seine Netzwerkeffekte gekommen ist, sollte alle, die sich mit dezentralen Netzwerken befassen, aufhorchen lassen. Denn die vielen dezentral auf Handys von Benutzern lagernden Adressbücher sind nichts anderes als ein latent vorhandenes, dezentrales soziales Netzwerk – das WhatsApp nur angezapft und für die Nutzer erschlossen hat. WhatsApp legte sich wie ein Application-Layer auf dieses bereits bestehende soziale Netzwerk.

Und hierin liegt der Designfehler vieler dezentraler Social-Network-Ansätze wie zum Beispiel Diaspora. Ihr Ansatz ist oft davon geprägt, dass sie versuchen, sich als besonders datenschutzfreundliche Alternative zu Facebook zu positionieren. Aus diesem Grund führen sie viele strikte Privacy-Features ein und schotten die Nutzerinnen gegeneinander ab. Das macht es jedoch schwierig bis unmöglich, seine Freunde oder bestimmte Personen auf solchen Plattformen zu finden. Die meisten dezentralen Ansätze gleichen konzeptionell eher Anti-Social-Networks.

WhatsApp hat dagegen vieles richtig gemacht, aber dann die dezentralen Daten wieder im eigenen System zentralisiert und eingesperrt – der Lock-in war wieder da. Hätte es die Adressbuchdaten öffentlich gehalten – sie zum Beispiel auf einem oder mehreren Servern offen gelagert –, dann hätte niemand die Daten wieder zentral einsperren können. Mit offenen Daten hätte WhatsApp seinen zentralen Chatservice-Layer über das dezentrale soziale Netzwerk legen können und die Daten wären weiterhin für Dritte nutzbar. Für ihr Geschäftsmodell wäre es allerdings tödlich gewesen. Dezentrale Ansätze können nur funktionieren, wenn die Daten offen bleiben. Nur offene Daten sind einerseits zentral durchsuchbar und andererseits nicht vereinnahmbar; so wie Google das Web zwar durchsuchbar macht, aber nicht andere daran hindern kann, dasselbe zu tun; so wie die BitTorrent-Suchmaschine The Pirate Bay alle Torrents trackt, aber eben nicht exklusiv, und so wie jeder RSS-Reader die Inhalte von Blogs individuell zusammenstellt, ohne andere daran zu hindern, sie völlig anders aufzubereiten.

---

1 Mark Zuckerberg, »On Facebook, People Own and Control Their Information«, *www.facebook.com/notes/facebook/on-facebook people-own-and-control-their-information/54434097130*

Regel 7
Staaten sind Teil des Problems, nicht der Lösung

These: Aus dem alten Spiel sind wir es gewohnt, uns als Teil eines Staates zu sehen, der uns vor den Widrigkeiten der Welt beschützt. Im Neuen Spiel ist der Staat aber selbst vom Kontrollverlust betroffen und verfolgt seine eigenen Interessen. Und diese stehen den Interessen der Zivilgesellschaft entgegen.

Schon wenige Monate nach den ersten Enthüllungen durch Edward Snowden war es überall zu hören:»Wir brauchen eigene Netz-Infrastruktur!« Wer dieses»Wir« war, wechselte dabei immer zwischen»Wir Deutschen« und»Wir Europäer«.
Die *Frankfurter Allgemeine Zeitung* bekräftigte ihren Ruf nach einer europäischen Suchmaschine. Sie ließ Expertinnen antreten, die erzählten, wie wichtig es gerade jetzt sei, dass Deutschland oder mindestens die EU endlich eine eigene Infrastruktur aufbaue, und wurde nicht müde, eine Mitschuld für die Ausschnüffelei der Geheimdienste bei Plattformen wie Facebook und Google zu suchen. Der Chef der Deutschen Telekom, René Obermann, forderte im November 2013 ein gesetzliches»Schengen-Routing« und gab parallel das Ziel einer»Schengen-Cloud« aus. Im Schengen-Abkommen wurden 1984 die ersten Verträge zur Öffnung der Grenzen zwischen verschiedenen europäischen Nationalstaaten vereinbart, die schließlich zur Europäischen Union führten. Aber anstatt Grenzen zu öffnen, geht es Obermann darum, Grenzen zu schließen: Die Idee ist, die europäischen Internet-Router so zu konfigurieren, dass sie Strecken meiden würden, die das Hoheitsgebiet des Schengenabkommens verlassen, und zwar auch dann, wenn diese günstiger wären.
Gleichzeitig starteten einige deutsche E-Mail-Provider rund um 1&1, Strato, Web.de und T-Online, Freenet und GMX die Aktion»E-Mail made in Germany«[1]. Die E-Mail-Provider verpflichteten sich, untereinander E-Mail nur noch über verschlüsselte Verbindungen auszutauschen. Außerdem sei es ein Sicherheitsgewinn, dass die Server in Deutschland und somit unter deutschem Datenschutzrecht gehostet

würden. In der Netzaktivistenszene firmieren diese Vorschläge seitdem unter dem parodistischen Label »Schlandnet« – eine Mischung aus der Fußballfan-Variante von Deutschland,»Schland«, und dem in China etablierten Begriff für die eigene, extrem durchregulierte und überwachte Netzinfrastruktur »ChinaNet«.

Aus Sicht der jeweiligen Akteure ist es durchaus verständlich, dass sie versuchen, die Gunst der Stunde zu nutzen und die Ängste der Bevölkerung mit passgenauen Angeboten und eigennützigen Lobby-Kampagnen abzuschöpfen. »E-Mail made in Germany« ist eine sehr günstige Marketingkampagne, zumal dafür im Grunde nur ein 1999 verabschiedeter Verschlüsselungs-Standard (TLS) auf den Servern installiert wurde – ein Standard, den amerikanische Anbieter wie Google übrigens schon lange selbstverständlich nutzen.

Der Wunsch der Telekom, dass bevorzugt über den Schengenraum geroutet wird, ist ebenso nachvollziehbar – ist sie doch der größte Infrastrukturanbieter in dieser Region und würde sich ohne zusätzlichen Aufwand eine goldene Nase verdienen, wenn die anderen Provider dazu angehalten wären, über sie zu routen. Auch die Schengen-Cloud wäre für Anbieter wie die Telekom oder 1&1 eine großartige Sache, schließlich sitzen die größten Konkurrenten in diesem Markt in den USA. Und dass die *FAZ* zusammen mit dem Axel-Springer-Verlag und Burda seit Jahren gegen Google kämpft und erfolgreich für ein Leistungsschutzrecht lobbyiert hat, sollte in dem Zusammenhang auch nicht unerwähnt bleiben. Google ist der größte Konkurrent im Internet-Werbemarkt, und die Verlage versuchen seit Jahren an das Google-Geld heranzukommen.

Die Kampagnen an sich verwundern nicht, sie bringen den deutschen Unternehmen Wettbewerbsvorteile. Die Frage, wie sie das Sicherheitsniveau der Nutzer erhöhen wollen, bleibt dabei jedoch unbeantwortet. Natürlich ist es zu begrüßen, wenn auch deutsche E-Mail-Provider endlich das Niveau internationaler Sicherheitsstandards erreichen. Allerdings ist eine Schnittstelle – *Lawful Interception* genannt –, über die Geheimdienste und sonstige Behörden Zugriff auf Daten haben, gesetzlich vorgeschrieben und natürlich auch bei den deutschen E-Mail-Dienstleistern vorhanden.

Es hilft keine Verschlüsselung zwischen den Servern, wenn die Geheimdienste auf die gespeicherten Daten zugreifen können. DE-CIX ist der wichtigste Internetknoten in Deutschland. Hier tauschen alle deutschen und internationalen Provider ihre Daten aus. Er ist über 18 Rechenzentren in Frankfurt verteilt und in Sachen Datenverkehr sogar der größte Internetknoten der Welt. Über ihn werden in Spitzenzeiten bis zu 3,4 Terabit Daten pro Sekunde durchgeleitet. Es gibt kaum deutschen Internetverkehr, der diesen Knoten nicht passiert. Hier sitzt auch der Bundesnachrichtendienst (BND) und zapft die Leitungen an. Laut Dokumenten, die dem Nachrichtenmagazin *DER SPIEGEL* vorliegen, darf der BND bis zu zwanzig Prozent des Verkehrs mitschneiden.[2] Wenn statt datenintensiven Inhalten wie Videos nur deren Adressen gespeichert werden und E-Mail-Spam ganz weggelassen wird, sind zwanzig Prozent des Datentraffics eine ganze Menge. Im Zweifel sogar alles.

Wir wissen, dass der BND diese Daten in großem Maßstab mit der NSA tauscht. Natürlich können sich Deutschland oder die EU informationell abschotten. Doch dafür muss erst einmal erklärt werden, warum wir lieber vom Verfassungsschutz und dem BND ausgehorcht werden wollen als von den Amerikanern. Insbesondere, wenn diese die Daten der NSA eh zur Verfügung stellen.

In Wirklichkeit wird mit den Schlandnet-Ideen versucht, an ein altes Narrativ anzuknüpfen, das längst nicht mehr den Realitäten entspricht: Es ist das gute alte »Wir gegen die anderen«-Denken der Nationalstaaten des 20. Jahrhunderts, dem die Welt – insbesondere die Geheimdienstwelt – längst entwachsen ist. Seit Snowden wissen wir: Wir haben es mit einem großen, engmaschigen Geflecht mit gemeinsamer Technologie- und Datenbasis zu tun, das dem Machtanspruch der Politik der Nationalstaaten selbstbewusst entgegenblickt. Gegen dieses Geflecht, das innerhalb Europas und in Absprache mit unseren eigenen Regierungen aktiv ist, wird uns keine europäische Datenschutzreform, kein gekündigtes Safe-Harbor-Abkommen, kein Schengen-Routing und kein mit wie vielen Milliarden auch immer gefördertes europäisches Suchmaschinenprojekt schützen. Der Feind ist nicht die USA, die NSA oder Google. Der Feind lacht sich scheckig darüber, wie wir planen, uns mit ihm zusammen einzumauern. Das eigentliche Ziel von Schlandnet und seinen Apologeten ist ein renationalisiertes, europäisch abgeschottetes Internet, das hernach endlich mit Grenzkontrollen, Vorratsdatenspeicherung und automatisierter Rechtedurchsetzung durchreguliert werden kann. Das alles natürlich unter einem erhöhten Abhörvolumen durch das ebenfalls ins Narrativ passende internationale Wettrüsten der Geheimdienste. Ob Snowden das erreichen wollte?

Anti-Netzpolitik

Schlandnet, Vorratsdatenspeicherung, Netzsperren, Aufhebung der Netzneutralität, Presseleistungsschutzrecht, Recht auf Vergessenwerden, DE-Mail, unrealistische und nutzerinnenfeindliche Ideen zu Jugendschutz und Verschärfung von Urheberrechten: Die Erfahrung zeigt, dass das, was in Deutschland »Netzpolitik« genannt wird, fast ausschließlich Anti-Netzpolitik ist.

Wir können die Problematik aber nicht weiter auf unwissende, zu wenig technikaffine Politiker schieben. Es wird Zeit einzusehen, dass das Problem systemisch ist. Und es ist nicht schwer, diese Systematik zu benennen: Der Machtanspruch des Staates wird durch die grenzenlose Vernetzung von Menschen, Informationen und Algorithmen jeden Tag aufs Neue infrage gestellt. Ob wir das gut finden oder nicht, Staat und Internet sind strukturell schwer zu vereinbaren und reiben sich immer heftiger aneinander. Internet und Staat geraten immer mehr in Systemkonkurrenz. Immer dann, wenn Politiker vom »rechtsfreien Raum« (CDU) oder von einem »Primat der Politik« (SPD) reden, wird implizit diese Systemfrage gestellt.

Der Staat und seine Institutionen – inklusive aller Politiker – sind vom Kontrollverlust voll betroffen. Dass sie die Geheimdienste ihr Spiel treiben lassen, hat seinen Grund darin, dass sie das einzige Werkzeug des Staates sind, das dem Internet gewachsen ist. Im Gegensatz zu den Staaten selbst wächst die Überwachungsmacht der Dienste mit Moore's Law, und durch die internationale Zusammenarbeit profitieren sie von Netzwerkeffekten, die für die Staaten selbst undenkbar wären.

Strategien

In dieser Phase mit dem Staat umzugehen, ist nicht ganz leicht. Einerseits besitzt er noch beachtliche Macht, kann innerhalb seiner Grenzen Regelungen durchsetzen und international neue verhandeln. Er versteht sich außerdem durchaus noch als Repräsentant der Zivilgesellschaft, was – noch in Staatsgrenzen gedacht – nicht ganz falsch ist. Wir sind noch im hohen Maße abhängig von der Durchsetzungsgewalt der Staaten, und gleichzeitig werden sie zunehmend zum Problem. Die Institutionen und Akteure des Staats sind notwendigerweise auf die Welt der Geopolitik gepolt, die es aber gerade jetzt zu überwinden gilt. Strategisch müssen wir den Spagat schaffen, mit dem Staat und seiner Macht zu arbeiten, wo es nötig ist, und gleichzeitig seine Überwindung zu befördern.

Erkenne die Interessen

Im Neuen Spiel werden die Karten neu gemischt. Die bisherigen Inhaber der Macht haben dabei eine Menge zu verlieren. Es ist darum wichtig, die Akteure zu identifizieren und ihre Interessen zu erkennen: Die ums Überleben kämpfenden Zeitungsverlage schreiben durchaus eigennützig gegen das Internet an; Hacker versprechen uns in den Medien, dass mit genügend Verschlüsselung schon wieder alles gut wird, während sie Firmen betreiben, die die passende Sicherheitstechnologie verkaufen; die Deutsche Telekom will, dass wir ihre Infrastrukturen für teures Geld nutzen sollen; und schlechte deutsche E-Mail-Provider wittern die Gelegenheit, die Konkurrenz aus Übersee ausstechen zu können. Die Politik begrüßt diese Einfälle im Sinne der Wirtschaftsförderung, der damit einhergehenden Sicherung von Arbeitsplätzen und nicht zuletzt auch des eigenen Machterhalts – und winkt nebenbei weiteres Geld für BND und Verfassungsschutz durch.

Die Überwachung findet nicht zwischen den Staaten statt, sondern zwischen oben und unten: zwischen den Machteliten und ihren Bevölkerungen. Wir sollten einsehen: echte Netzpolitik ist nur gegen den Staat möglich, nicht mit ihm. Egal, ob es um Überwachung, Zensur, politische Transparenz, Datenschutz und Urheberrechte oder den emanzipatorischen Umgang mit dem Internet geht, ist der Staat der natürliche Gegner der Zivilgesellschaft. Stattdessen müssen wir anfangen, uns als globale Zivilgesellschaft zu verstehen, uns entsprechend zu solidarisieren und vernetzen. Die Antwort auf den Kampf der Staaten und Institutionen gegen ihre Bevölkerungen kann nur international und jenseits der institutionellen Politik erfolgen. Und im Zweifel gegen sie. Die weltweiten Proteste gegen ACTA und später TTIP sind ein guter Anfang. Sie demonstrieren, wie einerseits ein globales Netzwerk aus Aktivistinnen entsteht und gemeinsam handeln kann, und diese andererseits die internationale Regulierungsebene der Handelsverträge als ihren politischen Gegenpart erkennen.

Den Staat zur Plattform machen

Als 2011 die deutsche Piratenpartei in Berlin ihren ersten großen Erfolg feierte (sie zog mit 8,9 Prozent in das Landesparlament ein), rätselten viele über ihre merkwürdige politische Themensetzung. Ihre Forderungen wirkten, als hätte jemand zusammenhanglose »Gutmenschen«-Forderungen kombiniert: Legalisierung von Drogen, fahrscheinloser Nahverkehr, Ausländerwahlrecht, bedingungsloses Grundeinkommen. Das alles hörte sich gut an, irgendwie links und gleichzeitig irgendwie liberal; aber es half nicht dabei, die Piraten im deutschen Parteienspektrum zu verorten oder abzugrenzen oder auch nur eine wiedererkennbare Haltung zu identifizieren.

Was die Beobachter damals nicht verstanden, war, dass die Mitglieder der Partei als eine im Internet sozialisierte Gruppe die staatlichen Infrastrukturen als Plattform begriff und instinktiv versuchte, sie plattformneutral zu gestalten (siehe Regel 6). Ein fahrscheinloser öffentlicher Nahverkehr realisiert die diskriminierungsfreie Beförderung von Personen, jenseits von Einkommensunterschieden und Nutzungshäufigkeit. Die Ressource Bildung soll ebenfalls diskriminierungsfrei jeder zur Verfügung stehen, und die Forderung nach einem Wahlrecht für Ausländerinnen definiert Demokratie selbst als Infrastruktur – als eine Infrastruktur, die allen zugänglich sein sollte. Sogar die Forderung einer konsequenteren Trennung von Kirche und Staat kann als Forderung nach Plattformneutralität verstanden werden.

Warum sollte die Infrastruktur Staat christliche Datenpakete gegenüber islamischen oder atheistischen bevorzugen dürfen? Eine weitere Forderung – die Forderung nach einem bedingungslosen Grundeinkommen – verdient eine genauere Betrachtung. Verstehen wir die ökonomische Basis eines Individuums zum Überleben nicht mehr als etwas, das zur Not mit staatlicher Unterstützung bewerkstelligt werden muss, sondern als Vorbedingung einer Möglichkeit von Teilhabe, ist das bedingungslose Grundeinkommen zwingend. Ein bedingungsloses Grundeinkommen wäre eine diskriminierungsfreie ökonomische Plattform, auf der jeder die Unabhängigkeit erhält, um auf Augenhöhe zu kommunizieren. Es ist damit eine der wichtigsten Forderungen der Plattformneutralität und gleichzeitig ein Mittel, um das Individuum gegen den Kontrollverlust robuster aufzustellen. Diese neue politische Denkweise ist nicht etwa auf die Piratenpartei beschränkt, sondern findet sich bei den meisten Internetaktivisten. Wenn wir schon mit und an dem Staat arbeiten wollen, müssen wir das Gegenteil von Schlandnet umsetzen: Wir müssen den Staat zur Plattform machen, seine zentralisierten Kontrollen entmachten und ihn zur diskriminierungsfreien Infrastruktur für gesellschaftliche Teilhabe umgestalten.

Postnationalismus

Der Staat zwingt uns, Netzpolitik über das Netz hinauszudenken. Dafür müssen wir einen weiteren Schritt hin zur Anti-Schlandnet-Politik machen: Statt das Internet zu renationalisieren, müssen wir die Nationengrenzen durch Vernetzung überwinden. Wenn Informationen und Güter heute ohne Grenzkontrollen fließen, warum dann nicht auch Menschen? Wenn wir die Gefahren von Überwachung durch die Bekämpfung von Strafregimen eindämmen wollen (siehe Regel 2), dann ist die Staatsgrenze genau der Ort, an dem wir mit dem Anti-Überwachungskampf anfangen müssen. Es geht hier aber um wesentlich mehr als die garantierte Einreise deutscher Schriftsteller nach Amerika oder das Asyl für Edward Snowden. Die Festung Europa ist ein drakonischer Überwachungsalptraum mit tödlichen Folgen für Tausende von Menschen. Angesichts der 23.000 Toten und

Vermissten, die seit dem Jahr 2000 auf dem Weg nach Europa gestorben sind, nehmen sich die Mauertoten der DDR wie tragische Einzelfälle aus.[3]

Staatsgrenzen müssen sukzessive abgebaut werden, Einreisekontrollen anhand von nachvollziehbaren, internationalen Standards geschehen, und langfristig brauchen wir ein Menschenrecht auf Einreise. Es wird schwierig werden, so etwas mit nationalstaatlich denkenden Politikerinnen zu diskutieren. Dafür braucht es eine transnationale Agenda einer globalen Zivilbevölkerung, die sich der abweichenden Interessen gegenüber ihren Staatslenkern bewusst ist.

---

1 E-Mail made in Germany, *www.e-mail-made-in-germany.de*

2 Ole Reißmann, »Überwachung: BND soll weitgehenden Zugriff auf Internet verkehr in Deutschland haben«, in: *Spiegel Online*, 13.11.2013, *www.spiegel.de/netzwelt/netzpolitik/bnd-soll-sich-zugriff-auf-internetverkehr-verschafft-haben-a-933333.html*

3 Sylke Gruhnwald, Alice Kohli, »Die Toten vor Europas Toren«, in: *NZZ*, 2.4.2014, *www.nzz.ch/aktuell/startseite/die-toten-vor-europas-tueren-1.18272891*

Regel 8
Datenkontrolle schafft Herrschaft

These: Alle Bestrebungen, den Kontrollverlust einzudämmen, führen dazu, dass die Machtbasis der Plattformen gestärkt wird. Datenkontrolle zwingt zur zentralisierten Kontrolle und schwächt somit die Zivilgesellschaft.

Im alten Spiel ließ sich Macht einschränken, indem die Kontrolle von Daten durchgesetzt wurde. Das Urheberrecht war dafür gedacht, die Interessen einzelner Künstlerinnen und Autoren gegenüber der Verwertungsindustrie zu schützen; Datenschutz wurde ersonnen, um das zivile Individuum vor mächtigen Institutionen abzuschirmen. Im Neuen Spiel funktioniert diese Vorgehensweise nicht nur nicht mehr, sondern bewirkt sogar meist das Gegenteil. Mit der Durchsetzung von Urheberrechten durch die Verwertungsindustrie werden monopolartige Plattformstrukturen geschaffen, in denen die Kreativen eingesperrt sind, ohne davon zu profitieren. Auch Datenschutzforderungen führen dazu, dass sich Plattformen abschotten, was die Interoperabiltät einschränkt und den Lock-in-Effekt verstärkt. Gesetze, die die Plattformen regulieren sollen, arbeiten in Wirklichkeit ihrer Machtbasis zu.

Die drei Akteure des Anti-Kontrollverlusts
Der Kontrollverlust wird auf allen gesellschaftlichen Ebenen aktiv bekämpft. Auch für diesen »Anti-Kontrollverlust« lassen sich drei Akteure ausmachen: Erstens sind es die Plattformbetreiber selbst, die nach zentralisierter Kontrolle streben, um ihre Geschäftsmodelle durchzusetzen. Zweitens ist es der Staat, der die Plattformen zur zentralisierten Kontrolle zwingt, um Gesetzen und dem Willen der Politik zu entsprechen. Und drittens und letztens sind wir es, die Nutzer, die die Plattformen zu mehr zentralisierter Kontrolle drängen. Kultur wird immer mehr zur Flatrate, die über den Zugang zu Plattformen organisiert und kontrolliert wird. Das gilt für Musik (Spotify, Pandora) ebenso wie für Filme und Serien (Watch Ever, Netflix) und

bald für Bücher (Amazon plant eine E-Book-Flatrate). Die Abhängigkeit, in die sich die Rechteverwerter durch die Plattformwerdung begeben, schadet ihnen, vor allem aber den Künstlerinnen. Ihre Werke bleiben in den Silos eingesperrt, können immer seltener alternativ verwertet werden, während die Preise immer mehr verfallen.

Dieses Problem ist allen Plattformen gemeinsam. Sie bieten Kommunikation, Kultur und Austausch an und stellen die Tools dafür bereit. Eigentlich sind sie somit darauf ausgelegt, die Kontrolle an den Enden – bei den Nutzern – zu platzieren, während die Plattform selbst idealerweise in den Hintergrund tritt. Aber genau Letzteres wird zum Problem, etwa wenn es darum geht, Werbung auszuliefern oder Geld zu verlangen: Vielleicht surfen die Nutzerinnen mit einem Browser mit Ad-Blocker, vielleicht nutzen sie eine App eines Drittanbieters auf dem Telefon, die nur die Tweets, aber keine Werbung anzeigt. Wer mit der Plattform Geld verdienen will, ob mit Werbung oder einem Bezahlmodell, muss die Nutzerinteraktion kontrollieren. Darum werden die Plattformbetreiber zu den ersten Akteuren des Anti-Kontrollverlusts.

Auch der zweite Akteur des Anti-Kontrollverlusts – der Staat, mit dem Mittel des Gesetzes – zwingt sie zur zentralistischen Kontrolle: Wenn auf ihren Plattformen Rechteverletzungen stattfinden, müssen die Plattformbetreiber reagieren, im deutschen Rechtsjargon »Störerhaftung« genannt. Doch ab wann ist ein Recht verletzt? Nicht jeder Fall ist eindeutig, und doch müssen die Plattformbetreiber Entscheidungen treffen, um auf der legal sicheren Seite zu sein. Sie müssen in die Kommunikation eingreifen, Nutzerinnendaten weitergeben oder löschen und Nutzer sperren. Vieles davon geschieht im eigenen Ermessen. Plattformen werden immer häufiger zu Hilfssheriffs.

Die Umrüstung der Plattformen zu inoffiziellen Instanzen des Rechts bewirkt das Gegenteil von dem, was die Plattformgegner bezwecken. Am deutlichsten wird das beim Recht auf Vergessenwerden. 2014 hat der Europäische Gerichtshof in einem Urteil festgestellt, dass Menschen gegenüber Suchmaschinen unter bestimmten Umständen das Recht geltend machen können, dass Links aus dem Suchmaschinen-Index entfernt werden müssen, die bei der Suche nach ihrem Namen eigentlich auftauchen würden. Wenn ein Link unter meinem Namen bei Google auffindbar ist, der Inhalte enthält, die mich diskreditieren und die lange zurückliegen, kann ich durchsetzen, dass er nicht angezeigt wird.

Diese brachiale Durchsetzung der informationellen Selbstbestimmung Einzelner kollidiert mit der Filtersouveränität von Millionen anderer Menschen. Gleichzeitig verfügt die Suchmaschine weiterhin über die »vergessenen« Inhalte. Sie muss über diese Schwarze Liste verfügen, weil sie sonst die betreffenden Websites wieder anzeigen würde. Firmen wie Google und Co. müssen versteckt einen umfassenden Index führen, in dem explizit als kompromittierend markierte Inhalte gesammelt sind. Wie ließe sich einer Firma noch mehr Macht geben?

So führt das Recht auf Vergessenwerden zu einer beängstigenden Verschärfung der Machtkonzentration, bei der Suchmaschinen mittels einer intransparenten, auf geheimen Listen basierenden Query Entscheidungsgewalt in unklaren Rechtsfragen bekommen. Johannes Masing, Richter am Bundesverfassungsgericht, hat es in einer Analyse treffend ausgedrückt: »Durch die Entscheidung des EuGH werden Suchmaschinenbetreiber als für Löschungsanträge Verantwortliche zu einer privaten Schiedsinstanz mit weitreichenden Entscheidungsbefugnissen über die Kommunikation im Netz erhoben. Das Urteil droht damit die bereits erhebliche Macht der Suchmaschinenbetreiber zu verfestigen.«[1]

Der dritte Akteur des Anti-Kontrollverlusts drängt die Plattformen, gleich exekutiv tätig zu werden, ohne dass die Normen überhaupt geklärt wären.

Die Nutzerinnen haben verständliche Bedürfnisse nach Communitymanagement. Accounts, von denen Stalking oder Belästigung ausgeht, sollen gesperrt werden. Auch das Bedürfnis nach Privatsphäre ist eine Legitimationsbasis für geschlossene Plattformstrukturen und zentrale Kontrollen. Insbesondere in den USA gibt es zudem den Wunsch nach einem »sauberen Facebook-Erlebnis«, zum Beispiel ohne entblößte weibliche Brüste; in Deutschland möchten wir rechtsradikale Seiten gelöscht sehen. Wir setzen die Plattformbetreiber in unklaren Gefilden des Rechts als Polizei, Gericht und Strafvollzug in einem ein. Wir ermächtigen sie zur Durchsetzung eines regionalen, auf die Plattform bezogenen Gewaltmonopols, das ihre Macht enorm erweitert.

Plattformkontrolle und Manipulation

Als in den 1950er-Jahren Fliegen zu einem Massenmarkt wurde, hatte IBM bereits zusammen mit der Air Force das SAGE-System entwickelt. SAGE war ein computergestütztes Flugabwehrsystem, das Daten verschiedener Radarstationen zusammenführen und an zentrale Stellen übertragen konnte. Interessanterweise schien es genau die Features zu besitzen, die interessant für die Buchungsabwicklung ziviler Luftfahrt waren. So entwickelte IBM zusammen mit der Fluggesellschaft American Airlines das *Semi-Automated Business Research Environment* (SABRE), ein Buchungssystem, das über Datenleitungen Flugdaten übermitteln, koordinieren und Sitzplatzreservierungen durchführen konnte. Das System war ein großer Erfolg und zugleich eine der ersten digital vernetzten Plattformen: Verschiedene Reisebüros und andere Fluggesellschaften schlossen sich an das System an und wickelten ihre Buchungen ebenfalls darüber ab.

1983 kam heraus, dass die Flugbuchungs-Algorithmen auf SABRE manipuliert waren. Sie bevorzugten Flüge von American Airlines bei der Buchung, indem sie selbst bei späterer Angebotserstellung im System immer oben angezeigt wurden – und wie heute die Google-Nutzer neigten die Reiseagentinnen dazu, immer die ersten Einträge zu beachten; zudem wurden Sonderangebote von Wettbewerbern im System einfach unterdrückt. Bei einer Untersuchung des US-Kongresses zu den Vorwürfen sagte Bob Crandall, der Chef von American Airlines, aus, es sei nun mal ein legitimer Konkurrenzvorsprung, das System zur Flugbuchung manipulieren zu können. Das Unternehmen hätte es schließlich selbst entwickelt.

Es ist zu hoffen, dass bei heutigen Plattformbetreibern ein größeres Problembewusstsein besteht, was die Manipulation ihrer Querys angeht. Allein: Wie wollen wir das überprüfen? Wir sind den Ergebnissen der Suchen und der Filter von Plattformen meist ausgeliefert, ohne viel darüber zu wissen, nach welchen Parametern sie zustande kommen. Das ist ein Problem, das schon lange nicht nur theoretisch existiert, sondern bereits heute enorme Auswirkungen auf den politischen Diskurs hat.

Am 9. August 2014 wurde in Ferguson, einer Stadt im US-Bundesstaat Missouri, der 18-jährige Michael Brown bei einer Polizeikontrolle erschossen. Ein Polizeifahrzeug hielt ihn an, weil er es wagte, auf der Straße statt auf dem Bürgersteig zu laufen. Während der Diskussion löste sich ein Schuss aus dem Polizeiauto. Brown floh und wurde dabei von einem der Polizeibeamten von hinten erschossen. Brown war unbewaffnet. Und Brown war schwarz. Ein Jahr zuvor hatte ein Bericht der Polizei in Missouri für Aufregung gesorgt. Er belegt, dass die Wahrscheinlichkeit, bei Polizeikontrollen festgenommen zu werden, bei Schwarzen doppelt so hoch ist wie bei Weißen.[2] Rassistische Polizeikontrollen sind in den USA etwas Alltägliches. Schwarze stehen oft unter Generalverdacht.

Bereits am nächsten Tag versammelten sich vor allem die schwarzen Bürgerinnen der Stadt zur friedlichen Mahnwache, der sich sofort 150 Polizisten in vollgepanzerter Montur entgegenstellten. Die Stimmung heizte sich auf, die Lage geriet außer Kontrolle. Es kam zu Plünderungen und Straßenschlachten. Am 11. und 12. August setzte die Polizei Panzerfahrzeuge, Blendgranaten, Rauchbomben, Tränengas sowie Gummigeschosse gegen die Aufständischen ein. Die Bilder von dem martialischen Polizeiaufgebot gingen weltweit durch die Medien und natürlich auch durch die sozialen Netzwerke.

Aber nicht durch alle sozialen Netzwerke gleichermaßen. Die Wissenschaftlerin Zeynep Tufekci untersucht die politische Macht durch algorithmische Newsfilterung. In einem Beitrag auf dem Bloggingportal *Medium* konstatiert sie, dass die Ereignisse in Ferguson auf Facebook und Twitter sehr unterschiedlich präsent waren.[3] In ihrem Facebook-Stream tauchte Ferguson kaum auf, während es auf Twitter beinahe kein anderes Thema gab. Das lag aber nicht daran, dass die Leute auf Facebook nichts dazu schrieben. Der Edgerank-Algorithmus, der laut Facebook die Neuigkeiten nach personalisierter Relevanz aufbereitet, schien das Thema einfach herausgefiltert zu haben. Auch auf Twitter findet eine algorithmische Filterung statt; zwar nicht in den persönlichen Neuigkeiten, aber die »Trending Topics« zeigen üblicherweise

Themen von allgemeiner Relevanz an, je nach Land und Region. Doch selbst hier kam Ferguson trotz enormer Präsenz nicht einmal in den USA vor.

Auch jenseits von Verschwörungstheorien ist diese Situation problematisch. Wenn Plattformen die relevanten Infrastrukturen sind, auf denen gesellschaftlicher Diskurs stattfindet, werden deren filternde Querys zum Politikum; zu einer kritischen Infrastruktur des demokratischen Diskurses, die sich auf intransparente Querys stützt, bereitgestellt von intransparenten Konzernen mit kurzem Draht zu den Geheimdiensten. Was soll da schon schiefgehen?

Strategien
Datenschützer rufen gerne nach einer besseren Kontrolle von Plattformen. Das Gegenteil ist richtig: Wir müssen jetzt den Kontrollverlust gegen die Plattformen durchsetzen.

Unsere Zukunft wird geprägt sein von Plattformen. Ob sie in eine neue Form der Tyrannei führen oder in eine neue Selbstermächtigung der Zivilgesellschaft, entscheidet sich an der Kontrolle, die wir ihnen zugestehen beziehungsweise aufbürden. Nur wenn wir den Plattformen keine oder möglichst wenig Kontrolle über die Datenflüsse zugestehen, wird die Plattform zur Infrastruktur statt zum unkontrollierten Machtapparat. Der informationelle Kontrollverlust ist nicht unser Feind, sondern unser Freund. Er bedeutet: offene Daten, die von verschiedenen – am besten beliebig vielen – externen Querys ausgewertet werden können. Nur dann verlieren die Plattformen ihre Macht. Sie verlieren ihre Macht, uns auszuschließen, denn wir können unsere Daten anderswo veröffentlichen. Die Plattformen verlieren ihre Macht, Querys nach Gutdünken zu manipulieren, da wir die Daten mit eigenen Querys auswerten und die Ergebnisse vergleichen können. Sie verlieren ihre Macht des Lock-ins, denn sie können nicht verhindern, dass wir auf den Daten andere Applikationen laufen lassen. Offene Daten sind die einzige Möglichkeit, der Plattformenfalle zu entfliehen.

Diese Freiheit hat einen Preis. Ob Privatsphäre, Community-Management, der Schutz geistigen Eigentums oder die Durchsetzung von

Rechten: Langfristig werden wir auf vielen Ebenen auf zentrale Kontrolle verzichten müssen.

No Copyright

No Copyright ist der programmatische Titel eines Buchs, in dem der Politikwissenschaftler Joost Smiers und die Ökonomin Marieke van Schijndel das Urheberrecht kritisch betrachten. Sie erkennen es darin als verantwortlich für die Konzentrationen auf dem Kulturmarkt und die sich daraus ergebende Blockbuster-Kultur. Es sei das Monopol an den durch das Urheberrecht verbrieften Auswertungsrechten, die zu der immer stärkeren Konzentration der Kulturindustrie auf wenige, globale Konzerne führe. Sie fordern eine radikale Abschaffung des Urheberrechts, in der Hoffnung, Kultur damit wieder zu dezentralisieren.

Dem Urheberrecht haben wir einen Großteil der Überwachungs- und Kontrollversuche des Internets durch die Politik zu verdanken. Das Internet mit dem Konzept des Urheberrechts zu vereinbaren, ist wie Segelfliegen im Vakuum: unmöglich. Trotzdem wird es versucht – mit Gewalt. Solange es das Urheberrecht gibt, werden Menschen mit Geld und Einfluss versuchen, das Internet zur Kontrollgesellschaft umzufunktionieren. Kurzfristig bleibt uns nichts anderes übrig, als mithilfe freier Lizenzen einen möglichst breiten Umweg um das Urheberrecht zu bauen und somit das Kontrollstreben im Zaum zu halten. Langfristig werden wir es loswerden müssen.

Das Internet bietet die Chance der sofortigen, globalen Gleichverteilung von Informationen. Natürlich ist das eine Utopie – aber eine Utopie, deren Verwirklichung heute keine technischen oder ökonomischen Hürden im Weg stehen, sondern vor allem (urheber-)rechtliche. Wir sind moralisch verpflichtet, diese Möglichkeiten wahrzunehmen, die sich uns bieten, und das bedeutet: alle ausschließenden Verfügungsrechte über Informationen abzuschaffen.

Der gesellschaftliche Gewinn einer Abschaffung des Urheberrechts wäre enorm. Stellen wir uns ein Netz ohne Grenzen vor, ein Weltwissen ohne Zugangsbeschränkung, eine Remix-Kultur ohne Transaktionskosten, eine ungebändigte Kreativität, in der jeder Gedanke und Text oder Film unmittelbar anschlussfähig bleibt und zu neuen Gedanken führen kann, für jede und von jedem, weltweit. Stellen wir uns eine echte Informationsgesellschaft vor.

Diese Welt liegt keinesfalls in unerreichbarer Ferne. Wenn die Preise für kulturelle Güter weiter sinken, wird das den monetären Druck aus der Debatte um das Urheberrecht nehmen. Dafür müssen wir fleißig Filesharing betreiben und unsere geistigen Erzeugnisse unter freien Lizenzen anbieten.

Das radikale Recht des Anderen

Auch wenn wir in Regel 7 dafür plädieren, Plattformen kurzfristig die Aufgaben einer notwendigen Ordnungsinstanz zuzugestehen, dürfen wir nie vergessen, welche Macht wir ihnen damit anvertrauen. Langfristig ist das problematisch. Darum brauchen wir eine Strategie, die im Gegensatz zur zentralen Durchsetzungsmacht der Plattform-betreiber Ende-zu-Ende funktioniert, also dezentral umsetzbar ist: die Filtersouveränität. In Zukunft müssen wir uns darauf verlassen können, dass wir uns mit allem und jedem verbinden und alles und jeden nach eigenen Kriterien wirksam ausblenden können. Das ist heute nur in Ansätzen der Fall und meist unter der Zuhilfenahme zentralistischer Plattformstrukturen, wie zum Beispiel das Blockieren und Abonnieren auf Twitter. Aus technischer Sicht steht aber einer wirksamen und dezentralen Erweiterung von Filter-Tools nichts im Weg.

Die Filtersouveränität wird mit zunehmender Macht der Query zum »radikalen Recht der Anderen«, oder anders ausgedrückt: Niemand hat das Recht, gelesen zu werden, und niemand hat das Recht, nicht gelesen zu werden. Diese Lösung ist radikal und wird Seiteneffekte haben, die es zu parieren gilt. Aber sie erlöst uns von der ansonsten drohenden Alternative – der Unmündigkeit und Fremdbestimmung durch zentralistische Plattformen.

Befreit alle Daten!

Es war einmal ein Königreich, in dem fast niemand sehen konnte. Die Leute kamen zurecht, denn sie kannten sich aus. Außerdem konnte etwa jeder Hundertste sehen. Diese Sehenden waren so etwas wie Spezialisten und kümmerten sich um die Aufrechterhaltung der Ordnung, sie gaben Richtungen aus und berichteten den anderen von Neuigkeiten. Die Sehenden besaßen ihre Gabe allerdings nicht von Geburt an, sondern aßen zu diesem Zweck eine bestimmte, sehr bittere Frucht. Die Menschen vertrauten den Sehenden. Es galt der Spruch:»Ein Sehender lügt niemals.«

Eines Tages ging das Gerücht um, einige der Sehenden seien nicht mehr ehrlich. Sie würden Leute in die falsche Richtung schicken und dann auslachen, wenn sie gegen eine Wand liefen. Einige der Sehenden gaben zu, dass es unter ihnen ein paar schwarze Schafe gäbe. Das ganze Königreich war beunruhigt. Wem war noch zu trauen? Einige Menschen trauten sich nicht mehr aus dem Haus, das soziale Leben litt unter dem Misstrauen. Es wurde darüber diskutiert, ob den Sehenden nicht besser das Augenlicht genommen werden sollte; ihre Macht sei zu groß. Wenn niemand etwas sehen kann, sind alle besser dran, meinten einige. Doch da rief ein kleines Mädchen:»Hier!« und hielt den anderen die bittere Frucht unter die Nase.»Esst!« befahl es.»Hört auf, euch über die Lügner zu beschweren und seht selbst.«

Diese Parabel aus dem Buch *Transparent Society* von David Brin, hier von mir halb übersetzt, halb nacherzählt, gibt am besten wieder, vor welcher Entscheidung wir uns befinden. Angesichts der Macht der Plattformen versagen institutionelle Kontrollinstanzen. Wir sind den Plattformen ausgeliefert wie die Menschen in der Fabel den Sehenden. Wenn wir dem entkommen wollen, werden wir früher oder später in die bittere Frucht beißen müssen: Wir müssen die Kontrolle aufgeben und alle Daten zur offenen Aggregation und Auswertung öffnen. Nur Querys können Querys kontrollieren, und dafür braucht es offene Daten.

Die einzige Möglichkeit, effektiv zu verhindern, dass die Querys manipulativ gegen uns verwendet werden, ist Redundanz. Wäre Google die einzige verfügbare Suchmaschine, wäre tatsächlich allergrößtes Misstrauen angebracht. Aber noch kann jede – mit entsprechendem technischem und finanziellem Aufwand – selbst einen Index des Webs erstellen und nach eigenem Gutdünken sortieren. Genau das tun auch viele. Microsofts Bing, Duckduckgo, Wolfram Alpha und andere Suchmaschinen tun genau dasselbe wie Google. Um als Kontrollsuche zu dienen, spielt der Marktanteil keine Rolle. Solange sich an konkurrierenden Querys überprüfen lässt, ob Google seine Query-Macht im größeren Maßstab missbraucht, ist diese einigermaßen eingehegt. Damit die Überprüfbarkeit bestehen bleibt, braucht es Daten, die von allen ausgewertet werden können. Dank des offenen freien Webs sind diese Daten gegeben. Doch eben dieses ist auf dem Rückzug. Facebook, zunehmend auch Twitter und viele andere schirmen ihre Daten gegen Querys Dritter ab. Und das ist das eigentliche Problem.

Statt zu mehr Datenschutz müssen wir die Plattformbetreiber zum Öffnen ihrer Daten bewegen. Je offener die Daten sind und je mehr Querys auf die Daten angewendet werden können, desto besser können wir die Macht der Plattformen einhegen.

---

1 Johannes Masing, »RiBVerfG: Vorläufige Einschätzung der ›Google-Entscheidung‹ des EuGH«, 14.8.2014, *http://irights.info/artikel/ribverfg-masing-vorlaeufige-einschaetzung-der-google-entscheidung-des-eugh/23838*

2 Ferguson Police Dept., »RACIAL PROFILING DATA/2013«, *http://ago.mo.gov/VehicleStops/2013/reports/161.pdf*

3 Zeynep Tufekci, »What Happens to #Ferguson Affects Ferguson: Net Neutrality, Algorithmic Filtering and Ferguson«, *https://medium.com/message/ferguson-is-also-a-net-neutrality-issue-6d2f3db51eb0*

Regel 9
Der Endgegner sind wir selbst

These: _Der größte Gegner der Zivilgesellschaft ist nicht die NSA, es sind nicht die Plattformen und es ist nicht der Staat, sondern die Zivilgesellschaft selbst. Wir werden lernen müssen, miteinander zu leben, die sozialen Probleme anzugehen und sehr viel mehr Verantwortung zu übernehmen, weil das sonst andere für uns erledigen werden._

Im alten Spiel konnte sich das Individuum durch die zentralistische Ordnung der Institutionen vertreten lassen. So wurde es mit der Komplexität der Welt nur ausschnittsweise behelligt. Freiheit wurde folgerichtig gerne mit der Illusion der eigenen Autarkie verwechselt: Frei sein bedeutete unabhängig sein. Nicht nur durch den Verlust der »informationellen Selbstbestimmung« verliert dieses Verständnis von Freiheit an Bedeutung. Wie die Philosophin Antje Schrupp angemerkt hat, ist unser vorherrschender Freiheitsbegriff ein vor allem männlich-privilegiertes Ideologem.[1] Die Illusion der eigenen Autarkie ist nur möglich, wenn die Voraussetzungen dieser Autarkie unsichtbar gemacht werden. Solange zum Beispiel für den Haushalt gesorgt und die Betreuung der Kinder geregelt war, konnte der Patriarch sich der eigenen Unabhängigkeit versichern; über die Arbeit seiner Frau oder die seines Personals sah er als Selbstverständlichkeit hinweg. Auch über das Patriarchat in Reinform hinaus vergewissern wir uns unserer Autarkie, indem wir die infrastrukturellen Voraussetzungen unseres Lebenswandels als selbstverständliche Gegebenheit übersehen. Das Netz führt uns dagegen vor Augen, dass wir in die Gesellschaft eingebunden und von ihren Infrastrukturen abhängig sind. Dieses Bild ist nicht immer schön, und es bürdet uns eine Verantwortung auf, die wir zuvor den Institutionen zuschieben konnten.

Der Staat ist nicht der Endgegner
Die Macht des Staates ist heute bereits deutlich zurückgegangen. In Fragen der Internetpolitik ist er schon jetzt nicht mehr der Hauptan-

sprechpartner. Er wird nicht verschwinden, aber weiter in den Hintergrund treten. Seine Institutionen werden auch in Zukunft immer effektiver umgangen werden, und die institutionalisierte Politik wird das schulterzuckend hinnehmen. Sie wird derweil versuchen, die alte Ordnung auf transnationaler oder europäischer Ebene festzuzurren und damit auch ihre Erfolge haben. Es gilt wachsam zu sein und die Kontrollansprüche des Staats im Zweifelsfall direkt zu bekämpfen – ein Endgegner sieht aber anders aus.

Die Geheimdienste sind nicht der Endgegner

Fast schon unabhängig von der schwindenden Bedeutung des Staates ist die Bedeutung der Geheimdienste. Oberflächlich betrachtet, scheinen sie von ihren jeweiligen Staaten abhängig zu sein, in Wirklichkeit jedoch haben sie sich als internationales Geflecht weitgehend autarke, selbstbezogene Strukturen geschaffen, die so leicht nicht mehr loszuwerden sind. Sie sind zur internationalen Plattform des geheimen Wissens geworden und werden im Neuen Spiel eine wichtige, wahrscheinlich unangenehme Rolle spielen. Allerdings sind auch sie massiv vom Kontrollverlust bedroht und zwar auf eine Weise, die ihre Arbeit und ihr internes Funktionieren systematisch infrage stellt. Es gibt glaubhafte Hinweise, dass Edward Snowden nicht der einzige Whistleblower ist, der die Öffentlichkeit mit klassifizierten Informationen bestückt. Eine zweite anonyme Quelle gibt es ganz gewiss;[2] manche spekulieren sogar schon auf einen dritten Whistleblower.

NSA, GCHQ und BND mögen immer mehr Wissen und Datenanalyse-Kapazitäten ansammeln, doch ihre Operationsweise ist fragil. Der Kontrollverlust sorgt dafür, dass sie sich nicht mehr ungestört bewegen können, und das gegenseitige Misstrauen innerhalb der eigenen Strukturen lähmt ihre Effizienz. Die Geheimdienste bleiben ein ernstzunehmender Gegner der Zivilgesellschaft, ihr Hauptgegner sind sie jedoch nicht.

Die Plattformen sind nicht der Endgegner

Das Plattformkonzept hat unser Leben bereits fest im Griff, und diese Entwicklung wird sich merklich ausweiten. Wir werden in Zukunft alles über Plattformen regeln, was sie in eine enorme Machtposition bringen wird. Wir werden von ihnen verlangen, die Macht zu nutzen und sie gleichzeitig dafür hassen. Plattformen werden sich unersetzlich machen, und unsere Abhängigkeit von ihnen wird uns weiterhin dazu zwingen, Konditionen zu akzeptieren, die uns nicht passen – auch wenn wir versuchen, politischen Gegendruck zu installieren. Es wäre allerdings naiv, sich Facebook oder Google als die zukünftigen Plattformherrscher der Welt vorzustellen. Auch sie sind lediglich frühe Erscheinungsformen eines sich gerade entfaltenden Paradigmas. Wahrscheinlich werden wir über ihre angebliche Macht noch herzlich lachen, wenn wir dereinst bei ihren viel mächtigeren Nachfolgern eingeloggt sind.

Es wird neue, dezentrale Ansätze geben, die die Macht der Plattformen verteilen, indem sie auf interoperationale Standards und Open Source setzen. Es ist zu hoffen – und technisch durchaus machbar –, dass es einen offenen, dezentralen Social Network Layer mit einem Großteil der heutigen Facebook-Funktionalität geben wird. Doch zentralistische, monopolartige und geschlossene Plattformen mit Profitinteresse werden immer ihren nicht allzu kleinen Platz im Neuen Spiel haben – falls wir in der Zwischenzeit nicht den Kapitalismus abgeschafft bekommen. Die zentralistischen Strukturen werden allein deswegen erhalten bleiben, weil ihre Investitionskapazitäten höher, ihre Skaleneffekte stärker und ihre Entwicklungs- und Innovationszyklen kürzer sind, als es mit offenen Standards und Open Source möglich wäre. Plattformen werden der wichtigste, zentrale Machtfaktor der Zukunft sein, doch als Endgegner sind sie zu unbeständig und zu sehr von uns abhängig. Vor allem sind sie letztlich davon abhängig, wie viel Macht wir ihnen einzuräumen bereit sind.

Wir sind der Endgegner

Wenn wir versuchen, ein grobes Bild der nächsten zehn bis zwanzig Jahre zu zeichnen, sehen wir, dass eben nicht die Geheimdienste, nicht der Staat und nicht einmal die zentralistisch kontrollierten Plattformen die größte Herausforderung darstellen. Der Endgegner des Neuen Spiels ist nicht einer der mächtigen Akteure des alten

Spiels, sondern wir sind es selbst. Und die Herausforderung, die wir entgegen allen Sträubens annehmen müssen, liegt darin, ohne die kontrollierenden Kräfte des alten Spiels auszukommen.

Wir sind noch nicht so weit. Die meisten von uns sind im Kopf noch immer fest im 20. Jahrhundert verankert und weigern sich die neuen Spielregeln überhaupt nur anzusehen, geschweige denn zu verstehen. Der Kontrollverlust macht uns Angst, und aus dieser Angst heraus – und weil wir es so gewohnt sind – fordern wir Schutz. Der Staat soll uns beschützen: vor den Plattformen und vor den Geheimdiensten. Die Geheimdienste sollen uns beschützen: vor anderen Geheimdiensten und den Terroristen. Die Plattformen sollen uns beschützen: vor einander, vor dem Staat und den Geheimdiensten.

Wir wissen im Grunde, dass wir Dinge wollen, die einander widersprechen. Doch wir haben gelernt, dass wir Rechte haben; also fordern wir sie ein, ohne darüber nachzudenken, dass wir es mit verschiedenen Playern und gegenläufigen Interessen zu tun haben. Diese Vorgehensweise bringt uns in eine gefährliche Situation: Wir stärken die, die wir fürchten, und geben freiwillig unsere Werkzeuge zur Selbstbestimmung aus der Hand. Diese Strategie wird nicht lange gutgehen. Im schlimmsten Fall wird sie sogar in einem nicht mehr eingrenzbaren Machtungleichgewicht enden.

Derweil sind wir vor allem von uns gegenseitig überfordert. Wir schließen uns Shitstorms an, wir lassen uns provozieren oder provozieren andere, eskalieren hier einen Streit oder tragen dort ein Scheingefecht aus. »Da hat jemand unrecht im Internet!«[3] ist unser Schlachtruf. Wir sind intolerant gegenüber den Lebensweisen, Meinungen, kulturellen Hintergründen und Ideologien der anderen.

Die digitalen Tools haben die Einzelnen – in der Summe die Zivilgesellschaft – ermächtigt. Wir haben alle mehr Möglichkeiten, mit anderen zu kommunizieren, uns zusammenzuschließen, um unsere Interessen durchzusetzen, uns zu organisieren. Aber wir verwenden diese Möglichkeiten dafür, uns gegenseitig am Fortkommen zu hindern. Dabei lernen wir uns doch einfach nur kennen. Das Internet hat den Raum zwischen den Menschen schrumpfen lassen. So lernen wir, was andere Menschen denken, was für Probleme sie haben und wie sie sich Lösungen dafür ausdenken. Wir werden dabei mit Sichtweisen konfrontiert, die wir bisher nur vom Hörensagen kannten. Das alles ist oft schmutzig, meist mehr als irritierend. Manchmal fühlen wir uns angegriffen, manchmal verhöhnt. Aber das ist nicht das Internet, es sind die Menschen. Mit dem Kontrollverlust kommt alles ans Licht. Die Welt ist tatsächlich voller Hass, Missgunst, Rassismus, Sexismus – und das ist ein großes Problem. Der Hass und die Menschenfeindlichkeit sind nicht durch das Internet hervorgerufen worden, sondern bilden sich dort nur ab. Und von dort speien sie uns an.

Die NSA mag die theoretische Möglichkeit haben, jeden Einzelnen von uns unter Druck zu setzen, einzuschüchtern und zu terrorisieren. Vielen Menschen passiert genau das jeden Tag, und sie werden dadurch effektiv zum Schweigen gebracht – aber nicht von der NSA, sondern von Trollen, Maskulinistinnen, Nazis oder anderen Menschenfeinden. Insofern hat das tägliche Drama im Netz auch seinen Zweck. Hinter fast allen Reibungspunkten stecken ungelöste soziale Probleme. Probleme, die es immer gab, die wir aber im alten Spiel leichter ausblenden konnten. Im Netz gibt es immer eine kritische Masse an Menschen, die einen Missstand für skandalös genug befinden, um ihn anzuprangern. Das ist anstrengend, aber eine gute Sache. Nur so kann gesellschaftlicher Fortschritt funktionieren. Schade ist nur, dass die täglichen Kleinkriege auch die emanzipativen Bewegungen spalten und segmentieren. Die Zivilgesellschaft steht sich in allererster Linie selbst im Weg. Durch Hass und sozialen Druck werden Menschen klein, stumm und unsichtbar gemacht. All das trifft die Schwächsten am härtesten: die Marginalisierten, die Diskriminierten und die, die ein empfindsames Gemüt haben.

Wir werden uns noch eine ganze Weile gegenseitig wehtun, bis wir feststellen, dass die digitalen Tools nur deswegen so viel Leid ermöglichen, weil sie uns eine neue Macht gegeben haben. Eine Macht, mit der wir nicht umzugehen gelernt haben. Eine Macht, für die es unzureichende Regeln, wenig effektive Mechanismen der Kontrolle und kaum herausgebildete kulturelle Praktiken gibt. Der wahre Endgegner ist unsere Unfähigkeit, uns selbst als die Nutznießer dieser Macht zu begreifen.

Strategien

Wie funktioniert der Kampf gegen sich selbst? Am besten so, dass wir uns dabei nicht allzu sehr zerfleischen. Aber es hilft nichts: Im Ende-zu-Ende-Paradigma des Neuen Spiels müssen wir alle mehr Verantwortung übernehmen. Ansonsten werden das andere für uns übernehmen: die Plattformen, die Geheimdienste und die Staaten. Das würde nicht gut enden.

Politik des Netzwerkknotens

Das libertär-liberale Konzept von Freiheit als Ungebundenheit und Selbstbestimmung ist am Ende. Die Kränkung, die sich aus dieser Erkenntnis ergibt, wird nicht leicht zu verdauen sein. Es wird lange dauern, bis wir erkennen, dass es dafür neue Freiheiten gibt: positive Freiheiten der Verbundenheit, Interaktion und der Teilhabe. Freiheiten, die mit dem Preis einer höheren Verantwortung einhergehen.

»Das Internet ist ein Netzwerk und bildet damit menschliches Zusammenleben weit besser nach, als viele Menschen das wahrhaben wollen. Und der grundlegende Wert eines Netzes ist nicht die Souveränität und Freiheit der Knoten, sondern ihre Verbundenheit und das daraus entstehende emergente Verhalten«[4], schreibt der Informatiker und Netzdenker Jürgen Geuter. Teil eines Netzes zu sein, bedeutet von den Netzwerkeffekten zu profitieren, es bedeutet aber auch, Verantwortung für das Netz zu übernehmen. Nichts, was wir im Neuen Spiel tun, ist unpolitisch.

Wir sind Politikerinnen, wenn wir uns über Missstände beschweren, wenn wir Rassismus, Sexismus und Menschenfeindlichkeit anprangern. Wir sind aber auch Politiker, wenn wir Rassismus, Sexismus und Menschenfeindlichkeiten verbreiten. Wir sind nicht mehr in der Kneipe, das Netz ist kein Stammtisch, sondern wir agieren in den Query-Öffentlichkeiten der anderen. Alles, was wir tun, hat Vorbildcharakter, im Guten wie im Schlechten, und ist somit politisch.

Im Neuen Spiel kommt es nicht darauf an, was du weißt, sondern was du bereit bist zu lernen. Das Leben in der Vernetzung fordert viel mehr Empathie ab als das alte Spiel. Empathie bedeutet, sich auf die Sichtweise der anderen einzulassen. Gleichzeitig stärken wir das Netzwerk durch Originalität. Vernetzung steht nicht im Gegensatz zu Individualität, sondern Individualität bereichert das Netz und macht es erst attraktiv. Der Wert jedes Knoten im Netz ist somit seine Unterschiedlichkeit. Im Neuen Spiel hast du die Aufgabe, die Welt durch dich zu bessern.

Fliegen lernen

Am 20. Februar 2014 erhält Joey L. eine Twitter-Nachricht von Anthony Kurtz. Der kanadische Fotograf kennt Kurtz nicht persönlich, sondern nur über Twitter. Ob er 2007 – vor sieben Jahren – in Indien gewesen sei.»Ja«, antwortet Joey L. verdutzt, er sei zu der Zeit in Varanasi gewesen, einer historischen Stadt am Ganges, in der Pilger und Touristen aufeinandertreffen. Ob er das sei, fragt der Fremde und schickt ein Foto, das er dort 2007 aufgenommen hatte. Die historischen Fassaden am Ufer sind zu sehen, aufgenommen aus der Totalen, direkt vom Ganges aus. Viele Menschen sind auf dem Bild. Boote mit Einheimischen liegen am Ufer, Frauen sitzen auf den Stufen, die hinunter zum Fluss führen, Menschen gehen die Promenade entlang. Und zwei von ihnen – ganz klein zu sehen – sind offenbar Touristen.

Joey L. fragt nach den hochauflösenden Originalen sowie weiteren Fotos aus der Reihe, und Kurtz schickt sie ihm. In der entsprechenden Vergrößerung ist Joey L. zu erkennen, wie er die Promenade entlangspaziert. Das Foto wurde am 18. Oktober 2007 aufgenommen. Joey war damals gerade 17 Jahre alt. Auf einem der Bilder fotografiert er selbst; zwei Frauen, wie sie am Ufer sitzen und zeichnen. Er findet das Foto, das er damals gemacht hat, wieder. Darauf ist im Hintergrund der Ganges zu sehen, mit Booten, auf denen Menschen die Stadt fotografieren. Einer von ihnen muss Anthony Kurtz sein.

Es gibt viele Arten, auf den Kontrollverlust zu reagieren. Joey L. schrieb einen begeisterten Blogpost darüber und freute sich über die durch das Internet geschrumpfte Welt.[5] In Zukunft werden solche Geschichten niemanden mehr überraschen. Die Welt wird sich selbst transparent werden und damit von allen Winkeln gleichzeitig betrachtbar – wen wundert es dann noch, wenn sich zwei Fotografen beim Fotografieren fotografieren und über das Internet zusammenfinden?

Dieser Prozess ist als Horrorgeschichte erzählbar oder als ein Akt kollektiver, gegenseitiger Bewusstwerdung.

Bevor das Fliegen erfunden wurde, konnte sich niemand vorstellen, in einer Blechbüchse Platz zu nehmen, die in die Luft abhebt. Wir sitzen auf einem Stuhl, Tausende Meter in der Luft! Was für ein Kontrollverlust! Und was für ein Kontrollgewinn! Nach Indien zu reisen, war für die meisten Menschen im Westen vor dem Flugzeug schlicht unmöglich. Das Flugzeug schrumpfte die Welt zusammen. Ohne Flugzeug hätte es die Geschichte von Joey L. und Anthony Kurtz nie gegeben. Das Neue Spiel ist ein Flugzeug und wir sitzen bereits darin. Es ist okay, Angst zu haben, und die Turbulenzen sind nicht ungefährlich. Ich denke aber, dass es sich lohnt. Es lohnt sich genauso, wie in ein Flugzeug zu steigen und auf der anderen Seite eine neue Welt zu betreten.

---

1 Antje Schrupp, »Über das Müssen«, in: *beziehungsweise weiterdenken,* 13.8.2008, *www.bzw-weiterdenken.de/2008/08/uber-das-mussen/*

2 James Bamford, »The Most Wanted Man in the World«, in: *Wired,* *www.wired.com/2014/08/edward-snowden/*

3 xkcd, »Duty Calls«, *http://xkcd.com/386/*

4 Jürgen Geuter, »Digitale Souveränität«, in: *connected,* *https://connected.tante.cc/2014/08/25/digitale-souveraenitaet/*

5 Joey L., »I Was Hidden on This Guy's Hard Drive for Over 6 Years«, in: *PetaPixel,* 15.7.2014, *http://petapixel.com/2014/07/15/hidden-guys-hard-drive-6-years/*

Anhang

Teil I

Kapitel 1 | Die drei Treiber des Kontrollverlusts

- WP, Kontrolle: *http://de.wikipedia.org/wiki/Kontrolle*
- Gregory Bateson: *Geist und Natur. Eine notwendige Einheit,* Frankfurt a. M. 1995
- WP, John McAfee: *http://de.wikipedia.org/wiki/John_McAfee*
- WP, Pentagon Papers: *http://en.wikipedia.org/wiki/Pentagon_Papers*
- WP, Tempora: *http://de.wikipedia.org/wiki/Tempora*
- WP, XKeyscore: *http://de.wikipedia.org/wiki/XKeyscore*
- WP, Petraeus-Skandal: *http://en.wikipedia.org/wiki/Petraeus_scandal*
- David Leigh, Luke Harding, *WikiLeaks: Inside Julian Assange's War on Secrecy,* London 2011

Kapitel 2 | Das Ende der Ordnung

- Jorge Luis Borges,»Von der Strenge der Wissenschaften«, in: ders., *Borges und ich,* München 1982
- Friedrich Nietzsche, *Sämtliche Briefe.* Kritische Studienausgabe in 8 Bänden, Band 6, Giorgio Colli, Mazzino Montinari (Hg.), Berlin u.a. 1986
- Marshall McLuhan, *Understanding Media: The Extensions of Man,* New York 1964
- Friedrich Kittler, *Aufschreibesysteme 1800/1900,* München 1985
- Claude Shannon,»A Mathematical Theory of Communication«, *http://cm.bell-labs.com/cm/ms/what/shannonday/shannon1948.pdf* (Oktober 1948)
- WP, Gottfried Wilhelm Leibniz: *http://de.wikipedia.org/wiki/Gottfried_Wilhelm_Leibniz*
- WP, George Boole: *http://de.wikipedia.org/wiki/George_Boole*
- WP, Digital: *http://de.wikipedia.org/wiki/Digital*
- WP, Prozessor: *http://de.wikipedia.org/wiki/Prozessor*
- WP, Befehlssatz: *http://de.wikipedia.org/wiki/Befehlssatz*
- WP, Routing: *http://de.wikipedia.org/wiki/Routing*
- WP, Transmission Control Protocol/Internet Protocol: *http://de.wikipedia.org/wiki/TCPIP*
- WP, Relationale Datenbank: *http://de.wikipedia.org/wiki/Relationale_Datenbank*
- WP, SQL: *http://de.wikipedia.org/wiki/SQL*
- WP, Laplacescher Dämon: *http://de.wikipedia.org/wiki/Laplacescher_D%C3%A4mon*
- WP, PageRank: *http://de.wikipedia.org/wiki/PageRank*
- WP, BitTorrent: *http://de.wikipedia.org/wiki/BitTorrent*
- David Weinberger, *Das Ende der Schublade – Die Macht der neuen digitalen Ordnung,* München 2008
- Douglas Adams, *Per Anhalter durch die Galaxis,* München 2009

Kapitel 3 | Die Krise der Institutionen

- WP, Institution: *http://de.wikipedia.org/wiki/Institution*
- James Beniger, *The Control Revolution*, Cambridge 1986
- Max Weber, *Grundriss der Soziologie: Wirtschaft und Gesellschaft*, *www.zeno.org/Soziologie/M/Weber,+Max/Grundri%C3%9F+der+Soziologie/ Wirtschaft+und+Gesellschaft*
- Daniel Bell, *The Cultural Contradictions Of Capitalism*, New York 1996
- Dirk Baecker, *Studien zur nächsten Gesellschaft*, Frankfurt/M. 2007
- Gilles Deleuze, *Postskriptum über die Kontrollgesellschaften*, *www.formatlabor.net/nds/Deleuze-Postskriptum.pdf* (1990)
- Yochai Benkler, *The Wealth of Networks – How Social Production Transforms Markets and Freedom*, New Haven 2006
- WP, Transaktionskostentheorie: *http://de.wikipedia.org/wiki/Transaktionskostentheorie*
- Ronald Coase, »Nature of the Firm«, *www.colorado.edu/ibs/eb/alston/econ4504/ readings/The%20Nature%20of%20the%20Firm%20by%20Coase.pdf*
- WP, Ägyptische Revolution: *http://en.wikipedia.org/wiki/Timeline_of_the_ Egyptian_Revolution_of_2011#January_2011*
- Clay Shirky, *Here Comes Everybody*, New York 2008
- Colin Crouch, *Postdemokratie*, Frankfurt am Main 2003

Kapitel 4 | Aufstieg der Plattformen

- Manuel Castells, *The Information Age: Economy, Society, and Culture*, Oxford/Malden 1998
- WP, Skalenfreies Netz: *http://de.wikipedia.org/wiki/Skalenfreies_Netz*
- Bruce Wyman, »The Law of the Public Callings as a Solution of the Trust Problem«, in: *Harvard Law Review*, 10.01.1904, *https://archive.org/details/jstor-1323312*
- WP, Skaleneffekt: *http://de.wikipedia.org/wiki/Skaleneffekt*
- WP, Lernkurve: *http://de.wikipedia.org/wiki/Lernkurve*
- WP, Positive Rückkopplung: *http://de.wikipedia.org/wikiPositive_R%C3%BCckkopplung*
- WP, Natürliches Monopol: *http://de.wikipedia.org/wiki/Nat%C3%BCrliches_Monopol*
- WP, Netzwerkeffekt: *http://de.wikipedia.org/wiki/Netzwerkeffekt*
- WP, Metcalfesches Gesetz: *http://de.wikipedia.org/wiki/Metcalfesches_Gesetz*
- Carl Shapiro, Hal R. Varian, *Information Rules – A strategic guide to the networked economy*, Boston 1999
- Joseph Forrell, Garth Solaner, »Competition, Compatability and Standards: The Economics of Horses, Penguins and Lemmings«, *https://escholarship.org/uc/item/48v4g4q1*

- Tim Wu, *The Master Switch – The Rise and Fall of Information Empires*, New York 2010
- *Gabler Wirtschaftslexikon*, »Zweiseitige Märkte«, *http://wirtschaftslexikon.gabler.de/Definition/zweiseitige-maerkte.html*
- Kevin Kelly, *Out of Control – The New Biology of Machines. Social Systems, and the Economic World*, New York 1994
- WP, Network Layer: *http://en.wikipedia.org/wiki/Network_layer#Relation_to_TCP.2FIP_model*
- WP, Emergenz: *http://de.wikipedia.org/wiki/Emergenz*
- WP, XMLHttpRequest: *http://de.wikipedia.org/wiki/XMLHttpRequest*
- WP, AJAX: *http://de.wikipedia.org/wiki/Ajax_(Programmierung)*
- Clayton M. Christensen, *The Innovator's Dilemma: The Revolutionary Book That Will Change the Way You Do Business*, New York 2003
- Howard Bloom: *The Global Brain: The Evolution of Mass Mind from the Big Bang to the 21st Century*, Wiley 2000
- Gunnar Heinsohn, Otto Steiger, *Eigentum, Zins und Geld*, Marburg 2002
- Jeremy Rifkin, *Access – Das Verschwinden des Eigentums: Warum wir weniger besitzen und mehr ausgeben werden*, Frankfurt am Main 2007
- Jeremy Rifkin, *The Zero Marginal Cost Society: The Internet of Things, the Collaborative Commons, and the Eclipse of Capitalism*, New York 2014

Kapitel 5 | Infrastruktur und Kontrolle

- Thomas Hobbes, *Leviathan or the Matter, Form and Power of a Commonwealth Ecclesiastical and Civil*, Oxford 1950
- WP, Öffentliches Gut: *http://de.wikipedia.org/wiki/%C3%96ffentliches_Gut*
- WP, Facebook Graph Search: *http://en.wikipedia.org/wiki/Facebook_Graph_Search*

Kapitel 6 | Plattform vs. Staat

- Benedict Anderson, *Imagined Communities: Reflections on the Origin and Spread of Nationalism*, New York 2006
- WP, Project Loon: *http://en.wikipedia.org/wiki/Project_Loon*
- WP, Netzneutralität: *http://de.wikipedia.org/wiki/Netzneutralit%C3%A4t*
- Lawrence Lessig, »Code is Law«, in: *Harvard Magazine*, Januar 2000, *http://harvardmagazine.com/2000/01/code-is-law-html*
- Christoph Engemann, »Human Terrain System – Staatlichkeit, soziale Netzwerke und Medien militärischer Anthropologie«, in: Inge Baxmann, Timon Beyes, Claus Pias (Hg.), *Soziale Medien – Neue Massen*, Berlin 2014, S. 209-234

Teil II – Zehn Regeln für das Neue Spiel

Regel 0 | Es gilt das Neue

- Nassim Nicholas Taleb, *Der schwarze Schwan - Die Macht unwahrscheinlicher Ereignisse*, München 2010
- Martin Burckhardt, *Digitale Renaissance: Manifest für eine neue Welt*, Berlin 2014
- WP, Hernán Cortés: *http://de.wikipedia.org/wiki/Hern%C3%A1n_Cort%C3%A9s*

Regel 1 | Man kann das Spiel nicht gegen den Kontrollverlust spielen

- Nassim Nicholas Taleb, *Antifragile: Things That Gain from Disorder*, New York 2012

Regel 2 | Die Überwachung ist Teil des Spiels

- WP, Echelon: *http://de.wikipedia.org/wiki/Echelon*
- WP, J. Edgar Hoover: *http://de.wikipedia.org/wiki/J._Edgar_Hoover*
- WP, Andrej Holm: *http://de.wikipedia.org/wiki/Andrej_Holm*
- WP, Travor Paglen: *http://de.wikipedia.org/wiki/Trevor_Paglen*
- WP, Steve Mann: *http://de.wikipedia.org/wiki/Steve_Mann*
- WP, Sousveillance: *http://de.wikipedia.org/wiki/Sousveillance*
- Christian Heller, *Post-Privacy – Prima leben ohne Privatsphäre*, München 2011
- WP, Asymmetrisches Kryptosystem: *http://de.wikipedia.org/wiki/Asymmetrisches_Kryptosystem*

Regel 3 | Wissen ist, die richtige Frage zu stellen

- Eli Pariser, *Filter Bubble: Wie wir im Internet entmündigt werden*, München 2012
- WP, »Tragik der Allmende«, *http://de.wikipedia.org/wiki/Tragik_der_Allmende*
- Jeff Jarvis, *Public Parts: How Sharing in the Digital Age Improves the Way We Work and Live*, New York 2011

Regel 4 | Organisation und Streit für alle!

- Ingrid Brodnig, *Der unsichtbare Mensch: Wie die Anonymität im Internet unsere Gesellschaft verändert*, Wien 2014
- Hanne Detel, Bernhard Pörksen, *Der entfesselte Skandal. Das Ende der Kontrolle im digitalen Zeitalter*, Köln 2012

Regel 5 | Du bist die Freiheit des Anderen

- Emmanuel Levinas, *Totalität und Unendlichkeit. Versuch über die Exteriorität*, München 2003
- Nikolaus Wegemann, *Bücherlabyrinthe: Suchen und Finden im alexandrinischen Zeitalter*, Köln 2000

Regel 6 | Macht hat, wer die Plattform kontrolliert

- Albert O. Hirschman, *Exit, Voice, and Loyalty – Responses to Decline in Firms, Organizations, and States*, Cambridge 1970
- Jürgen Habermas, *Theorie des kommunikativen Handelns*, Frankfurt/M. 1987
- WP, Diaspora: *http://de.wikipedia.org/wiki/Diaspora_(Software)*

Regel 8 | Datenkontrolle schafft Herrschaft

- WP, SAGE: *http://de.wikipedia.org/wiki/Semi-Automatic_Ground_Environment*
- WP, SABRE: *http://de.wikipedia.org/wiki/Sabre_(CRS)*
- Joost Smiers, Marieke van Schijndel, *No Copyright – Vom Machtkampf der Kulturkonzerne um das Urheberrecht*, Berlin/Köln 2012
- David Brin, *The Transparent Society – Will Technology Force Us to Choose Between Privacy and Freedom?*, New York 1998

Aufgenommen sind Personen, Eigennamen von Institutionen und Unternehmen, Marken, Medien, Buch- und Gesetztitel, Computerprogramme sowie ausgewählte kulturelle Konzepte.

#aufschrei 187ff
#jan25 91
Accumulo 36
ACTA (Anti-Counterfeiting Trade Agreement) 142, 163, 218
Adams, Douglas 68
Adelman, Kenneth 29
AirBnB 99, 116ff, 122, 203
Algorithmus 45, 64, 148f, 161, 177, 179, 181f, 184, 195, 216, 224f
Altavista 134
Althoff, Friedrich 200
Amazon 62, 80, 108, 129, 172, 180, 204, 222
American Airlines 224
Anderson, Benedict 141
Anderson, Chris 33
Anderson, Ross 125
Andreessen, Marc 48
Android 109, 119, 131, 203, 210f
Anti-Kontrollverlust 220ff
Antifragilität; antifragil 162f, 165f, 176, 185, 192
App 62, 86, 88f, 99f, 108f, 112f, 116f, 119, 130, 136, 204f, 210ff, 222
Apple 27, 55, 87, 108, 111f, 119, 124, 128, 131, 182
Arabischer Frühling 92
Assange, Julian 30f
AT&T 50, 107f
Atanasova, Angelina 183
Aufschreibesystem 39, 41ff, 47f, 59, 67f, 76, 78, 115, 154
Baecker, Dirk 75
Bambauer, Jane Yakowitz 182
Baran, Paul 54
Bateson, Gregory 18
Bedingungsloses Grundeinkommen

218f
Bell, Daniel 74
Beniger, James 72f, 76f
Benkler, Yochai 82
Best Effort Delivery 208
Big Data 33f, 36, 61, 64ff, 147, 169, 180, 182ff
Binarität; binär; Binärsystem 50ff, 56, 172
BitTorrent 82, 211
BND (Bundesnachrichtendienst) 125f, 184, 215, 217, 232
Boole, George 50
Borges, Jorge Luis 40, 48f, 60
Brin, David 228
Broadwell, Paula 35f
Brodnig, Ingrid 193
Brooks, Ron 109
Brown, Michael 225
Browser 26, 32f, 43, 83, 103, 110, 130f, 222
Burckhardt, Martin 160
Car2Go 99
Carsharing 117f, 122, 204
Castells, Manuel 102
Christensen, Clayton 112, 114
Chrome 131
CIA (Central Intelligence Agency) 35f, 174, 184
Clarke, Arthur C. 39
Cloud 27, 109, 117, 119, 213f
Clubgüter 132
Coase, Ronald 84f
Codd, Ted 57
Cohn-Bendit, Daniel 196
Computer 23, 25ff, 36, 39, 42–56, 68, 75–78, 85, 87, 109, 202, 208f, 224
Content ID 145

Cortés, Hernán 160
CPU (Central Processing Unit) 45, 47, 52
Crandall, Bob 224
Creative Commons 83
Crouch, Colin 94
Crowdfunding 164, 193
Datenschutz 16, 34, 37, 39, 146, 153, 162f, 168, 183, 210–217, 221, 226, 230
Datum 18f, 24, 31f, 58f, 135
DE-CIX 215
Deleuze, Gilles 75f
Detel, Hanne 197
Dezentralität; dezentral 39, 54ff, 86, 100ff, 103, 122, 127, 140, 154, 168, 195, 204, 210ff, 228, 233
Diskriminierung; diskriminierungsfrei 173, 187, 208f, 218f, 235
Disruption 112, 159
DNS (Domain Name System) 29
Double Whammy 107
Drohnen 22, 121, 170f, 184
Duckduckgo 230
Dueck, Gunter 80
E-Book 129, 222
Echelon 169
eDonkey 82
EDRi (European Digital Rights initiative) 207
Eigentum 48, 79, 83, 115–118, 128, 171, 226
EFF (Electronic Frontier Foundation) 56
Ellsberg, Daniel 26
Emergenz 111f, 115, 136
Ende-zu-Ende 92f, 97, 99, 176, 198ff 202, 228, 236
Eurosur 171
Facebook 26ff, 33f, 37, 55, 62, 77, 83, 88f, 99ff, 108, 110, 112ff, 121f, 126f, 131–137, 140, 142f, 147, 176, 180, 182, 185, 193ff, 204–207, 210–213,

223, 225, 230, 233
Fanning, Shawn 81
FBI (Federal Bureau of Investigation) 36, 125, 170
FCC (Federal Communications Commission) 107
Feedback; negativ 120
Feedback; positiv 104, 108f, 114, 120
Ferguson, Missouri 225
Filesharing 17, 82, 86, 124, 164f, 228
Filterblase 181f, 185
Filtersouveränität 184f, 192–195, 200, 210, 223, 228
Firefox 83, 131
FISC (Foreign Intelligence Surveillance Court) 21
Five-Eyes-Abkommen 125
Flatrate 129, 221f
Fordismus 74
Ford, Henry 113
Foucault, Michel 75
Foursquare 34
Fragilität; fragil 148, 162–165, 174, 176, 193, 232
Freiheit; Informations- 184f
Freiheit; Meinungs- 133, 192
Freiheit; positive, negative 60, 88, 91, 102, 145, 153, 156, 158, 165, 170, 172, 192, 198, 202, 207f, 210, 226, 231, 236
Freiheit; Presse- 192
Frontex 171
Gaarder, Jostein 60f
Gaydar 37
GCHQ (Government Communications Headquarters) 27f, 164, 167, 232
Gegenüberwachung 174
Gemeinschaftsgüter 132
Geuter, Jürgen 236
Gilmore, John 56
GMX 213
Gödel, Kurt 45

Google 23, 27f, 32ff, 36, 39f, 49, 55, 61ff, 65, 67, 104, 112, 117, 119, 121, 123, 127, 131ff, 135f, 143f, 146, 172, 175, 179ff, 204, 206, 209–215, 223f, 229f, 233
GPL (General Public License) 83
GPS (Global Positioning System) 24
Grenzkosten; grenzkostenlos 80, 118, 129
Guardian, The 21, 30, 176
Guttenplag 95
Hacker 17, 27, 31, 177, 217
Hank, Maike 187
Hardware 43–46, 48, 56, 112, 114, 184
Hashtag 91ff, 100, 111f, 122, 187–190
Heidenreich, Stefan 160
Heller, Christian 175f
Hensel, Alexander 168
Hermanin, Costanza 183
Hilbert, David 44
Hirschman, Albert O. 206
Hobbes, Thomas 133
Holm, Andrej 171
homogen 64, 104, 112, 115
Homophobie 165, 173
Homosexualität 37, 176
Hoover, J. Edgar 170
HTML (Hyper Text Markup Language) 210
HTTP (Hyper Text Transfer Protocol) 210
Hubs 103, 148f
Human Terrain System 148
Hydra 20, 163
IBM (International Business Machines Corporation) 78, 80f, 224
Informationelle Selbstbestimmung 37, 167, 169
Infrastruktur; infrastrukturell 54, 71, 100, 102–106, 115, 120, 127f, 130, 132f, 136, 143, 189, 199, 204, 208, 213f, 217ff, 226, 231

Institution; Institutionalisierung; institutionell; institutionalisiert 16, 42, 59, 71f, 74, 76, 79–85, 89, 92–97, 99–102, 115, 127f, 134, 142, 153f, 158, 162ff, 173, 175, 191, 204f, 216ff, 221, 229, 231f
Internet der Dinge 23, 78, 118f
iOS 108f, 112, 131
IP-Adresse (Internetprotokoll) 32f, 35f
Iteration 109ff, 114, 130f
iTunes 83, 87, 112, 124, 128
Kazaa 82
Kelly, Kevin 109
Kittler, Friedrich 41, 43f, 56
Kleinberg, Jon 148
Kleinberg, Robert 148
Kleinerdrei 187
Kommunikationskosten 81, 120f, 189, 192
König, Lothar 174
Kontrollgesellschaft 75f, 227
Kontrollgewinn 187
Kontrollkrise 73
Kontrollrevolution 74, 77, 80f
Kontrollüberschuss 75f, 93f
Kontrollverlustapparat 20f, 25
Kopiermaschine 26, 52ff, 56, 76, 80f, 120f, 144, 154
Kopierschutz 17, 128
Kryder's Law 53, 81
Kulturindustrie 82, 227
Laplace, Simon-Pierre 60
Lawful Interception 214
Layer 78, 110f, 115ff, 141f, 212, 233
Leibniz' Rechenmaschine 50
Leingruber, Tobias 142f
Leistungsschutzrecht 88, 159, 214, 216
Lessig, Lawrence 139
Leviathan 134
Levinas, Emmanuel 199
Linux 83
Lobbycontrol 95

Lobbyplag 96
Lock-in 109, 153, 205, 210, 212, 221, 226
Luhmann, Niklas 17, 94
Mann, Steve 175
Manning, Chelsea (bis April 2014: Bradley) 26, 31, 174
Marvel, Seth 148
Mathematik 44–47, 50, 57, 60, 177
McAfee, John 23ff
McCallum, Daniel 84
McLuhan, Marshall 41
Menschenfeindlichkeit 165, 235f
Metadaten 21, 24, 32f, 36, 63, 116f, 183
Metcalfe, Robert 106
Microsoft 22, 27, 145, 230
Mierau, Caspar Clemens 46
Mirror 29, 31
Monopol 42, 50, 108, 118, 128, 145, 221, 227, 233
Monopol; Auswertungs- 163
Monopol; Gewalt- 134, 141, 173, 224
Monopol; Natürliches 104f
Monopol; Query- 134–139, 149
Moore, Gordon 47, 53
Moore's Law 53, 64, 77, 169, 216
MP3 *81, 90, 111, 117*
Multihoming 209f
Musikindustrie 81, 83, 128, 158
MyTaxi 86, 89, 99
Napster 20, 81f, 86f, 124, 128, 144
Netflix 124
Netzneutralität 132f, 207ff, 216
Netzwerkeffekt 105–109, 113ff, 119–125, 127, 134, 139f, 142, 149, 204ff, 210f, 216, 236
Nietzsche, Friedrich 41
NSA 16, 21, 27f, 32, 36, 125f, 142, 163f, 167, 169–172, 184, 215, 231f
Obermann, René 213
Öffentliche Güter 132

Öffentlichkeit 21, 24f, 35, 62f, 92, 158f, 165, 174, 176, 179, 181, 190, 198, 232
OkCupid 90
Ökosystem 109, 114, 130, 136
Open Source 67, 165, 184, 233
OpenDataCity 183f
Paglen, Trevor 174
Pandora 221
Pariser, Eli 181f
Parker, Shawn 81
Passig, Kathrin 193
PayPal 29, 145
Peer-to-Peer 81, 86, 163
Petraeus, David 34ff
Piratenpartei 168, 187, 190f, 218f
Plattformneutralität 207ff, 218f
Podcast 111f
Pörksen, Bernhard 196
Post-Demokratie 96
PRISM 27, 125
Privacy 125, 133, 212
Privacy-Paradox 168f
Privacy; Post- 175ff
Private Güter 132
Privatsphäre 29, 39f, 48, 61, 71, 119, 127, 133, 153, 163, 167f, 173, 175ff, 185, 223, 226
Programmierung 73, 76
Public-Key 202
Queryology/Query 39, 56, 58ff, 62–68, 76, 84–94, 96f, 99, 117, 121–125, 134ff, 142, 145, 147ff, 154, 179–185, 187–192, 195, 198f, 201f, 204, 223f, 226, 228ff, 236
Racial Profiling 173
RAND Corporation 25f, 54
Rassismus 183, 190, 209, 235f
Recht auf Vergessen(werden) 146, 216, 22f
Relationale Datenbank 57ff, 61, 64
Rifkin, Jeremy 116, 118f

Rivalisierende Güter 79, 132
robust 127, 162, 164f, 219
Roth, Evan 179
RSS (Really Simple Syndication) 86–89, 122, 136, 212
Rumsfeld, Donald 157
Safari 131
Safe Spaces 193
Safe-Harbor-Abkommen 215
Schlandnet 214ff, 219
Schrempps, Max 207
Schrupp, Antje 231
Schwarzer Schwan 199
Sensorik; Sensor 20, 22–25, 38, 78, 115, 154, 170
SEO (Search Engine Optimization) 179
Sethe, Paul 192
Sexismus 187f, 190, 209, 235f
Shannon, Claude 50
Shapiro, Carl 107
Shareconomy 117, 139
Shirky, Clay 92, 158
Shitstorm 189ff, 195f
Signal/Rauschen 24, 48ff, 52, 56f, 60, 66f, 190
Siri 131
Skaleneffekte 104f, 107, 212, 233
skalenfrei 103
Smartphone 21ff, 25, 45, 47, 77, 89, 109, 112ff, 116, 119, 130f, 202
Smiers, Joost 227
SMS 112
SMTP (Simple Mail Transfer Protocol) 210
Snowden, Edward 16, 20f, 27, 32, 125, 149, 167, 169, 174, 176, 213, 215f, 219, 232
Software 36, 43–46, 48, 52, 67, 77f, 81, 83, 85, 87, 102, 112, 123, 130, 140, 177, 184
Sousveillance 175
Spitz, Malte 183f

Spotify 83, 117, 128, 132, 221
SQL (Structured Query Language) 58f
Streetview 39f
Streisand, Barbra 28f
Strogatz, Steven 148
Taleb, Nicolas 157f, 162, 165, 176
Taylor, Frederick Winslow; Taylorismus 77
TCP/IP (Transmission Control Protocol/ Internet Protocol) 54f, 110f, 210
The Pirate Bay 212
TLS (Transport Layer Security) 214
Transaktionskosten 84f, 90f, 93, 96, 117, 124, 227
TTIP (Transatlantic Trade and Investment Partnership) 142, 163, 218
Tufekci, Zeynep 147, 225
Turing, Alan; Turingmaschine 44–47, 49, 52, 55
Twitter 62, 88f, 91ff, 95, 99f, 111f, 122, 127, 129f, 132f, 136f, 143, 173, 180, 185, 187–195, 204, 206f, 209, 211, 225, 228, 230, 237
Überwachung 21ff, 25, 28, 61, 76, 167–176, 216f, 219, 227
Urheberrecht 16f, 79, 83, 144f, 153, 162, 216f, 221, 227f
van Schijndel, Marieke 227
Varian, Hal R. 107
Verizon 21
Verschlüsselung 31, 33, 164, 176f, 199, 202, 213,ff, 217
Verteilte Realitäten 180
Verwertungsindustrie 221
Virtual Machine 46
von Horst, Nicole 187
Vorratsdatenspeicherung 95, 171, 184, 216
Web.de 213
Weber, Max 73
Weinberger, David 63, 66
WhatsApp 113, 139, 210ff

Whistleblower 16, 26, 232
WikiLeaks 15f, 20f, 26, 29ff, 163, 196
Wikipedia 83, 114, 123, 180, 201
Wizorek, Anne 187
Wu, Tim 107, 208f
Wundercar 89
WWW (World Wide Web) 111
XKeyscore 32
Yahoo! 27f, 61, 134
YouTube 26, 144f, 175, 180, 192
Zeitscanner 60f
Zivilgesellschaft 94f, 154, 156, 163,
207, 213, 217f, 221, 226, 231f
Zuckerberg, Mark 77, 100, 113, 134f,
206

Dank

Dieses Buch ist ein Projekt von mehr als einem Autoren. Es ist das Gemeinschaftsprojekt einer ganzen Community. Viele der hier niedergeschriebenen Gedanken sind über die Jahre und im ständigen Austausch mit anderen im Netz entstanden. Auch die Realisierung des gesamten Projekts steht durch das Crowdfunding auf sehr vielen Schultern. Das alles wäre ohne bestimmte Menschen nicht möglich gewesen. Ihnen allen gilt mein Dank.

Vielen Dank an Philipp Otto von iRights.media und Undine Löhfelm von orange-press, für ihren verlegerischen Mut, sich auf den Kontrollverlust eingelassen zu haben, mit mir zusammenzuarbeiten.

Vielen Dank an meine Lektorin Valie Djordjevic, die mich mit ihrer Kritik immer wieder auf besser lesbare Pfade zwang. Es war eine großartige Zusammenarbeit.

Großen Dank auch an die »Betaleser«, die in früheren Phasen noch unausgegorene Gedanken ertragen und verbessert haben: Leonhard Dobusch, Jürgen Geuter und Caspar Clemens Mierau.

Lieben Dank an Mark Wirblich und Maria Thaens und ihrer Agentur Bytes Brigade, dass sie mir Unterschlupf gewährten im schönsten Büro Neuköllns. Gesonderten Dank an Jörg Leupold, der mit mir meine wenigen freien Tage in diesem wahnsinnigen halben Jahr verbrachte und mir half, mich zu regenerieren.

Herzlichen Dank an alle, die mir halfen, die Crowdfunding-Kampagne auf die Beine zu stellen. Vor allem für den Film danke ich Jan Mathias Steinforth (Kamera), Gerlinde Schrön (Schnitt), und Mark Wirblich danke ich für das ursprüngliche Coverdesign.

Großen Dank auch an alle Crowdfunder, die mir ihr Geld und ihr Vertrauen schenkten und so dieses Buch möglich gemacht haben. Im einzelnen danke ich Magnus Schult, Matthias LOL, Markus Kraxner, Andre Steinborn, Thomas Stadlmayr, Michael Timpe, Sebastian Kanschat, Dr. Franz-Josef Schmitt, Wilhelm Veenhuis, Tobias Schwarz, Ingo Edelmann, Daniel Issenmann, Dennis Schröter, Lucie H., Olaf Finkbeiner, Johanna Emge, Kiane I'Azin, Malte Steckmeister, Torsten Leddig, Tobias Wißmann, maria krieg, Lars Brücher, Björn Riemann,

Ralph Angenendt, Karen Schmidt, Simon Tschöp, André Betz, Anja Tiedge, Tobi, Heilig, Falko Zurell, Sven Scholz, Volker Probst, Jürgen Ertelt, Kirstin Marquardt, Erik Hauth, Stephan Noller, Dr. Markus Deimann, Nina Galla, Marc Pentermann, Florian Wendlandt, Jöran Muuß-Merholz, Richard Gutjahr, Kai Groshert, Kathrin Ganz, Dirk von Gehlen, Gerrit van Aaken, Jens Scholz, Jens Fischer, Thomas Renger, Silke Suck, Oliver Weyhmüller, Marcel Geppert, Lars Windauer, Jana Maire, Andreas Hölzl, Siegfried Cyrus, Norman Ohlhoff, Volker Wittmann, Wolfgang Kollmann, Christoph Hensel, Robert Schimanek, Huck Haas, Julian Finn, Jan Philipp Brink, Stefan Lücke, Empressa Thomas Schwichtenberg, Matthias Bauer, Robert Schantroch, Matthias Slovig, Renato Mitra, Brigitte Dix, Florian André Unterburger, Marco Volberg, Tom Hillenbrand, Matias Wendeler, Guido Kowollik, Detlev Endruhn, Oliver Balster, Johann Fischler, Thomas Mögel, Andreas Kosmehl, Jens Wilmer, Marcel-André Casasola Merkle, Christian Heiss, Frank Seifert, Michael Reutter, Jan Schulte, Nathanael, Philipp, DEMOS Ges. f. E-Partizipation mbH, Alexander Hennings, Dr. Florian Mayer, Johann Simowitsch, Torsten Brauckhoff, Abhijit Bossotto, Henning Grote, Juri Leino, Agnes Lison, Sassan Gholiagha, Sascha Stoltenow, Nicola Wessinghage c/o Mann beißt Hund, Tobias Aichele, Roland Walcher, Adrian von Allmen, Stefan Graunke, Mirco Brahmann, Peter Kolo, Gerald Godel, Marco Oderkerk, Nicole Ebber, Sven Rudloff, Andrea Heim, Claudia Krell, Ulrich Bösel, Heiko Herberg, Markus Trapp, Robin Wegge, Frank Fiene, Diplom-Informatiker (FH) Frank Topel, Anatol Stefanowitsch, Markus Schürmann, Alexander Schedler, Daniel Schweighöfer, Dr. Leonhard Dobusch, Harald Link, Andre Steingress, Caspar Clemens Mierau, Felix Neumann, Jürgen Geuter, Sigrid Oepke, Patrick Bierans, Christopher Schiefer, Ralf Schramm, Till Neuhaus, Gabriel Yoran, Daniel Kisser, Clemens Buss, Lars Windauer, Max Winde, Susanne Linden, Gregor Sedlag, Hergen Wöbken, Daniel Schultz, Gunnar Sohn, Anna-Lena Bäcker, Anne Helm, Sebastian Vollnhals, Jürgen Kuri, Denis Bartelt, Hans Hübner, Dirk Baranek, Tillmann Allmer, Jörg Leupold, Alexander Shendi, Mankel Brinkmann, Sebastian Haselbeck, David Tucker, Frederik Fix, Daniel Conrad, Caspar Clemens Mierau, Martina Pickhardt, Ralf Schramm, Sascha Pallenberg, Ralf Stockmann, Stephan Packard, Alf Köhn, Christian Pfeiffer, Mario Sixtus, Andreas Baum, Ralf Stockmann, meinem Freund und Sponsor Mate Steinforth c/o SEHSUCHT Berlin GmbH & Co KG sowie meinem Hauptsponsor Julian Vester, dessen Anzeige die letzte Seite ziert.

ANZEIGE

Kompetenz.
Vertrauen.
Internet.